Richtig Messe feiern

W0078781

Christian Renken

Richtig
Messe feiern

Ein Leitfaden
für die Eucharistiefeier
am Sonntag

Verlag Friedrich Pustet
Regensburg

Mit kirchlicher Druckerlaubnis
Nr. 100 – 3.6 – 05/2008
Münster, den 24. November 2008
Norbert Kleyboldt, Ständiger Vertreter des Diözesanadministrators

Bibliografische Information der Deutschen Nationalbibliothek

Die Deutsche Nationalbibliothek verzeichnet diese Publikation
in der Deutschen Nationalbibliografie; detaillierte bibliografische
Daten sind im Internet über http://dnb.d-nb.de abrufbar.

www.pustet.de

ISBN 978-3-7917-2178-1
© 2009 by Verlag Friedrich Pustet, Regensburg
Umschlagmotiv: „Seeing the light" – Fotografie von Sue Colvil. Fotolia API, New York
Umschlaggestaltung: Martin Veicht, Regensburg
Satz: Vollnhals Fotosatz, Neustadt a.d. Donau
Druck und Bindung: Friedrich Pustet, Regensburg
Printed in Germany 2009

Inhalt

Vorbemerkungen 11

I. Einleitung 12
  Gut gemeint – schlecht gemacht?! 12
    Sonntagsmesse in einer Pfarrkirche 12
    Vorabendmessfeier 13
    Gelungene Praxis? 14
    Dreifaltigkeitssonntag innerhalb der weiß-blauen
    Grenzpfähle 15
  Sonntagsmessfeier heute – und die Lesemesse
  der Vorkonzilszeit 17
  Verantwortliche für die „Gestaltung" 20
  Expertenkaste und Betroffene 21
  Meine Position 22
  Fundament: der Begriff „Teilhabe" an der Feier 23

II. Ungenutzte Chance: Eröffnung 25
  Struktur 25
    Einzug 26
    Kreuzzeichen und Begrüßung der Gemeinde 26
    Allgemeines Schuldbekenntnis 27
    Kyrie („Herr, erbarme dich") 28
    Gloria („Ehre sei Gott") 28
    Tagesgebet 29
  Defizite in der Zeichengestalt 30
    Großer Einzug – kleiner Einzug 30
    Gesang zum Einzug 31
    Liturgischer Gruß – bürgerlicher Gruß 32
    Bußakt: Schuldbekenntnis – *Kyrie*-Litanei –
    Taufgedächtnis? 32
    Loblieder, *Gloria*-Lieder, *Gloria* 34
    Tagesgebet 34

Gebets-Ostung 35
Orantenhaltung 35
Adressat selbstgetexteter Gebete 36
Ergebnis 37

III. Ungenutzte Chance: Liturgie des Wortes 38
Kirche – Geschöpf des Wortes 38
Struktur 39
Einzelne Elemente 41
Erste Lesung, Psalm, Zweite Lesung, Evangelium:
Leseordnung 41
Homilie 42
Glaubensbekenntnis *(Credo)* 45
Fürbitten (Allgemeines Gebet) 46
Häufige Defizite in der Sinngestalt 47
Nur eine Lesung 47
Statt Psalm ein Lied 50
Credo-Lieder 51
Bitten nur für uns? 52
Ergebnis 55

IV. Ungenutzte Chance: Eucharistische Liturgie 56
Struktur 56
Gabenbereitung 57
Bereitstellung der Gaben 57
Gabenprozession 58
Eucharistisches Tischgebet als Ganzes 59
Wurzel in jüdischer Gebetspraxis 59
Teile des Eucharistiegebetes 60
Anaklese (= Anrede): die Präfation 64
Anaklese (= Anrede): das *Sanctus* („Heilig") 64
Anamnese (= Gedächtnis) 65
Epiklese (= Bitte) und Intercessionen (Fürbitten) 66
Eucharistiegebet – Wandlungsgebet 66
Probleme im Umkreis des Eucharistiegebetes 67
Zweiteilung der Epiklese 67
Einsetzungsbericht: Stiftungsanamnese 67
Problematik der Handlungen bei der Stiftungsanamnese . . 68

Fürbittendes Gedenken der ganzen Kirche 70
Körperhaltung 71
Reformbedarf beim Eucharistiegebet 72
Raumaufteilung beim Eucharistiegebet 74
Defizite in der Zeichengestalt 77
Wirkliches Brot? 77
Brotbrechung? 78
Kelchkommunion? 80
Zeitpunkt für die Kommunion des Vorstehers 84
Tabernakelkommunion? 84
Kommunion um den Heiligen Tisch 87
Zum Argument der Zeit 87
Auswahl der Gesänge 88
Wechselnde Gesänge: kirchenjahreszeitliche Lieder 88
Besondere Problematik der Gabenbereitungslieder 89
Feststehende Gesänge: *Sanctus* und *Agnus Dei* 89
Ergebnis 90

V. Ungenutzte Chance: Lied, Gesang, Musik als Teil der Feier 91
Eine Betsingmessen-Mentalität 92
Liedauswahl 95
Für eine geordnete Mischung der Musikstile 96
Wert des Psalmengebrauchs 97
Wert des Latein 99
Ergebnis 101

VI. Ungenutzte Chance: die rechte Rollenverteilung 102
Kirchliches Dienstamt und liturgische Dienste 102
Kirche 102
Ordination und Konsekrationsvollmacht 102
Dienste der Laien – Amt aller Gläubigen 104
Defizite bei der Ausübung liturgischer Dienste 104
Veranstalter oder Vorsteher? 105
Hinter Ambo und Altar: Unterricht und Unterhaltung . . 105
Presbyter und Evangelienverlesung 106
Kaum eine Vielfalt liturgischer Dienste 107
Für eine gesunde Vielfalt liturgischer Dienste 108
Charismenpflege 108

Nachwuchspflege und Sorge um geistliche Berufe 110
Nachwuchspflege bei den Erwachsenen 111
Für eine Neubesinnung auf spezifisch
presbyterale Aufgaben 112
   Pfarrer als Gemeindeleiter 112
   Lehrer der Ehrfurcht 116
   Hüter der rechten Ordnung 116
   Rechte Ordnung: Schutz der Laien 117
Ergebnis 118

VII. Ungenutzte Chance? Die Nachteile der
   außerordentlichen Messfeier 119
   Wirkliche Teilhabe? 120
   Tisch des Gotteswortes reicher bereitet? 123
   Opferung statt Gabenbereitung? 125
   Sich aneignender Mitvollzug des Eucharistiegebetes? 127
   Mundkommunion? 128
   Verlässlichkeit? 129
   Ausdruck des Zeitgeistes in der Kirche 130
   Ergebnis 132

VIII. Was tun? Gedankensplitter 133
   1. Aufgaben der Römischen Kurie sowie der
   Bischöfe deutscher Sprache 134
   2. Aufgaben der Seelsorgerinnen und Seelsorger
   in den Pfarreien 134
      Einzelheiten: bezogen auf die ganze
      eucharistische Feier 134
      Einzelheiten in der Liturgie des Wortes 135
      Einzelheiten in der Eucharistischen Liturgie 136
      Wiedergewinnung der Kelchkommunion 138
      Wirkliches Brot und wirkliche Brotbrechung 138
      Hl. Kommunion im Kreise um den Tisch des Herrn 138
      Hohe Feste des Liturgischen Jahres 138
      Erste hl. Kommunion und hl. Firmung 138
      Feier der Eucharistie und der Tageszeiten 139
      Kirchenraum 139
   3. Aufgaben jeder Kirchgängerin und jedes Kirchgängers .. 140

Sonntagskirchgang 140
Übung des Gebetes, auch des Tageszeitengebetes 140
Bibellesung 140
Meditativ-betrachtende Aneignung der
Eucharistiefeier 140
4. Ein auf längere Zeit angelegter Liedplan 141

IX. Bücher zum Weiterlesen – Literaturverzeichnis 148
1. Abkürzungen 148
2. Quellen 149
Schrift und Väter, Scholastiker und Theologen 149
Kirchen- und Liturgierecht, auch nachkonziliare
Rechtssetzungen 151
Konzilien und Päpste, konziliare, päpstliche, kuriale
und bischöfliche Satzungen und Verlautbarungen 152
Liturgische Bücher 153
Liturgische Bücher: private Arbeiten und Drucke 154
Theologische, auch liturgiewissenschaftliche
Diskussion vor dem Zweiten Vatikanischen Konzil 155
Theologische, auch liturgiewissenschaftliche
Diskussion nach dem Zweiten Vatikanischen Konzil
sowie während und nach der konziliaren
Liturgiereform 155
3. Darstellungen 155
Handbücher und Nachschlagewerke 155
Liturgiefeier im Allgemeinen 156
Theologie der Liturgiefeier 157
Kirchen- und Liturgiegeschichte im Allgemeinen,
auch nachkonziliare Diskussionen 157
Messfeier im Allgemeinen 158
Eröffnung der Messfeier 159
Liturgie des Wortes bzw. Wortgottesdienst
und Leseordnung 159
Eucharistische Liturgie 159
Sonstiges aus Theologie und Gesellschafts-
wissenschaft 160
Anmerkungen 161

Vorbemerkungen

(I) Vorneweg sei klargestellt: Wenn ich recht sehe, wird in der gegenwärtigen Diskussion um die rechte Gestalt der Liturgiefeier (vgl. etwa Mosebach, Häresie der Formlosigkeit, und Ratzinger, Der Geist der Liturgie) in aller Regel „Liturgiefeier" *stillschweigend* mit „Eucharistiefeier" gleichgesetzt. Das ist bedauerlich, weil durch diese Verengung des Blicks andere Liturgiegestalten nicht berücksichtigt werden, die, weil es kaum kirchliche Vorschriften gibt, die sie festlegen, unter Umständen eine größere aktive Teilhabe oder auch sprachliche Nähe zum Kirchenvolk mit sich bringen. Volksandachten (als die überlieferte Form von Meditationsgottesdiensten), Wort-Gottes-Feiern, Feiern der Tageszeiten (Laudes und Vesper, die Feier des Morgen- und Abendgebetes also) kommen nicht in den Blick. Wegen der Klarheit der Gedankenführung halte ich mich an diese Engführung, und ich grenze sie noch mehr ein: Ich möchte *nur* über den Hauptgottesdienst einer Ortsgemeinde römisch-katholischer Konfession am Sonntag bzw. Herrenfest nachdenken, denn der Hauptgottesdienst ist es, der über die öffentliche Wahrnehmung der Kirche und ihrer Liturgiefeier entscheidet, nicht die zahlreichen Nebengottesdienste, die es nach lokalen Gegebenheiten nur in eucharistischer oder in sehr unterschiedlicher Gestalt auch gibt. Wer die Kirche und ihre Liturgiefeier erneuern will, muss am Hauptgottesdienst ansetzen, sonst ändert sich in der Wahrnehmung durch die kirchliche wie die außerkirchliche Öffentlichkeit nichts.

(II) Für Leserinnen und Leser, die sich tiefer mit den Gedanken in diesem Buch auseinandersetzen möchten, habe ich in den Anmerkungen detaillierte Belege und weiterführende Hinweise notiert. Die Anmerkungen finden sich im Anhang.

I. Einleitung

Gut gemeint - schlecht gemacht?!

Wer als Katholik regelmäßigen Kirchgang gewöhnt ist – in der Regel in der eigenen Pfarrkirche, der Kirche vor Ort –, kann manchmal ein blaues Wunder erleben. Was es da so Seltsames gibt, möchte ich beispielhaft in Form einer Glosse erzählen, bevor ich mit der eigentlichen Darlegung meiner Sache beginne.

Sonntagsmesse in einer Pfarrkirche

September. Eröffnung der Erstkommunion-Katechese. Darum werden mit Orgelbegleitung rhythmische Lieder aus den letzten vierzig Jahren gesungen: „neues" geistliches Lied also. Vor dem Altar ist eine Mauer aus großen, grau angemalten Pappkartons aufgebaut. Auf diesen stehen Worte wie: „Papst", „Pille", „Enzyklika", „keine Priesterweihe für Frauen", „Beichte". Nachdem ein junger Geistlicher mit der Gemeinde das „Der Herr sei mit euch. Und mit deinem Geiste" gewechselt hat, sagt er: „Zu Beginn dieses Gottesdienstes wollen wir uns besinnen und bekennen, wo wir gesündigt haben. Darum haben wir heute die Steine vor den Altar gestellt, die für euch, liebe Kinder, Barrieren auf dem Weg zu Jesus Christus bilden. Darum müsst ihr, liebe Erstkommunionkinder, zunächst die Mauer der Angst niederreißen, bevor ihr euch auf die Kommunion vorbereiten könnt." Dazu aufgefordert, schießen die Kommunionkinder mit Plastikbällen, deutlich erkennbar Werbegeschenken des Sportgeschäftes ums Eck, auf die Pappkisten-Mauer. Einer der Buben hat einen etwas festeren Ball erwischt und bringt die Mauer zum Einstürzen. Darauf der Kaplan: „Der Herr erbarme sich unser, er lasse uns die Sünden nach und führe uns zum ewigen Leben."

Er lädt ein, die Kinder anstrahlend: „Und nun singen wir zum ‚Gloria‘ das Kinder-Mut-mach-Lied!“ Und die Orgel intoniert: „Wenn einer sagt, ich mag dich, du …“

Vorabendmessfeier

In der Vierung der neugotischen Kirche steht der Altar, ein Würfel aus grau-schwarzem Granit. Von Vierungspfeiler zu Vierungspfeiler laufen Jutestricke, an denen Karten sowie Blätter, rot und gelb, in die Form von Fußabdrücken geschnitten, aufgehängt sind. An diesen Blättern erkennen treue Kirchgänger, dass das Ganze etwas mit der Amtseinführung des neuen Pfarrers zu tun hat, die vergangenen Sonntags geschehen ist. Und nach dem Läuten der Sakristeiglocke – die Orgel braust auf und intoniert: „Ich lobe meinen Gott, der aus der Tiefe mich holt“ – schreitet der Neue zum Altar – in grauer Mantelalbe, weißen Tennissocken und ockergelben Jesus-Latschen. Er beginnt die Messfeier mit einem freundlichen: „Guten Abend!“, sagt: „Der Herr sei mit euch“, und bedankt sich dann in aller Form für die vielen guten Wünsche zu seiner Installation: „Ich habe diese guten Wünsche die Woche über immer wieder gelesen und nun als Dankeschön für junge und alte, große und kleine Leute hier in der Kirche aufgehängt.“ Nun entfaltet die heilige Handlung ihre berückende Kraft: Zwischen Lesung und Evangelium wird: „Herr, gib uns Mut zum Hören“, gesungen, zum Glaubensbekenntnis: „Suchen und fragen, hoffen und gehn.“ Schon beim Tagesgebet ist die Fähigkeit des neuen Pfarrers aufgefallen, aus dem Stegreif – dem Fassungsvermögen der Gemeinde angepasst – ein meditatives Gebet zu formulieren, und diese Fähigkeit des hochwürdigen Herrn kommt auch beim Eucharistischen Hochgebet zum Tragen. Nach der Präfation, zum *Sanctus*, folgt das Taizé-„Halleluja“. Danach wörtlich: „Ja, wahrhaft heilig bist du, Herr, unser Gott.[1] – Du bist immer für uns da. – Du bist für uns Mensch geworden – geboren aus Maria, der Jungfrau. – Wie den Jüngern von Emmaus – deutest du uns die Schrift und brichst uns das Brot.[2] – Darum bitten wir dich: Sende deinen Geist auf diese Gaben herab – heilige sie – mache sie zu Leib und Blut deines Sohnes, unseres Herrn Jesus Christus. – Denn in der Nacht, da er verraten wurde, nahm er beim Mahl das Brot, brach das Brot, reichte es seinen Jüngern und sprach:[3] …“ Und so geht es durch das ganze Hochgebet. Nach dem: „Deinen Tod, o Herr, verkünden wir“, folgt eine lange Pause. Dann: „Vater, erbarme dich über uns alle, damit uns das ewige Leben zuteil wird in der

Gemeinschaft mit Maria, der Mutter unseres Herrn, mit deinen Aposteln und Heiligen, mit unserem Pfarrpatron, dem heiligen N. N.. Wir bitten dich auch, Herr, für unseren Papst Johannes Paul, unseren Bischof N. N., für unsere Priester und Diakone, Ordensmänner und Ordensfrauen, hauptamtliche und ehrenamtliche Mitarbeiterinnen und Mitarbeiter und für alle Männer und Frauen, die zum Gottesvolk gehören. Lass uns dich loben und preisen bis in Zeit und Ewigkeit. Durch ihn und mit ihm und in ihm …".

Gelungene Praxis?

So weit im Originalton. Sicher ist das Bestreben erkennbar und anerkennenswert, die Lebenswelt derer, welche die Eucharistie mitfeiern, stärker in den Blick zu nehmen. Für den mitfeiernden Beobachter in der Kirchenbank, der nicht in die Vorbereitung und Gestaltung der liturgischen Feier einbezogen war, bleibt die Frage: Ist das gelungen? Konkret: Sind „Papst", „Pille", „Enzyklika", Ausschluss der Frauen vom Geistlichen Amt der Kirche und die „Beichte" für Kinder aus dem zweiten oder dritten Schuljahr, die mit der Erstkommunionvorbereitung beginnen, wirklich Hindernisse auf dem je eigenen Weg zu Jesus dem Herrn und in seine Nachfolge?

Neben diesem pastoral-pädagogischen Bedenken ist es fast zu vernachlässigen, dass die Verantwortlichen des ersten Beispiels gemeint haben, sie müssten das Schuldbekenntnis der Messfeier durch das Zusammenschieße einer Wand aus Pappkisten sowie das *Gloria* durch das „Kinder-Mutmach-Lied" ersetzen. Es zeigt sich eine gewisse Beliebigkeit der Liedauswahl, die leider die gemeinschaftliche liturgische Ordnung der Kirche außer Kraft setzt.

Es zeigt sich auch eine undurchdachte Fortsetzung vorkonziliarer Bräuche: An den Kaplan wäre die Frage zu richten, ob eine Sonntagsmessfeier ein Sündenbekenntnis enthalten muss, obwohl es unter bestimmten Voraussetzungen entfallen kann.[4] Jeder Sachkundige, und ein die Liturgiefeier vorbereitender Kaplan sollte sachkundig sein, weiß doch, dass das Schuldbekenntnis zu Beginn der Messfeier ein letzter Rest jenes doppelten *Confiteor* im Staffelgebet ist, mit welchem Priester und Ministrant in der alten Messe gegenseitig Schuld bekannt und sich Vergebung zugesagt haben. Und ein Zweites: Das Staffelgebet der alten Messe hatte nie die Funktion, der *gesamten* zur Feier versammelten Kirche zum besseren geistlichen Vollzug der anschließenden Messfeier zu verhelfen. Es ist in seinem Ursprung eher Ausdruck des subjektiven Bewusstseins des Priesters, der nun gerade die Messe zu lesen hat.[5] Insofern wird durch die vermeintlich moderne Messgestaltung der vorkonziliare Brauch des subjektiven Messe-Lesens unsinnig auf die ganze Gemeinde ausgeweitet und in unsere Zeit hinein verlängert.

Im zweiten Beispiel findet sich sogar eine noch darüber hinausgehende Verschlimmbesserung: Indem der neu installierte Pfarrer den Vierungs-Altarraum mit den Gratulationen zu seiner Amts-Einführung schmückt, macht er den Kirchenraum, den Raum für die Kirchengemeinde also, zu seiner guten Stube. Die gleiche Missachtung der tatsächlichen Rolle und Funktion des Gemeindevorstehers zeigt sich im Nebeneinander von bürgerlichem Gruß und „Der Herr sei mit euch". Dass sich in der Liedauswahl nicht nur seelsorgerlicher Übereifer, sondern schlichte Inkompetenz zeigt, steht zu befürchten: Denn das Eucharistische Tischgebet ist recht gedankenlos, ohne sprachliches und theologisches Feingefühl improvisiert. Bleibt noch zu notieren: Das Tischgebet teilweise leise zu sprechen, widerspricht sowohl dem nachkonziliaren Liturgierecht als auch dem inneren Sinn der liturgischen Erneuerung.[6] Wenn ein Priester in der Messfeier den Gläubigen eine schweigende Sammlung ermöglichen will, muss er der Stille an den dafür geeigneten Orten konsequent Raum geben.[7]

Geht es auch anders? Wenn das ganze Gottesvolk nicht die Wiedereinführung der alten Messe, der vorkonziliaren Feierordnung des *Missale Romanum* (1570, dessen letzte, gegenwärtig wieder rechtsgültige Fassung 1962 erschienen ist), für die passende Therapie hält, könnte es meinen, es genüge schon, sich an das deutsche „Messbuch" von 1975 zu halten. Aber auch dann lassen sich interessante Beobachtungen machen. Darum ein letztes, ebenfalls selbst erlebtes Beispiel.

Dreifaltigkeitssonntag innerhalb der weiß-blauen Grenzpfähle

Kirchenchor und Instrumentalisten führen eine Orchestermesse aus der Frühklassik auf. Großer Einzug des Vorstehers, wohl des Stadtpfarrers, und der Ministranten. Mit Weihrauch selbstverständlich. Mit sonorer Stimme steht der Priester der Messfeier vor. Als er das Tagesgebet vorträgt, breitet er die Arme nicht aus, sondern streckt seine Unterarme exakt vertikal nach oben, sodass sie zum Fußboden einen rechten Winkel bilden. So schreibt es das *Missale Romanum* von 1570 vor! – Dann folgen Liturgie des Wortes, Hochgebet, Kommunion ganz *comme il faut*. Zwischen den Lesungen ein Psalm, den der Dirigent des Kirchenchores vom Ambo aus vorträgt. Bemerkenswert die Predigt: Der Priester erklärt der Gemeinde in fünf Minuten das Mysterium der Dreifaltigkeit Gottes (er spricht von „Trinität"). Der Heilige Geist sei ein *osculum pacis*, ein Friedenskuss zwischen Vater und Sohn, und so wie ein Band der Liebe die göttlichen Personen verbinde, solle die ganze Pfarrgemeinde in Liebe verbunden sein und miteinander glauben, hoffen und lieben – Priester, Gremien, Verbände und auch alle Filialgemeinden. Die Präfation trägt unser Liturgie-Geometer, die Arme wiederum tridentinisch exakt gewinkelt, in lateinischer Sprache vor, mit kühnen Modulationen, und zwar mit italienischer Aussprache: *sine fine ditschentes*. Im Chor lächeln einige Sänger, in dunkelgrünes oder grauschwarzes Tuch gekleidet, versonnen – oder verschmitzt?: Haben einige Professoren des örtlichen Gymnasiums den geistlichen Herrn bei der falschen Aussprache des Lateinischen erwischt? Weihrauch steigt auf, denn die Ministranten haben in der Sakristei nachgelegt. Nach dem *Sanctus* kniet die Gemeinde. Der Rest des Hochgebetes deutsch. *Comme il faut.* Kaum nötig, darauf hinzuweisen, dass in diesem Hochamt für die Pfarrgemeinde ein großer Teil der Kommunion aus einem im Tabernakel des Hochaltares aufbewahrten Speisekelch von gewaltigen Ausmaßen gereicht wird, und selbstverständlich wird der eucharistische Kelch nicht gereicht. Nachkonziliarer Durchschnitt – „Großer Gott, wir loben dich" zum Auszug, aber die Gemeinde singt aus Leibeskräften mit. Das ist überdurchschnittlich!

So finden sich auch im skizzierten Hochamt Restbestände der alten Messe, blickt manches auf die frühneuzeitlich-barocke Praxis der Messfeier zurück, wie sie im 17. und wieder im 19. Jahrhundert für die römische Weltkirche, in unterschiedlichen Schattierungen, Leitbild wurde. Dazu zählen die rechtwinklige Orantenhaltung des Vorstehers, das Knien der Gemeinde nach dem *Sanctus*, die Defizite in der Kommunionpraxis (die Austeilung vorkonsekrierten eucharistischen Brotes aus dem Tabernakel, die schon vor dem Konzil, ja im 18. Jahrhundert schon unerwünscht gewesen ist,[8] und das Fehlen der Kelch-Kommunion). Indem unser Stadtpfarrer weder die nördlich der Alpen übliche „z"-Aussprache des Latein („sine fine dizentes", „Zäsar" und „Zizero") noch die sprachgeschichtlich begründete, mittlerweile allen Gymnasiasten vertraute „k"-Aussprache („dikentes", „Kaisar" und „Kikero") pflegt, schließt er sein Liturgiefeiern an einen mediterranen, südlich der Alpen gepflegten, dezidiert romanischen Katholizismus an. Warum der benannte Sprachwechsel der Verständlichkeit der Messfeier dienen soll, ist unklar. Denn bekanntermaßen ist innerhalb des Eucharistischen Tischgebetes die Präfation ein nach bestimmten Regeln wechselnder Textteil, sodass selbst Gläubige, die des Lateins mächtig sind und den Sinn des lateinisch vorgetragenen Textes halbwegs enträtseln können, nicht so ohne weiteres den hymnischen Lobpreis nachvollziehen können. Es drängt sich der Verdacht auf, dass, wenn nach dem *Sanctus* ins Deutsche gewechselt wird, der lateinische Vortrag der Präfation mit gregorianischer Melodie lediglich der Selbstdarstellung des Priesters dient: „Hört her, so gut kann ich singen!" Wäre dann aber nicht Bayreuths grüner Hügel der geeignetere Ort solcher Darbietung?!

Sonntagsmessfeier heute – und die Lesemesse der Vorkonzilszeit

Die genannten und auch alle anderen Gestaltungen der Sonntagsmessfeier, die man als Katholikin, als Katholik erleben kann, sind bestrebt, sachlich angemessen auf die Not von Welt und Zeit zu reagieren, um die Lebenswelt derer, welche die Eucharistie mitfeiern, stärker in den Blick zu nehmen. Jede haupt- und ehrenamtliche Mitarbeiterin, jeder Mitarbeiter zieht mit Recht ihre, seine eigenen Folgerungen aus der sehr komplexen Situation der Kirche in der sich immer stärker säkularisierenden, sich ausdifferenzierenden, von neuem religiös werdenden Welt von heute. Die Frage ist, ob das immer gelingt: Häufig genug bleibt auch bei einer gut geschulten, seit langen Jahren praktizierenden Katholikin, einem gut geschulten Katholiken das dumpfe, kaum in Worte fassbare Gefühl zurück, hier stimme etwas nicht.

Neben einer gewissen Beliebigkeit der Liedauswahl, wenn etwa das *Kyrie* (= das „Herr, erbarme dich" GL 353 Abschn. 7) so ohne weiteres zum Schuldbekenntnis (Form C des Allgemeinen Schulbekenntnisses GL 353 Abschn. 6 u. 8) gemacht wird oder das *Gloria* „Ehre sei Gott" (GL 353 Abschn. 354) durch irgendein Loblied oder das „Kinder-Mutmach-Lied" ersetzt wird, zeigt sich wiederum eine merkwürdige Fortsetzung vorkonziliarer Bräuche. – Wie leichtfertig verzichten Seelsorger und Seelsorgerinnen – angeblich aus „pastoralen Gründen" – auf den Psalm und die Zweite Lesung in der Liturgie des Wortes, weil es in der alten Messe weder Antwortpsalm noch Zweite Lesung gegeben hat! – Warum soll es Sinn haben, auf eine wirkliche und wahrnehmbare Brotbrechung zu verzichten, das hl. Sakrament aus dem Tabernakel zu reichen und auch den eucharistischen Kelch nicht auszuteilen? – So wird die Sonntagsmesse in den mehrheitlich römisch-katholischen Gegenden Westdeutschlands häufig gefeiert. Dabei werden die an sich recht starken und sinnenfälligen liturgischen Zeichen und Sinnbilder – das Gebetswort der Menschen, Gottes Wort, das gebrochene Brot und der eucharistische Kelch – so verkürzt, dass die Messfeier tagtäglich ohne großen personellen und organisatorischen Aufwand gehalten werden kann. Die Redewendung „die Messe lesen" zeigt, wohin eine solche Verkürzung der Zeichen und Sinnbilder der Eucharistiefeier letztlich führt: zum Rezitieren eines festgelegten und nur wenig veränderbaren Rituals, dessen Zeichen und Sinnbilder des theologischen und geistlichen Sinns fast völlig entleert sind. Das entspricht wiederum vorkonziliarer Mentalität. Eine solche – morgens vor dem Frühstück – „gelesene" Messe hat noch bis Mitte der Sechzigerjahre zu den täglichen asketischen Pflichten eines frommen Priesters gehört. Sie hat – zusammen mit anderen Übungen – dazu gedient, die eigene Person in Gott zu verankern dadurch, dass der Geistliche ihm das hl. Opfer darbrachte und in der hl. Kommunion den eucharistischen Heiland als geistliche Speise empfing.[9]

Normalerweise findet sich also in Sonntagsmessen eine theologisch, seelsorgerlich und stilistisch nicht durchdachte Fortsetzung der vorkonziliaren Durchschnittspraxis und -mentalität im Umgang mit der Messfeier: der Praxis, „die Messe zu *lesen*", und zwar als Ausdruck des subjektiven Bewusstseins des Presbyters. Meist wird durch eine vermeintlich „zeitgemäße Gestaltung" der vorkonziliare Brauch des subjektiven Messe-Lesens auf die ganze Gemeinde ausgeweitet. Der je der Feier vorstehende Presbyter entscheidet über die zeitgemäße Gestaltung, manchmal beraten von einem hauptamtlichen seelsorglichen Laienmitarbeiter, Gottesdienst-Vorbereitungs-Kreis oder Kirchenmusiker, und die ganze Gemeinde ist dann unsinnigerweise gezwungen, sich den Entscheidungen des Vorstehers zu unterwerfen, ganz gleich, wie unnötig subjektiv und sachunkundig sie ausgefallen sind.

Abweichungen von diesem Schema gibt es kaum, zumindest keine zukunftsgerichteten. Eher gibt es nach rechts, in die kirchenpolitische Reaktion abweichende Tendenzen: Dann liest ein Priester oder gebildeter Laie „Una-Voce-Korrespondenz" und „Deutsche Tagespost" und „liest" oder „hört" aus „pastoralen Gründen", d. h. aus seelsorglichen Gründen, die Messe in ihrer seit 2007 wieder erlaubten „außerordentlichen" Gestalt. Mit diesem Begriff (eigentlich *forma extraordinaria*), den Papst Benedikt XVI. in seinem *Motu proprio* („aus eigenem Antrieb") erlassenen Apostolischen Schreiben *Summorum pontificum* vom 7. Juli 2007 erstmals benutzt hat,[10] ist die Messfeier nach dem *Missale Romanum* von 1962 gemeint, das wiederum im Prinzip das *Missale Romanum* von 1570 darstellt, angereichert mit allen Reformen und Ergänzungen, die die Päpste seit 1570 dem *Missale* hinzugefügt haben.[11] (Die ordentliche Gestalt *(forma ordinaria)* der Messfeier des römischen Ritus ist dann die, die nach dem *Missale Romanum* Pauls VI. von 1970 gehalten wird.[12] Im Folgenden spreche ich bisweilen abgekürzt von der „außerordentlichen" bzw. „ordentlichen" Messfeier.) – In homöopathischer Dosis wird diese Arznei verabreicht, wenn der Stopp der konziliaren Messreform auf sprachlich-stilistisch hohem Niveau eingeflüstert wird.

Daneben gibt es Tendenzen der Abweichung nach links: Man erfreut sich der Lektüre des „Publik-Forum" und pflegt eine Messfeier, die aus „pastoralen Gründen" aus Arbeitshilfen und Materialien zusammengestellt ist, dabei auch selbst verfasste Eucharistiegebete nicht scheut. – Auch diese Mentalität gibt es in homöopathischer Dosis: Dann nimmt der Priester, wenn er die Messe liest, nur das Zweite Hochgebet oder das Hochgebet der Kirche in der Schweiz, weil alle anderen Hochgebetsformulare „zu schwierig für die Leute", wie Geistliche und Pastoralreferenten gern sagen, sind. Im gleichen Atemzug klagt man über die mangelnde Abwechslung und Eintönigkeit der gesamtkirchlichen Messordnung wie der vorgegebenen Hochgebetstexte.

Wen wundert es eigentlich, dass es angesichts der gegebenen Vielfalt von „Gestaltungen" der Messfeier (und subjektiven Stilen in der Art, ihr vorzustehen), geistlich wache Gläubige gibt, die aus der Tristesse der real existierenden Pfarrmesse gerne in ein Hochamt der außerordentlichen römischen Messe flüchten und davonschleichen? Sie können gleich zur außerordentlichen Messe gehen, denn eine wirklich rundum erneuerte ordentliche Messfeier, mit all den starken Zeichen und Sinnbildern, die dazu gehören, erleben sie in ihrer Pfarrkirche ohnehin nicht.[13] Statt dessen zeigt sich bei näherer Beobachtung und Analyse der Durchschnittspraxis der erneuerten Messfeier viel zu häufig eine Fortsetzung vorkonziliarer Mentalität und Feierpraxis.

Verantwortliche für die „Gestaltung"

Verantwortlich für die „Gestaltung" der Liturgiefeiern sind in den Ortsgemeinden in erster Linie die *Seelsorgerinnen* und *Seelsorger*.[14] Diese Berufsgruppe wird in erster Linie von den geweihten *Presbytern* gebildet: Sie müssen tagtäglich einmal und sonntags drei bis vier Mal der Eucharistiefeier vorstehen – oder meinen, es tun zu müssen. Die Neigung nicht weniger Presbyter, bei der Messfeier sehr viel Abwechslung zu bieten, hat vielleicht etwas zu tun mit dem Gelangweilt-Sein durch eine „normale" Messordnung, das sich im langjährigen alltäglichen Umgang einstellt.[15] Auch hauptamtlich in der Seelsorge tätige *Diplom-Theologinnen* und *-Theologen* sowie *Religionspädagoginnen und -pädagogen* bevorzugen viel Abwechslung. Denn sie möchten sich bevorzugt nicht praktizierenden, fernstehenden Katholiken zuwenden, die bekanntlich zur Feier der Lebenswenden und an Weihnachten wieder in der Kirche auftauchen. Diesen muss der christliche Glaube durch eine besonders ansprechende „niederschwellige" Gestaltung der Messfeier, die „normalerweise" „öde und langweilig" ist, wie der Volksmund sagt, nahegebracht werden. Manche suchen auch in Abgrenzung zu den Presbytern das eigene liturgische Profil – oder was auch immer.

Die kirchenamtlichen Regelungen legen fest, dass niemand, und sei er auch der Vorsteher der Feier, an der Ordnung der Liturgiefeier etwas hinzufügen oder etwas daran verändern dürfe (Zweites Vatikanisches Konzil, Liturgie-Konstitution [im Folgenden „LK" abgekürzt] 22 § 3; CIC 1983, can. 846 § 1; GORM 24). Aber dies geschieht immer wieder – und zwar aus „pastoralen Gründen": Die Gemeinde vertrage keine gute feste Ordnung mit theologisch stimmiger Zeichen-Handhabung innerhalb der Sonntags-Messfeier, ja innerhalb der Liturgiefeier insgesamt, denn mit den Menschen in der Gemeinde heute könne man keine hohe Liturgie machen, man müsse sie dort abholen, wo sie stehen. Bei manchen pastoralen Mitarbeiterinnen und Mitarbeitern findet sich auch die merkwürdige Haltung, alle Personen aus der Gemeinde, die nicht hauptberuflich mit Seelsorge befasst sind – also auch die Sonntagskirchgänger, die so genannte Kerngemeinde –, seien geistlich-liturgisch so ungebildet, dass sie ohnehin nichts anderes erwarten würden als „gestaltete" Sonn- und Festtagsmessen wie die eingangs geschilderten, und in den Gemeinden gibt es Personen, die durch ihre allzu gefühlsbetonten Gesprächsbeiträge bei den pastoralen Mitarbeitern den Eindruck verstärken, es gebe nur liturgisch-geistlich Ungebildete – Prozesse, die sich unter Umständen wechselseitig verstärken.

Das alles sind Stimmungen und Eindrücke, die in sich fragwürdig sind und gründlich diskutiert werden müssten, ehe sie die subjektive „Gestaltung" einer so zentralen Feier wie der Sonntagsmesse prägen. Wenn solche Stimmungen und Eindrücke verabsolutiert werden, wird häufig genug die notwendige Orientierung an der Sache, d. h. an der Lehrverkündigung und liturgischen Ordnung der Kirche, vernachlässigt, und beim kritisch mitdenkenden Laienchristen kommt die Vermutung auf, hinter den seelsorgerlichen Gründen könnten sich lediglich die persönlichen Vorlieben der je „gestaltenden" Person verbergen.

Expertenkaste und Betroffene

Eine Gruppe oder Kaste von Experten darf jedoch *nicht allein* über die Gestalt der Feier verfügen. Die Feier ist eine Sache der *ganzen* Kirche, nicht nur der Geistlichkeit und der Hauptamtlichen. Für jede Laiin, jeden Laien, der oder die lange am gleichen Ort wohnt und sich regelmäßig an Messfeier und Gemeindeleben beteiligt, ist klar: Die Ortspfarrei als Bezirk bleibt, und im Wesentlichen auch die Menschen, die dort wohnen. Aus deren Mitte bildet sich durch Gottes Wort und der Menschen Antwort die Kirche vor Ort, während die pastoralen Mitarbeiterinnen und Mitarbeiter kommen und gehen. Darum sollte sich ein einzelner Diener des Wortes, *minister Verbi Divini*, nicht berechtigt fühlen, *seinen* liturgischen und katechetischen *Geschmack* durch die je konkrete Gestalt einer Messfeier, noch dazu vielleicht in rasch wechselnden Formen, der Feier-Gemeinschaft aufzubürden und dadurch die *Gemeinde*messfeier praktisch zu einer Privatmesse zu machen. Bestenfalls darf er sich berechtigt fühlen, sich für die nächsten drei Jahre einen Plan zu machen, mit welchen Veränderungsschritten die oben skizzierte, durch jahrhundertelange Übung zu sakrosanter Tradition gewordene Entleerung der liturgischen Zeichen und Sinnbilder reformiert werden und wie solcherart eine sachlich-fachlich angemessene liturgische Weiterentwicklung der Ortsgemeinde eingeleitet werden könnte.

Den sonn- und festtäglichen Hauptgottesdienst[16] feiern Vertreter aller Milieus, Berufsstände, kirchenpolitischen und Frömmigkeitsrichtungen einer Pfarrei mit, wohlgemerkt: weniger die so genannten Karteileichen und gewisse lauwarme Volkskirchler, welche zu Weihnachten und hl. Erstkommunion die Religion in homöopathischen Dosen verabreicht bekommen wollen, vielmehr „normale" Katholikinnen und Katholiken, außerdem, wenn sie etwas intellektuell gestimmt sind, Feiernde, die spüren, dass die konziliare Liturgiereform weitergehen muss, wenn die Kirche auch geistlich Suchende halten will, und solche, die schlicht eine Eucharistiefeier wünschen, in der sie, aus dem Alltag kommend, sonntags geistlich auftanken können.

Diese Richtungen sind in jeder Pfarrei vertreten, und weil sie sich treu, redlich und einsatzbereit um ein christliches Leben bemühen, sollten sie auch Eucharistien mitfeiern dürfen, die so gestaltet sind, dass sich die genannten Interessengruppen in einer *wirklichen Synthese* wohlfühlen. Das dürfte in aller Regel Presbytern und Ortsgemeinde in gemeinsamem Ringen gelingen. (Und Hand auf's Herz: Beim Pfarrfest gelingt das ja auch!)

Meine Position

Wer diese wirkliche Synthese *sucht, tut einen grundlegenden ersten Schritt dazu, wenn er die Ordnung der Eucharistiefeier im deutschen „Messbuch" von 1975 kennt, versteht, wertschätzt und sie darum einhält und vermittelt.* Denn diese ordentliche Gestalt der Messfeier enthält, wenn sie *nicht* im Sinne bequemer „Ich-muss-noch-eben-'ne-Messe-lesen"-Praxis interpretiert wird, eine Ordnung, die *klug und maßvoll* die rechte Mitte zwischen Traditionalismus und Progressismus wahrt und von daher *alle* innerkirchlichen Strömungen und Flügel und Schichtungen zur gemeinsamen eucharistischen Mysterienfeier integriert. – Eine solche Interpretation der Messordnung möchte ich im Folgenden aufzeigen.

Sicher, es ist eine Knochenarbeit, in einer Gemeinde sachliches und geistliches Bewusstsein zu schaffen für den Sinn der Liturgiefeier und den Wert einer erneuerten Eucharistiefeier. Es lohnt sich aber auch, in jeder Hinsicht. Wenn alle Nörgler und Kritikaster, statt sich in die vordergründig Spaß machende Messfeier nach Traditionalisten- oder Progressisten-Art zu flüchten, die ihnen geschenkte Energie in der Kraft des Heiligen Geistes für das liturgische Apostolat in ihrer Pfarrkirche aufwendeten – sähe die sonntägliche Eucharistie- und, gegebenenfalls, die werktägliche Tageszeitenfeier in unseren Pfarrkirchen ganz anders aus!

Fundament: der Begriff „Teilhabe" an der Feier

Um das christliche Leben mehr und mehr zu vertiefen, hat sich das Zweite Vatikanische Konzil (1962–1965) in besonderer Weise um die Erneuerung und Pflege der Gottesdienstfeier gesorgt (4. Dezember 1963: „Konstitution über die heilige Liturgie" *Sacrosanctum Concilium*, in dieser Schrift als „Liturgie-Konstitution" zitiert). Dringender Wunsch der Väter ist: Die Frömmigkeit einer jeden Person, die an Gott und Christus glaubt, soll neu und gesammelt aufgebaut werden aus dem österlichen Heilswerk Jesu Christi. Dieses österliche Heilswerk bezeichnet die kirchliche Lehrverkündigung als „Pascha-Mysterium", und sie stellt heraus: Jede einzelne Person wird durch die Teilhabe, die *participatio*, an der Feier dieses Mysteriums, besonders in Taufe und Opfermahl, also in der Eucharistiefeier, real hineingenommen in dieses Mysterium, und sie wird zur Nachfolge Christi gestärkt, in der Feier des Mysteriums wie in ihrem Alltagsleben. Dazu soll den Christen eine Teilhabe an der Mysterienfeier ermöglicht werden, die umfassend und voll *(plena)*, wissend *(conscia)* und wirklich *(actuosa)* ist.[17]

Lateinisch *participatio* besteht aus zwei Wörtern, *pars* – deutsch „Teil", und dem Verb *capere* – „fassen, nehmen, fangen". *Participatio* bedeutet also: Ich fasse, nehme, fange einen Teil, in dem Falle: der Gottesdienstfeier. Das heißt letztlich: Ich habe Teil am Heilshandeln Gottes in der Liturgiefeier, und ich habe Teil an der Gemeinschaft von Christgläubigen, die im gemeinsamen Gebet und Zeichenhandeln entsteht. Ein zentrales Beispiel für gottesdienstliches Zeichenhandeln ist die hl. Kommunion von Brot und Kelch, die ich von den Gaben der Kirche empfange, die in der Opfermahlfeier dargebracht worden und in der Kraft des Heiligen Geistes wirklich und wahrhaft zum Sinnbild des Leibes und Blutes Christi verwandelt worden sind. Wichtig: die umfassend-volle, wissende und wirkliche Teilhabe nach kirchlicher Rechtssatzung ist nicht etwas, was ein Geistlicher seelsorgerlich-freundlich den Gläubigen zugesteht und dementsprechend, wenn ihm danach ist, auch wieder kassieren kann: Im Gegenteil, die Gläubigen haben zu dieser Teilhabe auf Grund ihrer Taufe sowohl Recht als auch Pflicht! (LK 14 Abs. If.; CIC 1983, can. 835 § 4)

Darum will die ordentliche Gestalt der Messfeier die Teilhabe der Gläubigen fördern. Der Weg zu dieser Messordnung ist in den späten Sechzigerjahren nicht immer einfach gewesen. Sie ist daher immer noch nicht so klar und durchschaubar, wie es an sich wünschenswert wäre. So bleibt die tragende Ordnung der Eucharistiefeier mit ihrem Zweischritt

(I) Feier des Wortes
(II) Feier des Opfermahles sowie
dem Dreischritt des Opfermahles
    (1) Bereitung
    (2) Tischsegen (= Eucharistiegebet)
    (3) Brotbrechung und Mahlgemeinschaft

immer noch allzu unklar. Es sind aus vielen Jahrhunderten Geschichte der Messfeier allzu viel Firnis und Übermalungen übrig geblieben, das ursprüngliche Bild ist immer noch nicht vollständig freigelegt. Auch nach der konziliaren Liturgiereform ist manches erhalten geblieben, was die wissende Teilhabe der Gläubigen hindert. Umso mehr müssen wir heute Firnis abtragen, statt neue Schichten aufzutragen. Dazu werden in diesem Buch etliche Beispiele gegeben werden.

II. Ungenutzte Chance: Eröffnung

Struktur

Die Messordnung von 1970 enthält zur Eröffnung

- (I) den Einzug mit
  (1) Gesang zur Eröffnung und
  (2) Verehrung des Altares,
- (II) Kreuzzeichen und Begrüßung der Gemeinde,
- (III) das Allgemeine Schuldbekenntnis,
- (IV) die Anrufung des in der versammelten Gemeinde gegenwärtigen erhöhten Herrn mit
  (1) *Kyrie* („Herr, erbarme dich") und
  (2) *Gloria* („Ehre sei Gott") sowie
- (V) Tagesgebet (das als Schlussgebet der Eingangsprozession und als Eröffnungsgebet der ganzen Feier fungiert).

An Fasten- und Adventssonntagen entfällt das *Gloria*, weil sich in den geschlossenen Kirchenjahreszeiten der frühmittelalterliche Brauch, das *Gloria* nur in der bischöflichen, nicht aber in der Messe des Presbyters zu singen, erhalten hat. Außerdem gibt es Wahlmöglichkeiten, die im Folgenden jeweils erläutert werden. Es kommt also darauf an, was der jeweilige Vorsteher der Feier aus der offiziellen Ordnung macht, wie er „gestaltet". Landauf, landab wird die Eröffnung der Messfeier von zwei Elementen geprägt – der Begrüßung durch den Vorsteher, auch als bürgerliche Begrüßung, und dem Bußakt.[18]

Einzug

„Die Gemeinde versammelt sich. Darauf tritt der Priester an den Altar. Er wird begleitet von denen, die bei der Messfeier einen besonderen Dienst am Altar versehen. Das sind in der Regel ein Lektor (zwei Lektoren), ein Kantor und ein oder mehrere Ministranten (oder Akolythen)." (FGM 1; MB I, 101)

Bei einem solchen Einzug bietet es sich auch an, das Lektionar, ggf. das Evangeliar, und auch das „Messbuch" mitzunehmen. Das Lektionar wird auf dem Ambo, oder, wenn kein Evangeliar benutzt wird, auf dem Altartisch abgelegt. Dadurch wird der Altartisch zum Thron des Gotteswortes. Das „Messbuch" bleibt in der Hand des Buchmessdieners (Libroferars), der es gelegentlich dem Vorsteher hält. Der Kreuzträger stellt das Vortragekreuz ab, die Leuchter für das Evangelium werden am rechten und linken vorderen Eck des Altars abgestellt. Vorsteher und alle Dienerinnen und Diener der Feier setzen gemeinsam ein Zeichen der Verehrung: mindestens eine tiefe Verneigung, oder, wenn sich ein Tabernakel im Presbyterium befindet, eine Kniebeugung. Es folgt die Altar-Beräucherung. Dann tritt der Vorsteher wieder in die Reihe der Dienerinnen und Diener zurück und wendet sich erst, wenn der Gesang zum Einzug verklungen ist, zur Versammlung, um Kreuzzeichen und Begrüßung zu sprechen. Zu ihren Plätzen gehen Presbyter und Altardiener erst nach dem Tagesgebet (s. S. 34).

Kreuzzeichen und Begrüßung der Gemeinde

Ursprünglich scheint eine Eucharistiefeier fast unmittelbar mit der Liturgie des Wortes, den biblischen Lesungen also, angefangen zu haben. Die heutige Messordnung sieht nach dem Einzug das von allen gemeinsam vollzogene und vom Vorsteher gesprochene Kreuzzeichen: „Im Namen des Vaters" usw. vor. Diese Formel erinnert an den Taufbefehl des Herrn Mt 28,19 und das Begleitwort zur Taufe: „Ich taufe dich im Namen des Vaters und des Sohnes und des Heiligen Geistes", und ist von daher eine gemeinsame Erinnerung an das Getauft-Sein jeder mitfeiernden Person. Jeder Mitfeiernde ist ja wegen seines Getauft-Seins zur Eucharistiefeier gekommen.

Zwischen Einzug und Lesungen ist noch im späten Altertum ein Grußwechsel zwischen Vorsteher und Versammlung eingeschaltet worden: „Der Herr sei mit euch. – Und mit deinem Geiste".[19] Mit „Herr" ist Christus der Herr gemeint. Mit „Geist" ist der angesprochene Mensch nicht als Person im Sinne ziviler Höflichkeit gemeint, sondern sein „Geist", der in Taufe und Firmung von Gottes Heiligem Geist geprägt ist, die ihm in Christus in der Taufe verliehene Teilhabe am Leben Gottes. – Für den Glauben ein entscheidender Blick auf den Nächsten: In der Schwester, im Bruder begegnet Christus der Herr, vermittelt durch seinen Heiligen Geist. Von daher ist das „Der Herr sei mit euch" eigentlich ein jubelnder Ausruf: Durch den Heiligen Geist Gottes wird die Gegenwart des erhöhten Herrn Christus in der Mitte seiner Gemeinde vermittelt.

Nach diesem jubelnden Ausruf lässt die Messordnung den Gläubigen Zeit, sich in das Gebet der Kirche einzuschwingen, wie es im Tagesgebet ausgedrückt ist. In den Raum zwischen „Der Herr sei mit euch" und Gebet sind verschiedene Stücke eingeschaltet: Schuldbekenntnis, *Kyrie* und *Gloria*.

Allgemeines Schuldbekenntnis

An sich ist zwischen der Proklamation der Gegenwart des erhöhten Herrn (griech. *kýrios*) Christus und seiner Anrufung (in *Kyrie* und *Gloria*) kein sinnvoller Ort für eine Besinnung auf Sünde und Schuld. Diese Besinnung hat in Form des Bußaktes und des Schuldbekenntnisses (*Confiteor* – „Ich bekenne") im Laufe des Mittelalters Eingang in das Staffelgebet der Messfeier gefunden und ist als wechselseitiges Schuldbekenntnis des Priesters und des Altardieners in der außerordentlichen Gestalt der Messfeier enthalten. Auf diesen Bußakt hat die Kommission, die das Missale von 1970 zusammengestellt hat, wohl nicht ganz verzichten wollen, deshalb ist er aus dem (abgeschafften) Staffelgebet herausgelöst und zwischen Begrüßung und *Kyrie* eingeschoben worden.

Dabei unterscheidet die Messordnung drei Formen:[20]

Form A: Der Vorsteher lädt zum Allgemeinen Schuldbekenntnis ein, und es wird das *Confiteor* gebetet: „Ich bekenne Gott, dem Allmächtigen, und allen Brüdern und Schwestern, dass ich Gutes unterlassen und Böses getan habe" usw. Danach folgt die Vergebungsbitte: „Der allmächtige Gott erbarme sich unser" usw.

Form B: Der Vorsteher lädt zum Schuldbekenntnis ein, und statt des Confiteor werden zwei Psalm-Wechselrufe gebetet. Abschließend die Vergebungsbitte: „Nachlass, Vergebung und Verzeihung unserer Sünden" usw.

Form C, die *Kyrie*-Litanei, gestattet es, Schuldbekenntnis und *Kyrie* zusammenzufassen: Den einzelnen *Kyrie*-Rufen werden Christus-Anrufungen vorausgeschickt, die nicht mit denen im „Messbuch" identisch sein müssen, sondern frei formuliert sein können. Das „Messbuch" bringt als Beispiele die

Anrufungen: „Herr Jesus Christus, du bist vom Vater gesandt, zu heilen, was verwundet ist: Kyrie, eleison; Du bist gekommen, die Sünder zu berufen: Christe, eleison; Du bist zum Vater heimgekehrt, um für uns einzutreten: Kyrie, eleison." Danach folgt die Vergebungsbitte. Form C des Schuldbekenntnisses wird häufig verwendet, leider meist falsch (s. S. 32f.).

Kyrie („Herr, erbarme dich")

Nach Gruß und Schuldbekenntnis wendet sich die Gemeinde mit *Kyrie, eleison* an den im Heiligen Geist gegenwärtigen erhöhten Herrn, dessen Bild als Gekreuzigter oder Weltenherrscher sich an sehr deutlicher Stelle im Kirchenraum findet. Das „Herr, erbarme dich" wird in griechischer *(Kyrie, eleison)* oder deutscher Sprache gesprochen oder gesungen. Es ist aus dem Brauchtum der heidnischen Antike in die Messfeier übernommen worden. „Wenn der Triumphator über das römische Forum die Via sacra zum Kapitol auffuhr, dann klang ihm von allen Seiten, von den Soldaten und aus der Volksmenge in endlosen Litaneien entgegen: Kyrie eleison."[21] Es ist ein Ruf um Erbarmen, der ein Ruf des Jubels, des Lobpreises geworden ist. Christus ist Weltenherrscher, auch wenn er am Kreuz hängt. *Kyrie, eleison* wäre also streng genommen am sinnvollsten zu verdeutschen mit „Herr! Du bist der, der sich unserer erbarmt!" Das *Kyrie* ist sehr volkstümlich geworden: Im Frühmittelalter ist sein Gesang durch das Volk vorgesehen, und aus dem *Kyrie, eleison* ist das „Kyrieleis" unserer frühesten Kirchenlieder geworden.[22] Wenn das *Kyrie* als „Kyrieleis" o. Ä. in den Eröffnungsgesang integriert ist, entfällt es nach der Begrüßung.

Gloria („Ehre sei Gott")

In frommer Begeisterung hat die Kirche der Frühzeit die einfache Christus-Anrufung „Herr" um weitere Anrufungen erweitert. Christus-Anrufungen machen auch den Hauptteil des *Gloria*-Hymnus aus, der in der sonn- und festtäglichen Messfeier auf das *Kyrie* folgt: Diesen Christus-Rufen vorgeschaltet sind der Lobpreis, den die Engel auf Gott gesungen haben, nachdem sie den Hirten auf dem Feld die Frohe Botschaft von der Geburt des Heilands verkündet haben (Lk 2,14), und die Anrufung Gottvaters. Das „Jesus Christus, mit dem Heiligen Geist, zur Ehre Gottes des Vaters. Amen" schließt den Hymnus ab, indem es Jesus Christus, Gottsohn, in das Ganze der göttlichen Dreifaltigkeit einordnet.

Das *Gloria* ist uralt, ist einer der wenigen erhalten gebliebenen früh-kirchlichen Hymnen, obwohl im späten Altertum weite Kreise der Kir-che die von Menschenhand geschaffenen Lieder und Gesänge zugunsten der eindeutig biblischen Gesänge wie der Psalmen abgeschafft haben. Ursprünglich ist das Gloria als Hymnus im liturgischen Morgenlobpreis verwendet worden.[23] Es wurde dann für die feierliche Bischofsmesse ver-wendet, zunächst nur in der weihnachtlichen Mitternachtsmesse, später in allen Bischofsmessen, und durfte in der Presbytermesse gar nicht gesungen werden. Später gab es die Osternachtsmesse des Presbyters als Ausnahme. Von dort gelangte das *Gloria* in alle Messen: Gegenwärtig ist das *Gloria* vorgesehen für Hochfeste, Feste und besondere Feiern sowie für alle Sonn-tage mit Ausnahme des Advents und der Fastenzeit.

Weil der Gesang des *Gloria* (und auch des *Kyrie*) auch in allen abend- und morgenländischen Kirchen und Riten für die Messfeier vorgesehen ist, wobei die Morgenländer das Gloria eher noch als Morgenhymnus denn als Herrentagslobgesang empfinden, vereinen *Kyrie* und *Gloria* die ganze Christenheit.

Tagesgebet

Es folgt ein Gebet zur Eröffnung, das lat. *Oratio collecta* (dt. eigentlich „gesammeltes Gebet", „Sammelgebet") heißt, in unserem „Messbuch" „Tagesgebet". Dieses Eröffnungsgebet ist Teil einer komplexen Handlung gemeinsamen Betens, die zum Mitmachen einlädt.[24] Der Vorsteher sagt: „Lasset uns beten": Die Gemeinde wird zum Gebet aufgefordert und – wid-met sich dem stillen Gebet. „[A]lle halten zusammen mit dem Priester eine kurze Stille, um sich darauf zu besinnen, dass sie vor dem Angesicht Gottes stehen und um ihre Bitten im Herzen aussprechen zu können." (GORM 54) Darauf „sammelt" der Vorsteher die Gebete der Versammelten zu einem ausführlichen offiziellen Gebet zusammen, der Oration, in der er das An-liegen an Gott Vater richtet, durch die Mittlerschaft des Sohnes, in der vom Heiligen Geist gestifteten Einheit – d. h. Gemeinschaft – der Kirche: „durch Jesus Christus, deinen Sohn, unseren Herrn und Gott, der in der Einheit des Heiligen Geistes mit dir lebt und herrscht in alle Ewigkeit." Die Gemeinde ruft abschließend „Amen".

Kern dieser gegliederten Gebetshandlung ist nicht der Text, den der Vorsteher vorträgt, sondern das *stille Gebet aller nach der Gebetsaufforde-rung* („Lasset uns beten").

Defizite in der Zeichengestalt

Dass liturgische Zeichen und Sinnbilder, obwohl sie an sich recht stark und eindrucksvoll sind, so verkürzt werden, dass die Messfeier täglich ohne großen personellen und organisatorischen Aufwand gehalten werden kann, ist beim Mitfeiern konkreter Sonntagsmessen leider immer wieder zu beobachten. Solche Defizite in der Zeichengestalt gibt es auch bei den einzelnen Stücken der Eröffnungsriten zu notieren.

Großer Einzug – kleiner Einzug

In den Bischofs- und Pfarrkirchen des späten Altertums, in denen sich die heute noch gültige Gestalt des Eucharistiefeierns entwickelt hat, hat es in der Regel einen so genannten „großen" Einzug gegeben, bei dem der Vorsteher und die Altardiener durch den Mittelgang des Kirchenschiffes nach vorne gehen: Dadurch wird deutlich, dass das kirchenleitende Amt und auch die nichtgeweihten Dienste und Ämter in einer Gemeinde nicht von außen in sie hinein getragen sind, sondern aus ihr hervorgehen. Wenn die Eucharistie so gefeiert wird, wird sie zum Hochamt – *summum officium* – einer Ortskirche oder Pfarrgemeinde, zur feierlichen Messe *(missa sollemnis)* (zu den Unterscheidungen der Messtypen s. S. 92–94).

Dass eine solche feierliche Messe nicht tagtäglich möglich ist und schon gar nicht für alle Presbyter, die in einer Mönchsgemeinde leben oder an einer Pfarrkirche tätig sind, ist klar. Darum hat die mittelalterliche Kirche die Lesemesse *(missa lecta)* entwickelt – eine stille Messe, eine Messe im Schweigen. Der Presbyter sagt flüsternd oder halblaut die vorgeschriebenen Texte auf, unterstützt von einem Ministranten, der die auswendig gelernten lateinischen Antworten gibt. Diese Gestalt des Eucharistiefeierns war, wenigstens am Werktag, vor der konziliaren Messreform in der römischen Kirche weltweit bestimmend.

In der Lesemesse nun gibt es einen anderen Zutritt zum Altar: Die Sakristeiglocke klingelt, die Gläubigen, falls welche anwesend sind, erheben sich, ein Eingangslied ist nicht üblich. Ministrant und Presbyter gehen den kürzesten Weg zum Altar – das sind, wenn die Sakristei beim Altar liegt, die paar Meter, die dann zurückzulegen sind –, Kelch und Messbuch werden beim Hinzutreten zum Altar auf diesem deponiert, Presbyter und Ministrant machen eine Kniebeugung, und dann beginnt der gleichsam private Teil der Messe: das Stufengebet, ein Vorbereitungsgebet des Presbyters und des

Ministranten. Der korrekte Beginn der Messfeier steht im Vordergrund des Rituals. Keine Rolle spielt, dass zum Sinn einer liturgischen Versammlung an sich auch die Erfahrung dazu gehört, dass das kirchenleitende Amt und auch die nichtgeweihten Dienste und Ämter in einer Gemeinde nicht von außen in sie hinein getragen sind, sondern aus ihr hervorgehen.

Das verkürzte und sinnentleerte Hinzutreten zum Altar, wie es in der nicht konziliar erneuerten, außerordentlichen Gestalt der Messfeier auch heute noch Brauch ist, prägt leider die Mentalität der Seelsorgerinnen und Seelsorger. Kaum jemand vermag sich vorzustellen, dass zur festlichen Versammlung des Gottesvolkes, gerade wenn Eucharistie gefeiert wird, der große Einzug sachnotwendig dazu gehört. Darum ist gerade im sonn- und festtäglichen Hauptgottesdienst auf die Durchführung des großen Einzugs zu achten.

Gesang zum Einzug

Während des Einzugs wird gesungen. Dieser Gesang ist ein Prozessionsgesang (wie auch die Gesänge zu Gabenbereitung und Kommunion), entstanden aus der Notwendigkeit, den Weg vom Kirchenportal zum Altar musikalisch zu begleiten. Weil der Einzugsgesang den Einzug *begleiten* soll, darf das einleitende Orgelspiel nur kurz sein. Deshalb möchte ich davon abraten, während des Einzugs die Orgel spielen zu lassen und mit dem Gesang erst dann zu beginnen, wenn die Dienerinnen und Diener ihre Plätze im Presbyterium eingenommen haben: Die Messfeier insgesamt verlängert sich durch eine solche Ausdehnung des Einzugsgesangs um zwei bis drei Minuten, Zeit, die besser für wesentliche Stücke der Messfeier wie die Zweite Lesung, Brotbrechung und Kelchkommunion verwandt werden sollte. – Wenn die Prozession nur sehr kurze Zeit beansprucht, ist das Einzugslied sinnlos und sollte dann nicht gesungen werden.

Unser „Messbuch" sieht zum Einzug wie schon im späten Altertum einen Psalmvers vor, der zum liturgischen Tag passend ausgewählt ist und häufig einen Leitgedanken der Messfeier angibt. Darum ist der Einzugsgesang wie alle Prozessionsgesänge eine Gelegenheit, vom Sinn des liturgischen Tages her einen Gesang zu wählen. An sich ist es nicht verboten, sondern wünschenswert, wenn zum Einzug die Schola einen Psalm singt, dessen Kehrvers die Gemeinde wiederholt (zum „responsorischen" Psalmenvortrag s. S. 98). Im Normalfall empfiehlt sich ein kirchenjahres- oder festtagsbezogenes Lied aus dem „Gotteslob" oder neuem geistlichen Liedgut.

Liturgischer Gruß – bürgerlicher Gruß

Der Wechselruf „Der Herr sei mit euch. – Und mit deinem Geiste" ist primär eine Proklamation der Gegenwart des erhöhten Herrn Jesus Christus in der Mitte seiner Kirche, die hier und jetzt versammelt ist und Eucharistie feiert, erst sekundär die Begrüßung zwischen Vorsteher und Gemeinde. Von daher sollte das „Der Herr sei mit euch" niemals weggelassen werden, und weil es mehrere Bedeutungsbereiche abdeckt, sollte es auch nicht durch einen bürgerlichen Gruß ersetzt werden, wie er in manchen Gemeinden zu erleben ist: Der Vorsteher sagt nach dem Einnehmen seines Platzes und dem Verklingen des Einzugsliedes: „Guten Morgen" (oder „Guten Abend"). Eine gut erzogene Gemeinde antwortet ebenfalls unter Nennung der gegebenen Tageszeit. Solche Versuche der Erneuerung mögen sich gut anhören, sind es im Tiefsten jedoch nicht, weil sie an der Bedeutung des Wechselrufes vorbeigehen.

Bußakt: Schuldbekenntnis – Kyrie-Litanei – Taufgedächtnis?

Der Bußakt stört, weil er aus dem Staffelgebet der außerordentlichen Messe in die Eröffnung der ordentlichen übernommen worden ist, die gedankliche Bewegung der Eröffnung der Messfeier. Darum gilt in jedem Falle: Das Schuldbekenntnis sollte gemäß der Messordnung kurz und knapp, wenn auch mit einem Besinnungsmoment von angemessener Länge, rezitiert werden. Andernfalls erhält der Bußakt ein Gewicht, der ihm von seinem Ursprung her an sich nicht zukommt. Vielleicht mag es angebracht sein, Sonntag um Sonntag die Formen A und B des Allgemeinen Schuldbekenntnisses zu wechseln.

Damit die Eröffnung gestrafft werden kann, sieht unser „Messbuch" die Möglichkeit vor, Bußakt und *Kyrie* zusammenzulegen (s. S. 27f.: Form C des Schuldbekenntnisses). Den *Kyrie*-Rufen könnten *frei formulierte* Christus-Anrufungen vorausgeschickt werden. Darum gibt es im „Gotteslob" sehr schöne *Kyrie*-Litaneien:[25] Diese scheinen nicht sehr bekannt zu sein, denn es gibt heute in fast jeder Arbeitshilfe zur Mess-„Gestaltung" frei formulierte Christus-Anrufungen, dabei leider auch sehr viele inhaltlich unpassende. Wie folgt:

> Bitte um Vergebung
> Jesus, du hast ein gutes Herz für alle Menschen. Unser Herz klagt uns an: Wir haben unser Herz vor dir und den Menschen verschlossen. Herr, erbarme dich unser.

Jesus, du hast gütige Augen, die sehen, was wir Menschen brauchen. Unser Herz klagt uns an: Wir haben so vieles und vor allem viele Menschen, die mit uns unterwegs sind, einfach übersehen. Christus, erbarme dich unser.
Jesus, du hast heilende Hände, die offen sind, zu geben und zu helfen. Unser Herz klagt uns an: Unsere Hände halten wir gern abwartend auf dem Rücken oder ballen sie zur Faust. Herr, erbarme dich unser.

In vielen dieser frei formulierten Christus-Anrufungen tritt ein merkwürdiger Pessimismus im Menschenbild zutage: Der Mensch wird so dargestellt, als sei er von Ewigkeit her verworfen und zum Leben fern von Gott verdammt und völlig unfähig, sich aus eigener Kraft, wenn auch unter Beistand des Gottesgeistes, zum Besseren zu bekehren. Manche Bußakt-Formulierungen neigen auch dazu, den Herrn um Vergebung dafür zu bitten, dass die Gläubigen bestimmte moralische Normen nicht eingehalten haben, die die „Gestalter" für einhaltenswert halten. – Da kommt einfach zu kurz, dass die Frömmigkeit des einzelnen Christen, wenn sie denn aus dem Pascha-Mysterium neu aufgebaut werden soll, einer Neuformung durch eine Besinnung auf die eigene Taufe und Firmung bedarf, durch die der Einzelperson neues Leben in Christus geschenkt ist.

Darum wäre es sinnvoller, Bußakt und *Kyrie* je klar erkennbar zu vollziehen, und am sinnvollsten, in der Sonntagsmesse statt des Bußaktes das Taufgedächtnis zu vollziehen, die Besprengung mit Wasser (das *Asperges*).

Allerdings sollte der Ersatz des Schuldbekenntnisses durch die Tauferinnerung auf das Sonntagshochamt beschränkt sein, um sowohl Tauferinnerung als auch Sonntagshochamt klar zu profilieren: Der *Sonntag* ist der Tag, an dem die auf den Namen Christi *Getauften* gemäß seinem Auftrag *Eucharistie* feiern und dadurch seines Leidens und Sterbens, seiner Höllenfahrt und *Auferweckung gedenken*. – Eine solche Klarheit wird, bei entsprechender Unterrichtung und Einübung der Gläubigen, das geistliche Bewusstsein von der Taufe wie von der Sonntagsmesse schärfen. Dann wäre die Reihenfolge: Einzug – Kreuzzeichen – Gruß – Tauferinnerung – *Kyrie* – *Gloria* –Tagesgebet.

Auch Herrenfeste, die nicht auf einen Sonntag fallen, bedürfen eines klaren Profils. An ihnen legt eine besondere Festlichkeit der Feier nahe, dass das Allgemeine Schuldbekenntnis entfällt (MB I, 107), sodass dann die Reihenfolge wäre: Einzug – Kreuzzeichen – Gruß – *Kyrie* – *Gloria* – Tagesgebet. Wenn Seelsorgerinnen und Seelsorger die katholischen Christinnen und Christen zu regelmäßiger Bußpraxis heranführen möchten, sollten sie, statt damit die Messfeier zu füllen, zu erneuerten Wegen und Stationen von Buße, Versöhnung, Lebensrevision (einschließlich der Einzelbeichte) einladen.

Loblieder, *Gloria*-Lieder, *Gloria*

Das *Gloria* ist nicht nur ein Lob- und Dank-Lied, wie es viele gibt, weil es in Inhalt und Form archaisch ist. Daher hat es einen ganz eigenen Reiz. Es ist nicht sinnvoll, es durch ein *Gloria*-Lied zu ersetzen: Die *Gloria*-Lieder des „Gotteslobes" verkürzen, verdrehen oder verfälschen den Inhalt des Originaltextes, ganz zu schweigen von irgendwelchen Lobliedern aus der Reihe GL 247–269. Darum sollte beim *Gloria* auch tatsächlich eine *Vertonung* – denn das *Gloria* ist Hymnus! – des deutschen oder lateinischen Textes genommen werden.[26]

Tagesgebet

Kern des Tagesgebetes als gegliederter Handlung ist nicht der Text, den der Vorsteher vorträgt, sondern das stille Gebet aller nach der Gebetsaufforderung „Lasset uns beten". Deshalb ist es wichtig, dass das offizielle Gebet in der Liturgiefeier dem stillen Gebet der einzelnen Gläubigen genügend Raum und Zeit gibt.

Nach dem „Lasset uns beten", so hätte es Sinn, verneigen sich Vorsteher, Dienerinnen und Diener und die ganze Versammlung, die das verständlicherweise erst einüben muss, mit einer tiefen Verneigung (von der gefühlten Länge eines langsam gesprochenen „Gegrüßet seist du, Maria") nach Osten. In dieser Zeit ist Raum für das Gebet in Stille gegeben. Erst wenn der Vorsteher die Gottesanrede des Tagesgebetes gesprochen hat, richten sich Dienerinnen und Diener und Versammlung wieder auf. Alle, nicht nur der Vorsteher, breiten die Hände zur Orantenhaltung aus, um im Angesicht Gottes des Herrn aufrecht und würdig stehend mit innerer Beteiligung das Gebet vollziehen zu können. Erst *nach* dem Eröffnungsgebet begeben sich Vorsteher und Dienerinnen und Diener auf ihre Plätze. Ein solches Handeln entspricht dem geistlichen Sinn des Eröffnens der Eucharistiefeier und auch der Würde des liturgischen Ortes.

Gebets-Ostung

An sich müsste zum Genannten noch die Ostung des Gebetes, des öffentlichen wie des privaten, hinzukommen. Die Ausrichtung nach Osten dient der bewussten Ausrichtung auf Christus den Herrn – das wahre Licht, das jeden erleuchtet, und die wahre Sonne der Gerechtigkeit –, an den allmorgendlich das Aufgehen der Sonne im Osten erinnert. Gleichzeitig steckt darin auch ein Stück eschatologische Qualität, da der Herr am Jüngsten Tage aus dem Osten wiederkommen wird. Traditionell evangelische Pfarreien und bisweilen auch Klöster haben an der Gebets-Ostung grundsätzlich festgehalten.

Weil die faktische Umsetzung der konziliaren Liturgiereform in der römischen Kirche sehr stark betont hat, dass die Messe zum Volk hin gefeiert werde und der Vorsteher daher hinter dem Altar stehe, also in der Regel mit Blick nach Westen, ist gegen Ende der Sechzigerjahre die Gebets-Ostung aus der Übung gekommen. Im Lauf der Jahre hat sich gezeigt: Das ist nicht nur von Vorteil. Wenn Vorsteher, Lektorinnen und Lektoren ihre Texte immer zur Gemeinde hin vortragen, wirkt das häufig, als solle die Versammlung beständig der Belehrung durch die „Gestalter" ausgesetzt sein, weil auch Orationen und die so genannten Fürbitten oft versteckte moralische Botschaften enthalten. Personen, die in der Liturgiefeier verständlicherweise nicht immer voll und ganz aufpassen, bekommen wegen des immer gleichen Tonfalls und der immer gleichen Blickrichtung oft gar nicht mit, dass es sich bei einem Text nicht um eine Ansprache an die Versammlung, sondern um ein Gebet handelt. Wegen der theologischen Qualität des Gebetes scheint es angemessen, dass der Vorsteher sich beim Vortrag eines Gebetes nach Osten wendet (weil die meisten Kirchen geostet sind, tun die Mitfeiernden das ohnehin). Zumindest bei manchen Stücken der Messfeier – *Kyrie*, *Gloria*, Tagesgebet und Universalem Gebet (den Fürbitten) – könnte das auch ohne Probleme umgesetzt werden, wenn der Vorsteher sich nur zum Wechselruf „Der Herr sei mit euch" und den Begrüßungsworten zur Versammlung wendet, bei den anderen Stücken der Feier aber wieder zum Altar hin, also in der Regel nach Osten.

Orantenhaltung

Es wäre auch wichtig, das Beten mit ausgebreiteten Armen wiederzugewinnen. In der Antike war diese Körperhaltung – die Orantenhaltung – bei Heiden wie Juden gebräuchlich. Wenn die Orantenhaltung geübt wird, ist für alle Teilnehmenden, gleich welchen Alters, ganz klar: Jetzt wird gebetet! Dass sie in der römischen Kirche von heute immer noch nur vom Vorsteher einer Feier vollzogen wird, halte ich für echten Klerikalismus. Nur wenn Geistlicher und Gemeinde sich gemeinsam in Orantenhaltung nach Osten wenden, ist deutlich, dass wir uns als Gläubige und Getaufte an Gott wenden und dass wir die direkte Begegnung mit Gott nicht einem konsekrierten Funktionär wie dem antiken Opferpriester überlassen. Wenn die ganze Gemeinde würdig stehend mit ausgebreiteten Armen betet, wird auf Dauer jeglicher Klerikalismus, jeder Experten-Hochmut in Bezug auf Gottesdienstfeier und Gemeindeleben ein Ende haben. Denn dann vollziehen alle gemeinsam das gleiche Gebet, und einer trägt es im Namen der anderen, der ganzen Versammlung vor: der Vorsteher, der als einziger dazu in das Amt ordiniert ist – unter bestätigendem Zuruf der anderen.

Adressat selbstgetexteter Gebete

Weil in der Oratio die Anliegen der Gemeinde, vermittelt durch Christus, den Sohn, zu Gott Vater getragen werden, verbietet es sich von selbst, Orationen an Christus oder gar, was manchmal geistlich besonders wache, will sagen charismatisch erneuerte „Gestalter" tun, an den Heiligen Geist zu richten: Die innertrinitarische Dynamik und Ordnung des Heilsgeschehens sollten durchaus auch in der Formulierung angedeutet sein. Von daher wäre es vielleicht sinnvoll, die an Christus gerichteten Orationen aus „Messbuch" (bzw. Tageszeitengebet) zu tilgen oder umzuformulieren.[27] Und weil Orationen inhaltlich das Gebet aller Versammelten zu Gott Vater tragen sollen, nicht nur das der „Gestalter", verbietet es sich von selbst, die Texte allzu konkret und genau zu formulieren. Besonders Texte mit Handlungsanweisungen für den Adressaten – Gott also – oder die Mitbetenden enthalten oft eine allzu große Dosis Moralin.

Es ist nicht sehr einfach für einen Einzelnen oder auch ein Team von „GestalterInnen", die Gemeinde nicht mit subjektiven Ergüssen zu überschütten, weil keine Person inhaltlich und sprachlich schöpferisch genug ist, dass sie jedes Mal etwas Neues zu formulieren vermag.[28] Daher haben die vorformulierten Gebete im „Messbuch" sehr wohl ihren Sinn und ihre Berechtigung.

Ergebnis

Wird die Eucharistie in der skizzierten Weise wirklich erneuert gefeiert, haben alle innerkirchlichen Fraktionen und Gruppierungen etwas davon.

Traditionalisten finden berechenbare Ordnung der Eröffnung, in der nicht der Vorsteher und einzelne Gemeindeglieder, sondern Gott, der Herr, und sein Sohn Jesus Christus im Mittelpunkt stehen.

Progressive erfreuen sich der allmählichen substantiellen Veränderung christlicher Frömmigkeit, da das Wirken des Heiligen Geistes in der versammelten Kirche sowie die durch Gottes Heiligen Geist vermittelte wirkliche Gegenwart Jesu Christi betont wird – und der ökumenischen Verbundenheit durch den Gesang zweier uralter frühkirchlicher Hymnen.

Allgemein gilt: Die *Laienkatholikinnen und -katholiken* können sich in diese Ordnung wissend und tätig einbringen, da sie immer nachvollziehbar ist, und die *Kinder und Jugendlichen* in der Kirche vor Ort können lernen, was Kirche und Gemeinde wahrhaft ist: die Gemeinschaft derer, die aus den unterschiedlichsten Situationen sich versammeln, dem großen Gott, der ihr Schöpfer und Befreier ist, Ruhm und Ehre und Lobpreis sagen und erst von da kommend die eine oder andere Bitte formulieren.

III. Ungenutzte Chance: Liturgie des Wortes

Kirche – Geschöpf des Wortes

Gott ruft Menschen zu sich, segnet sie und schließt mit ihnen einen Bund, so wie mit Abraham, dem Vater des Glaubens, der Gottes Wort Glauben schenkt und sich auf sein Wort hin auf die Wanderung ins Land der Verheißung macht (Gen 12,1–7), oder wie mit Mose (Ex 2,23–4,17; Dtn 34,10–12). Dieser gilt auch im Neuen Testament als der Zeuge Gottes schlechthin (Mk 7,10; 12,26; Lk 16,29; Joh 7,19–23; Röm 9,5), der dem Volk der Nachkommen von Abrahams Enkelsohn Jakob, genannt „Israel" (Gen 32,23–33), eine Ordnung für das Leben im verheißenen Land gibt: die fünf Bücher der Tora, d. h. übersetzt: der „leuchtenden Weisung". Schließlich erzählt die Heilige Schrift von Jesus aus Nazaret als dem Propheten schlechthin, von Gottes menschgewordenem Wort, der den fünf Büchern der Tora eine ultimative Auslegung gibt (Mt 5–7; 11,2–6; Lk 7,18–23; Joh 1).

Aus dem Sprechen, dem Verkündigt-Werden des Wortes Gottes heraus entsteht die Kirche: Von daher ist es für die frühe Kirche selbstverständlich gewesen, ihre liturgische Versammlung mit einer Feier des Wortes Gottes zu begehen. Diese ist vermutlich so aufgebaut gewesen wie eine Feier des Wortes Gottes in der jüdischen Synagoge im 1. Jahrhundert, hat aber am Ersten Tag der Woche stattgefunden und ihren inhaltlichen Höhepunkt und Abschluss in der Feier des eucharistischen Mahles mit dem auferstandenen und erhöhten Herrn gefunden. Im Ritual werden die zwei Pole der Begegnung mit Gott durch seinen Christus nachvollzogen: die Begegnung mit Gott in seinem Wort wie auch in der festlichen Mahlzeit mit dem irdischen Jesus, am Abend vor seinem Leiden und Sterben und auch öfter, in der das Zeichenhandeln Jesu sich unüberbietbar verdichtet. Die Eucharistiefeier enthält zwei Pole, Wort und Mahl, Liturgie des Wortes und Eucharistische

Liturgie, und darin wird das Gedächtnis Christi, das in der versammelten Kirche geschieht, sinnbildlich verdichtet wie auch in Wahrheit gegenwärtig gesetzt. Gedacht wird des Wirkens Gottes und Christi durch Verkündigung und Mahlhalten des irdischen Christus.[29] Dieser Gedächtnis-Inhalt ist konstitutiv für die Kirche. Darum lehrt sie, dass Christus in der Liturgiefeier im Höchstmaß gegenwärtig ist, wenn aus den Heiligen Schriften gelesen wird, und besonders unter den eucharistischen Gestalten (LK 7 Abs. I). Die Liturgie-Konstitution nennt fünf Weisen der Gegenwart Christi in Liturgiefeiern, und jedes Mal spricht der Absatz von „er ist anwesend gegenwärtig" (lat. *praesens adest*). Darin sind gleich zwei Stilfiguren enthalten, eine Übertreibung (Hyperbel) und die Verwendung zweier Wörter mit nahezu gleicher Bedeutung zur Verstärkung einer Aussage (Hendiadyoin: wörtlich übersetzt „Eins-durch-zwei"), denn *adest* heißt für sich schon „er ist anwesend, er ist da" und wird mit Hinzufügung des *praesens* fast unübersetzbar verstärkt. Das Konzil legt also sehr viel Wert auf eine mehrfache gestufte Weise der *realen* Gegenwart des Herrn (in allen Liturgiefeiern, nicht nur in der Messfeier).[30]

Darum sollte bei der „Gestaltung" der Eucharistiefeier die Liturgie des Wortes nicht vernachlässigt werden. Das Zweite Vatikanische Konzil hat ein „innige[s] und lebendige[s] Ergriffensein von der Heiligen Schrift" fördern wollen und gewünscht, dass bei Liturgiefeiern „die Schriftlesung reicher, mannigfaltiger und passender ausgestaltet werden" soll und eigene „heilige Feier[n] des Wortes Gottes" begangen werden (LK 35 Ziff. 1.4).

Struktur

Nach der erneuerten Messordnung von 1970 hat die Liturgie des Wortes folgenden Aufbau:

(I) Es wird
  (1) eine *Erste Lesung* aus dem *Alten Testament* vorgetragen, dann
  (2) eine Lesung aus den Psalmen Davids (wobei meist ein Kantor, eine Kantorin die Verse singt und die Gemeinde mit einem Antwort-Vers, dem Responsum, antwortet, daher die Bezeichnung „Antwortpsalm" *(psalmus responsorius)* für die Psalterlesung), dann

(3) eine Zweite Lesung aus den apostolischen Schriften des Neuen Testamentes.

Dann folgt als Vorbereitung des Evangeliums der *„Halleluja"*-Ruf und

(4) der Vortrag des *Evangeliums* (mit diesem betraut das Liturgierecht der römischen Kirche einen Diakon oder, wenn keiner da ist, einen Presbyter).

(II) Den Bibellesungen folgt die Antwort der versammelten Kirche in mehrfacher Hinsicht.

(1) Eine *Ansprache* (die *Homilie*) wird gehalten, in der (im Normalfall) der Vorsteher der Feier aus dem heiligen Text der Bibel die Mysterien des Glaubens und die christliche Lebenslehre erklärt (und dabei die Großtaten Gottes rühmt und lobpreist).

(2) Die versammelte Kirche spricht (an Sonn- und Festtagen) gemeinsam das *Glaubensbekenntnis.*

(3) Die versammelte Kirche trägt im *Universalen Gebet* (den Fürbitten) Not und Leid der Welt, in der sie lebt, vor Gott den Herrn.

Der Aufbau der Liturgie des Wortes drückt sich auch in den Körperhaltungen aus, die die Gläubigen einnehmen. Die Lesungen – Altes Testament, Psalm, Apostel – hören die Gläubigen im Sitzen. Auch die Homilie (s. S. 42–44), die aus der Heiligen Schrift oder den liturgischen Texten die Großtaten Gottes, besonders das Mysterium des jeweiligen Festtages, erklärt und rühmt, hören die Gläubigen im Sitzen. Sitzen ist die Haltung des aufnehmenden und betrachtenden Hörens. Sitzen ist für das Hören längerer Lesungen schon im späten Altertum vorgesehen, für Lesung und Psalm auch im *Missale* von 1570.[31] Wenn der Gesang des Halleluja bzw. – in der Fastenzeit – der Ruf vor dem Evangelium gesungen und ggf. das Evangeliar hochgehoben wird, um es zum Ambo zu tragen, steht die Gemeinde auf, um Christus, den Herrn, zu begrüßen, der im Evangelium noch mehr als in den vorauslaufenden Lesungen gegenwärtig ist (Zeremoniale 140 Abs. I). Wegen des Christusbezugs des Evangeliums und der Gegenwart Christi in ihm ist es Brauch, das Evangelium im Stehen zu hören. Darin drückt sich auch die Wachsamkeit und Bereitschaft aus, mit der Christinnen und Christen der Wiederkunft des Herrn entgegengehen. Weil das Glaubensbekenntnis der großen Mysterien des Glaubens gedenkt und sie feierlich, in Gemeinschaft, bekennt, bevor die eucharistische Opfermahlfeier beginnt, wird es stehend gesprochen. Beim anschließenden Universalen Gebet steht die Gemeinde ebenfalls – als Ausdruck der Ehrfurcht und des Vertrauens Gott gegenüber.

Einzelne Elemente

Erste Lesung, Psalm, Zweite Lesung, Evangelium: Leseordnung

Seit der Einführung der erneuerten Leseordnung 1970 bietet die römische Kirche einen dreijährigen Lesezyklus, sodass die sonn- und festtäglich das Herrenmahl Mitfeiernden wirklich die bedeutendsten Partien der Heiligen Schrift zu hören bekommen könnten.

Warum nun hat die Liturgie des Wortes Gottes in der ordentlichen Gestalt der Messfeier diesen Aufbau? Zur Erklärung ist zurückzugreifen auf das, was auf S. 38 über die Rolle des Wortes Gottes in der Kirche angedeutet worden ist: Im Volk Israel ist, im Zusammenhang mit der Verschleppung der Oberklasse Judas nach Babylon, die Mose-Tora als eine Art tragbares Vaterland, will sagen: Land der Verheißung, entstanden. Weitere Schriften, Propheten und Weisheitsschriften, ergänzen und kommentieren die Tora vielstimmig. Diese Schriften wurden zu den vier Gruppen Tora – Geschichtsbücher – Weisheitsbücher – prophetische Bücher komponiert, die sich noch heute im Alten Testament finden. Endgültiger und unüberbietbarer Kommentar zu diesen Schriften ist die Person Jesu Christi.[32] Seine Verkündigung in Wort und Zeichen, die lediglich die Tora und die Tora-Kommentare in der Jüdischen Bibel seiner Zeit authentisch auslegen möchte, ist besonders dicht in den Evangelien des Neuen Testaments vergegenwärtigt. Die apostolischen Schriften des Neuen Testaments entstehen parallel zu den Evangelien, hingeordnet auf die vielschichtigen Erzählungen von der Frohen Botschaft Jesu. Daher hätte es durchaus Sinn, wenn in der Eucharistiefeier (und auch in jeder selbstständigen Heiligen Feier des Wortes Gottes nach LK 35 Ziff. 4) die Heiligen Schriften in der Reihenfolge Tora – Prophet – Apostel – Evangelium gelesen werden, mit Tora und Evangelium als den Brennpunkten einer Ellipse.[33] In den morgenländischen Kirchen in Mesopotamien und weiter ostwärts, bis an die indische Malabar-Küste, die dem ostsyrischen Ritus folgen, ist das auch tatsächlich der Fall. Theologisch gesehen wäre das skizzierte viergliedrige System, gefolgt von jeweils einem Psalm nach der Lesung, das Ideal. Von daher bietet sogar die dreigliedrige Leseordnung der ordentlichen römischen Messfeier das Ergebnis eines Schrumpfungsvorganges. In ihr repräsentieren (1) die Erste (alttestamentliche) Lesung die Tora, (2) der Psalm die Schriften des Alten Testamentes; (3) die Zweite, die Apostellesung, und (4) das Evangelium sind erhalten und stehen für sich.

Dieses Lesesystem stellt eine große Chance dar: Den Gläubigen werden die Schätze ausgebreitet, die in der Heiligen Schrift aufbewahrt sind. Der Ambo, der Tisch des Wortes also, ist reich gedeckt. In der Liturgie des Wortes enthalten ist auch ein Element von Schulung und Bildung im Glauben: Im nachdenklich-betrachtenden Vortragen und Hören der Schrift erweitern und vertiefen die Christen ihr kulturelles Gedächtnis und ihre kulturelle Identität. Gleichzeitig findet sich eine existenzielle, eine geistliche Dimension: Durch das Wirken des Heiligen Geistes wird die einzelne Person Zeitgenossin und Adressatin des Heilswerkes Gottes in der Geschichte: des Wortes Gottes in der vorchristlichen Heilsoffenbarung, des Gebetes und der Lehre der Psalmen und Christi, der Lehre und des Wirkens der apostolischen Kirche und des Heilshandelns Jesu des Herrn.[34] So gesehen bilden die drei Lesungen und der Psalm, also eigentlich: *vier!* Lesungen der „Leseordnung für die Messfeier" von 1969 wirklich ein Minimum.

Homilie

Dass auf die Schriftlesungen ein Wort der Auslegung folgt, ergibt sich aus dem Wesen der Sache. Wenn auch in den Schriftlesungen Gott und sein und Christi Heilswerk wirklich Gegenwart wird, bleibt es doch in menschliche Worte eingekleidet. Und die menschlichen Worte der Hl. Schrift stammen aus einer Zeit und Kultur, die den Menschen immer wieder neu fremd ist. Deshalb ist die ganze Geschichte des Christentums hindurch in den unterschiedlichsten Formen das Wort Gottes für die Gegenwart ausgelegt worden. Das Konzil von Trient hat empfohlen, „während der Messfeier […] etwas von dem, was in der Messe gelesen wird, zu erläutern und unter anderem ein Geheimnis *(mysterium)* dieses heiligsten Opfers zu erklären, vor allem an Sonn- und Feiertagen."[35] Auch die vom Zweiten Vatikanischen Konzil und die im Rahmen der nachfolgenden Reformen erlassenen Normen legen sehr viel Wert auf die geistliche Ansprache innerhalb der Messfeier, ja der Liturgiefeier überhaupt. Die Ansprache selbst ist Teil der

Liturgie und wird nachdrücklich empfohlen, denn sie ist notwendig, um das christliche Leben zu stärken. In der Ansprache werden „aus dem heiligen Text die Mysterien des Glaubens und die Richtlinien für das christliche Leben dargelegt" (LK 52). Sie soll die Schriftlesungen oder andere Texte des Formulars der Tagesmesse (Ordinarium oder Proprium) unter einem bestimmten Gesichtspunkt auslegen. Dabei sollen das je gefeierte Mysterium und die besonderen Bedürfnisse der Hörer berücksichtigt werden (GORM 65). Die (kurze) Rede zur Auslegung der Schriftlesungen heißt in der Fachsprache „Homilie" (von gr. *Homilía*), das in erster Linie „Zusammensein, gesellschaftlicher Umgang", in zweiter „Unterhaltung, Gespräch, Rede, Unterricht" bedeutet. Vom Ursprung des Wortes her gehört zur geistlichen Ansprache in der Messfeier eine gewisse Leichtigkeit, mit der der Sprecher seine Gedanken vorträgt, nicht so sehr eine theologische Grundsatzrede, sondern Gedankenanstöße gebend. In kleineren Gemeinschaften mag es sogar möglich sein, unter der Homilie ansatzweise ein Gespräch zu entwickeln, nicht nur wenn Kinder da sind.

Laienkatholiken und -katholikinnen lassen sich in der Sonntagsmessfeier gern vom Glauben her ansprechen und erwarten ein geistliches Wort, das Anstöße zur Umsetzung des Glaubens in ihr je verschiedenes Dasein gibt. In der Praxis bleiben aber manche Wünsche offen. Geistliche versuchen mit Recht, in ihren Homilien die mutmaßliche existenzielle Situation der Zuhörenden aufzugreifen, vergessen dabei jedoch bisweilen den christlichen Glauben und die Lehrverkündigung der Kirche zu thematisieren. Gott oder Christus spielen keine Rolle, es sei denn, in einem eher diffusen Bezug auf ein höchstes Wesen oder Jesus, unseren Bruder. Gerne werden Überlegungen zu ethischen Fragen angestellt, allerdings meist, ohne die Positionen des kirchlichen Lehramtes genauer zu erklären (Letzteres ist nicht immer nötig, bietet aber, in Maßen, eine Möglichkeit, wichtige Glaubensinformation in die Messhomilie einfließen zu lassen). Darin zeigen sich Ansätze einer Darlegung der Richtlinien des christlichen Lebens (LK 51; CIC 1983, can. 768), aber leider meist nicht so konkret, dass die Richtlinien klar wahrzunehmen sind, und meist an der Leseordnung vorbei. Statt die Richtlinien des christlichen Lebens auf solche diffuse Art und Weise darzulegen, könnte es sinnvoller sein, zu gegebener Zeit bewusst eine Reihe thematischer Predigten zu halten. Die vorkonziliare Kirche kannte Zyklen thematischer Predigten, die im Anschluss an die Einteilung des Katechismus die Artikel des Glaubensbekenntnisses, die sieben Sakramente, die zehn Gebote, das Gebet des Herrn besprachen. Im Idealfall versuchten die Pfarrer, den Religionsunterricht, den die Geistlichen – damals noch in Dorfschulen – zu erteilen hatten, thematisch auf die Messpredigt abzustimmen.

Zwar ist es seitens der kirchlichen Autorität verboten, dass entsprechend ausgebildete Laienkatholiken und -katholikinnen im Anschluss an das Evangelium innerhalb der Messfeier eine geistliche Ansprache halten, weil das Geistliche Amt in seinem tiefsten Sinn Dienst am Volk Gottes durch die Verkündigung der Frohen Botschaft und den Vorsitz in der Liturgiefeier ist (CIC 1983, can. 762), aber in den deutschsprachigen Ländern hat sich der Brauch entwickelt, dass gerade hauptamtlich tätige Laien in Messfeiern eine so genannte „Statio" halten: eine geistliche Einführung in den Gehalt der jeweiligen Messfeier. Eine solche „Statio" wird im Normalfall nach der Begrüßung, d. h. vor den *Kyrie*-Rufen, mancherorts nach dem Eröffungsgebet (= Tagesgebet) gehalten.[36] (Dem Begriff „Statio" liegt die Fiktion zugrunde, auch in einer normalen Sonntagsmessfeier versammle sich die Gemeinde mit der Eröffnung an einem Ort, um dann in Prozession zu einer Kirche, der Stationskirche, zu ziehen und dort die Eucharistie zu feiern, wie das im Rom des späten Altertums der Brauch war, um die Einheit der Ortskirche auszudrücken.)[37] Für Sonntagsmessfeiern kommen nach gegenwärtiger Rechtslage nur „Stationes" wie die oben genannten in Frage.

In diesem Punkt berühren die Überlegungen in diesem Buch das so genannte „Verbot" der Laienpredigt in den deutschsprachigen Bistümern. Das ist wirklich eine dornige Frage.

(I)   Wenn ich recht sehe, hat die römische Autorität mit dem Inkrafttreten des nachkonziliaren Kirchenrechtes von 1983 alle bisher für den deutschen Sprachraum gegebenen Ausnahmeerlaubnisse aufgehoben.[38] Denn der jeweilige Vorsteher der Eucharistiefeier ist der erstberufene Prediger, weil er die Feier als ganze leitet. Leider sorgt das Kirchenrecht selbst dafür, dass diese Regel nicht eingehalten wird, insofern es das Recht zur Messpredigt nach dem Evangelium auch *jedem* anderen Geistlichen gibt, der gerade nicht als Vorsteher dient: Darin sehe ich eine bedenkliche Inkonsequenz.

(II) In praktischer Hinsicht wäre zu überlegen: Die Botschaft einer Messhomilie kommt am ehesten beim Adressaten an, wenn der Sprecher einigermaßen bekannt ist. Deshalb sollten in den immer größer werdenden Pfarreien, Pfarreiverbünden oder Seelsorgeeinheiten die Messtermine möglichst konstant auf das Personal aufgeteilt sein, sodass der Pfarrer häufiger den Hauptgottesdienst, der Hilfsgeistliche (Kaplan,

Kooperator …) häufiger die Abendmesse hält. Dann können sich die Gläubigen an die Eigenart der verschiedenen Vorsteher gewöhnen und diese am ehesten ein längerfristig angelegtes Konzept für ihren Verkündigungsdienst umsetzen.

(III) Das Skizzierte muss nicht dazu führen, dass (hauptberufliche) Laienmitarbeiterinnen und -mitarbeiter vom Predigtdienst ausgeschlossen werden. Angehörige dieser Berufsgruppe könnten durchaus einmal wöchentlich, vielleicht am ehesten abends, vielleicht in der Mitte der Woche, eine Wort-Gottes-Feier mit Homilie anbieten, gegebenenfalls sogar zu den Schriftlesungen des vorausgegangenen Sonntags, gewissermaßen als katechetische und betrachtende Vertiefung der Sonntagsfeier. Wenn ich recht sehe, ist das auch nicht verboten.[39] Und wenn eine solche Feier mit Wärme, Verstand und Hingabe begangen wird, werden sich wohl immer aufgeschlossene Mitfeiernde finden. Vielleicht wäre es eine sinnvolle Aufgabe für Laienkräfte mit entsprechender geistlicher, theologischer und – nicht zu vergessen – sprachlicher Schulung, für einen Teil der Kirchenjahreszeit „Im Jahreskreis" Zyklen thematischer Predigten zu entwickeln und zu halten. Diese könnten – das ist eine andere Möglichkeit – in den skizzierten werktäglichen Predigtgottesdienst integriert werden.[40]

Glaubensbekenntnis (Credo)

Auf das Hören des Wortes Gottes antwortet die versammelte Kirche an Sonn- und Festtagen mit dem Glaubensbekenntnis. Nach der Ansprache ist ein Glaubensbekenntnis vorgesehen, in der Regel das „große" Glaubensbekenntnis GL 356, das auf den Konzilien von Nikaia 325 und Konstantinopel 381 beschlossen wurde und darum Symbolum Nicaeno Constantinopolitanum heißt: Nikaino-Konstantinopolitanisches Glaubensbekenntnis. Statt dessen kann auch das Apostolische Glaubensbekenntnis, das Symbolum Apostolicum, genommen werden: „Ich glaube an Gott den Vater" (GL 2 Abschn. 5).

An sich ist die Rezitation des Glaubensbekenntnisses erst recht spät, d.h. im 4./5. Jahrhundert, in die Messordnung aufgenommen worden. Es soll sicherstellen, dass alle jene den rechten Glauben im Sinne der Konzilien von Nikaia (325) und Konstantinopel (380) bekennen, die sich nach dem Hören des Wortes Gottes am Universalen Gebet – der Oratio fidelium, dem Gebet der (Recht-)Gläubigen – sowie an der Eucharistischen Liturgie beteiligen. In der Kirche des späten Altertums wurde, wer nicht orthodox war – im Sinne des Nikaino-Konstantinopolitanums –, vor dem Gläubigengebet hinausgeschickt. Das Glaubensbekenntnis ist, so gesehen, ursprünglich ein kirchen- und liturgierechtlich bedeutsamer Text, der gleichwohl große Bedeutung für die auf der ganzen Erde verbreitete Christenheit, in allen ihren Teilkirchen, hat.

Fürbitten (Allgemeines Gebet)

Zwar ist der Zusammenhang zwischen Schriftlesung und Gebet durch Homilie und Glaubensbekenntnis etwas verdunkelt. Aber dem in den Lesungen vernommenen Wort Gottes antwortet die versammelte Kirche in erster Linie mit dem Gebet für andere. Christinnen und Christen ist die Liebe zu Gott und dem Nächsten aufgetragen als die Erfüllung des ganzen Gesetzes. Daher versteht sich für sie das fürbittende Gebet von selbst. Sie wenden sich an Gott, dessen große Taten in der Liturgie des Wortes gegenwärtig sind, und teilen ihm mit, was sie an Bitten für andere und besonders für die Welt, in der sie leben, auf dem Herzen haben. Darum finden sich Spuren solcher Fürbitten (eines solchen Allgemeinen Gebetes) schon in der biblischen und frühchristlichen Literatur.

Die geschichtliche Entwicklung hat im Bereich der lateinischen Liturgien und besonders in der römischen Messfeier zu einem vollständigen Wegfall des Allgemeinen Gebetes geführt. In manchen Gegenden hatte sich ein solches im Anschluss an die Predigt erhalten, und solche überkommenen Bräuche hat die Liturgische Erneuerungsbewegung schon vor dem Konzil aufgegriffen, um das Allgemeine Gebet insgesamt zu erneuern. Diese Bestrebungen mündeten in die Anordnung des Konzils, dass besonders an Sonn- und Feiertagen unter Teilhabe des Volkes Fürbitte für die Kirche, die Regierenden, die Notleidenden, alle Menschen und das Heil der ganzen Welt gehalten werden solle (LK 53). Es stellt sich jedoch die Frage, was aus den Anordnungen des Konzils in der Praxis geworden ist. Das *Missale* von 1970 nimmt treu die konziliare Anordnung wieder auf und konkretisiert sie: Gebetet werden soll in der Regel – und zwar in dieser Reihenfolge –

a) für die Anliegen der Kirche,
b) für die Regierenden und das Heil des ganzen Welt,
c) für alle von verschiedener Not Bedrückten und
d) für die Ortsgemeinde.

Bei besonderen Feiern wie Firmung, Trauung, Begräbnis usw. sollen die Fürbitten die jeweils aktuellen Anliegen berücksichtigen, und ihre Reihenfolge kann verändert werden (AEM 45).

Vor dem Konzil war es gebräuchlich, vom „Allgemeinen Kirchengebet" zu sprechen: Das drückt aus, dass das Fürbittgebet die Anliegen der Kirche im Allgemeinen widerspiegelt und dass es ein amtliches, ein vorzügliches Gebet der Kirche darstellt, die sich hier und jetzt versammelt, um „durch ihr Beten für alle Menschen ihr priesterliches Amt" auszuüben (GORM 69). Die Liturgie-Konstitution spricht von einer *„Oratio communis" seu „fidelium"*, d. h. von einem „Allgemeine[n] Gebet" oder „Gebet der Gläubigen" (LK 53), und drückt so eine Unsicherheit in Bezug auf den Inhalt aus. Wichtig ist, dass das Gebet von den Gläubigen geübt wird, d. h. von Gliedern der Gemeinde, die in Taufe und Firmung durch die Chrisamsalbung Anteil am Hohepriesteramt Christi erhalten haben. Der lateinische Text der „Allgemeinen Einführung in das Römische Messbuch" spricht von der *Oratio universalis seu oratio fidelium*: „universales Gebet oder Gebet der Gläubigen" (AEM 45; GORM 69) und wählt damit gegenüber dem *Oratio communis* der Liturgie-Konstitution einen Begriff, der dem Sprachgebrauch der Gegenwart besser angepasst ist: Das Gebet der Gläubigen soll universal sein, d. h. es soll das ganze Universum, in dem die betende Versammlung lebt, Gott dem Herrn gegenüber ins Wort fassen.

Häufige Defizite in der Sinngestalt

Nur eine Lesung

Im deutschen Sprachraum sind häufig auch an Sonn- und Feiertagen nur eine der beiden Lesungen und das Evangelium zu hören, und der Psalm wird ersetzt durch einen anderen Gesang, meist ein Kirchenlied aus dem „Gotteslob". Die Befürworter eines solchen Verfahrens meinen, dass die jeweilige Ortsgemeinde überfordert wäre vom Vortrag dreier Lesungen und dazu eines Psalms: Das gilt für den Inhalt – weil vier Schriftlesungen (AT, Psalm, Apostel, Evangelium) schwerer aufzunehmen und zu verstehen sind als zwei (Lesung und Evangelium) –, und das gilt für die Zeit – weil eine zusätzliche Lesung durchschnittlich zweieinhalb, ein sinnvoll ausgeführter Psalm drei bis vier Minuten beansprucht.

Beim Weglassen eines oder mehrerer Schrifttexte können sich die Vorbereitenden auf die unklare Handlungsanweisung unseres „Messbuches" berufen. Anders als die „Allgemeine Einführung in das Römische Messbuch" (lat. 1970, dt. 1975), Nr. 36f., die „Grundordnung des Römischen Messbuchs" (2002), nn. 57–61, und die lateinische Messordnung (*Ordo Missae cum populo*, n. 7) enthält das deutsche „Messbuch" von 1975 den entscheidenden Passus:

> „An Sonn- und Festtagen sind als Norm vor dem Evangelium zwei Lesungen vorgesehen. Wo aus pastoralen Gründen nicht beide vorgetragen werden können, ist es gestattet, eine von ihnen auszuwählen." (FGM 37; MB I, 112)

Aus dem Text wird nicht klar, worin konkret „die pastoralen Gründe[.]" bestehen, die die Auswahl oder das Weglassen einer Lesung rechtfertigen sollen. Für eine Sonntagsmesse als Höhepunkt und Ausgangspunkt der christlichen Woche in einer Gemeinde sind solche pastoralen Gründe kaum vorstellbar. Denn selbst wenn es sinnvoll scheint, in einer Familienmesse weniger Schrifttexte zu haben, wäre zu bedenken, dass auch in einer Familienmesse nicht nur Kindergarten- und Schulkinder, sondern auch ältere und alte Leute die Eucharistie mitfeiern. Um den Sinn der ausführlichen und vielgestaltigen Schriftlesung zu erfahren, ist es wichtig, sich klarzumachen: Die Wortliturgie dient primär *nicht* der Katechese, sondern ist *Gedächtnis*, real gegenwärtig setzende Anamnese der großen Taten Gottes in der Heilsgeschichte (zum Begriff „Anamnese" s. S. 65f.). Sinnvoller als das Auswählen von Schrifttexten scheint mir, den mitfeiernden Kindergarten- und Schulkindern eine Zuhöraufgabe zu geben. Denn wenn ich (als Kind oder auch als Erwachsener) gezwungen bin, intensiv zuhörend aktiv mitzumachen, ist mir die Messe nicht mehr so langweilig.

Dass eine Eucharistiefeier etwas länger dauert, wenn eine zusätzliche Lesung und ein Antwortpsalm vorgetragen werden, lässt sich selbstredend nicht bestreiten. Die etwas längere Dauer lässt sich abfedern, wenn sich Presbyter und andere Vorbereitende sehr kurz fassen bei zusätzlichen, in der Messordnung gar nicht vorgesehenen Kurzreden und -ansprachen aller Art. Außerdem wiegen die inhaltlichen Vorteile einer Reihe von vier Schriftlesungen (s. S. 41f.) die zeitlichen Nachteile auf.

Gerade darin, dass den Gläubigen die Schätze der Heiligen Schrift ausgebreitet werden, liegt der entscheidende Vorteil der Leseordnung in der ordentlichen römischen Messfeier. Das Zweite Vatikanische Konzil hatte angeordnet, „dass innerhalb einer bestimmten Anzahl von Jahren die wichtigsten Teile der Heiligen Schrift dem Volk vorgetragen werden", mit dem Ziel, „dass den Gläubigen der Tisch des Gotteswortes reicher bereitet werde" (LK 51). Das geschieht nun in der neuen Leseordnung für die Messfeier (festgelegt im *Ordo Lectionum Missae* von 1969). Die wichtigeren Schrifttexte sind für die Sonn- und Festtage vorgesehen und auf drei Jahre aufgeteilt, in die Lesejahre A, B und C, wobei jedes durch drei teilbare Kalenderjahr Lesejahr C ist. Ein Lesejahr läuft vom Ersten Adventssonntag, der dem Beginn des neuen Liturgischen Jahres entspricht, bis zum Samstag nach dem Christkönigssonntag. An den Sonntagen im Jahreskreis eines jeden Kalenderjahres wird fortlaufend in Auswahl eines der ersten drei Evangelien gelesen (Bahnlesung): im Lesejahr A das Evangelium nach Matthäus, in B das nach Markus, in C das Lukas-Evangelium. Das Evangelium nach Johannes wird nach alter kirchlicher Tradition bevorzugt in der Osterzeit der drei Lesejahre gelesen, Teile auch in der Zeit im Jahreskreis des Markus-Lesejahres. Die Lesungen aus dem Alten Testament sind im Hinblick auf das Tagesevangelium ausgewählt: Bei der Zusammenstellung der Leseordnung wurde darauf geachtet, ob sich eine mehr oder weniger ausdrückliche inhaltliche Beziehung zwischen Altem Testament und Evangelium ergibt. Der Psalm ist wiederum im Hinblick auf die alttestamentliche Lesung ausgewählt, denn er soll den Gläubigen eine Vertiefung und Betrachtung des je in der Liturgie des Wortes gegenwärtig gesetzten Heilsmysteriums ermöglichen. Die Apostellesung ist an den Sonntagen im Jahreskreis eine Bahnlesung. Das führt häufig zu inhaltlichen Spannungen, zu inhaltlicher Vielfalt unter den vier Lesungen der Liturgie des Wortes, weil diese sich nicht eindeutig einem bestimmten, katechetisch und homiletisch leicht verwertbaren Thema zuordnen lassen. Die inhaltliche Vielfalt lässt sich jedoch auch positiv werten: Jeder Satz der Heiligen Schrift legt jeden anderen aus, und auch die Gebetstexte einer Messe, besonders das Tagesgebet, bauen den inhaltlichen Sinn der Liturgie des Wortes mit auf, sodass sich sehr häufig ein abgerundeter Sinn des Ganzen ergibt, der allerdings in der Schwebe bleibt und sich nicht als Thema vereindeutigen lässt. Die Liturgiefeier

> „verwendet überlieferungsgemäß das Wort Gottes nicht nur aus Gründen der Vernunft oder aus irgendwelchen äußeren Gründen, sondern in der Absicht, das volle Evangelium zu verkünden und die Gläubigen in die ganze Wahrheit zu führen" (PEML 68) –

auch wenn es unter Umständen für Prediger und Katecheten ungünstig ist.

In den geprägten Zeiten des Liturgischen Jahres (Advents- und Weihnachts-, Fasten- und Osterzeit) sind die Schriftlesungen selbstverständlich thematisch gewählt und enger aufeinander abgestimmt. An den hohen Festen findet sich im dreijährigen ein einjähriger Lesezyklus, an dem die Bibellesungen in allen drei Lesejahren gleich sind, sodass die Variabilität und Unübersichtlichkeit des Lesestoffes nicht unüberblickbar groß ist. Insgesamt ist das Experiment einer erneuerten Leseordnung geglückt: Zwar wird nicht die gesamte Heilige Schrift in drei Jahren in Sonn- und Festtagsmessen gelesen – das geht auch wegen der Menge an Texten nicht –, aber die Unterrichtung der Gläubigen wie auch der Lobpreis Gottes durch das Gedächtnis seiner großen Taten geschieht bunt und vielfältig (das entspricht dem Wunsch des Konzils LK 35 n. 1; 51).

Statt Psalm ein Lied

Zur Liturgie des Wortes gehören auch der Psalm und das „Halleluja" (in der Fastenzeit: „Ruf vor dem Evangelium") mit einem Zwischenvers. Der Psalm ist „wesentlicher Bestandteil des Liturgie des Wortes" und hat „große liturgische und pastorale Bedeutung […], weil er die Betrachtung des Wortes Gottes fördert" (AEM 36; GORM 61). Wenn kein eigener Kantor oder Psalmsänger da ist und sich wegen der weitverbreiteten Betsingmessen-Mentalität (s. S. 92–94) auch sonst keiner in der Gemeinde bemüht hat, werden allzu häufig statt Psalm und „Halleluja" Liedstrophen als so genannte „Zwischengesänge" genommen. Besonders beliebt ist „Herr, gib uns Mut zum Hören" (GL 521), das aber – wie eigentlich alle Lieder – mit der poetischen Qualität und inhaltlichen Fülle der Psalmen nicht mithalten kann (Weiteres zum Sinn des Psalmengesangs s. S. 97f.). Das „Halleluja" (oder in der Fastenzeit, wenn das „Halleluja" nicht gesungen wird, der „Ruf vor dem Evangelium") darf ebenfalls nicht ausfallen, denn es stellt eine „eigenständige Handlung" dar: „Die Versammlung der Gläubigen empfängt und begrüßt den Herrn, der im Evangelium zu ihr sprechen wird, und bekennt singend ihren Glauben" (AEM 37; GORM 62). Man kann es drehen und wenden, wie man will: An der Entdeckung des Psalmengesanges und des „Halleluja" in den Gemeinden geht kein Weg vorbei. Dafür müssen geeignete Sängerinnen und Sänger gefunden werden, die es aber in jeder Gemeinde gibt. Außerdem ist wichtig, dass das tiefere Verstehen der Psalmen und ihres Sinns in der Liturgiefeier gefördert und allen, den Geistlichen wie den Gläubigen, erschlossen wird. An sich müsste alles getan werden, um eine tiefe emotionale Bindung der einzelnen Personen an Psalmen und Kehrverse zu fördern, denn dann erst ist der Punkt erreicht, an dem das einfache Ersetzen von Psalm und „Halleluja" durch zweifelhafte „Zwischengesänge" nicht mehr so ohne weiteres toleriert und akzeptiert wird.

Credo-Lieder

Unser deutsches „Messbuch" erlaubt auch, ein *Credo*-Lied zu singen, statt den amtlich vorgesehenen Text des Glaubensbekenntnisses zu rezitieren, und das hat zu einer Unkultur von *Credo*-Liedern und -Texten geführt. Sehr in Mode gekommen ist beispielshalber in den letzten Jahren das alte Lied „Fest soll mein Taufbund immer stehen, / Ich will die Kirche hören" usw., das in manchen Bistümern mit unterschiedlichsten Textfassungen in die überarbeiteten Diözesananhänge zum „Gotteslob" aufgenommen worden ist. Kann dieses Lied wirklich ein sinnvoller Ersatz des *Credo* sein? Oder zeigt der häufige Gebrauch dieses Liedes im Tiefsten eine gewisse Scheu, ein Zurückschrecken vor dem Glauben der universalen, der alles umfassenden Kirche, der die Gläubigen herausreißt aus einem heimeligen Idyll? Daneben gibt es neu geschriebene Glaubensbekenntnis-Texte. Diese wollen, wenn sie in einer Jugend- oder Familienmesse eingesetzt werden, den Zugang zu den überkommenen Symbola, dem Nikaino-Konstantinopolitanum oder dem Apostolikum, erschließen. Dieses Ziel erreichen sie nur, wenn die überkommenen Texte wenigstens in groben Zügen bei den Mitfeiernden bekannt sind. Das ist gegenwärtig nicht mehr der Fall, denn in den vergangenen Jahrzehnten ist mindestens in den nordwestdeutschen Bistümern die regelmäßige Rezitation der Glaubensbekenntnisse außer Übung gekommen. (Ich habe als Religionslehrer in einer ländlichen Kleinstadt im sprichwörtlich „schwarzen" Westmünsterland schon vor sechs Jahren erlebt, dass nur noch eine einzige Schülerin, die Klassenbeste und dazu noch besonders in sprachlicher Hinsicht von sehr leichter Auffassungsgabe war, den Text des Apostolikum aufzusagen gewusst hat.) Darum haben alle gut gemeinten Versuche, das Symbolum verständlicher zu machen, leider dazu geführt, dass das Glaubensbekenntnis aus dem Bewusstsein des Kirchenvolkes, der Laien wie auch (in Folge dessen) der (jüngeren) Geistlichen entschwunden ist: Wenn ein noch nicht 40-jähriger Presbyter für die Messe Lieder aussucht, denkt er in aller Regel gar nicht mehr daran, dass an sich das Glaubensbekenntnis gesprochen werden *müsste*, und zwar in erster Linie das Nikaino-Konstantinopolitanum.

Eine Neuentdeckung des Glaubensbekenntnisses ist nur zu erreichen durch die theologische und historische Beschäftigung mit seinem Sinn. Darum sollten die Seelsorgerinnen und Seelsorger die beiden Glaubensbekenntnisse auslegen und erklären, die Gläubigen das Apostolikum auf Grund häufigen Gebrauches auswendig wissen und das Nikaino-Konstantinopolitanum wenigstens durch regelmäßige Rezitation aus dem „Gotteslob" kennen lernen. Es sei denn, die Feier ist teils lateinisch. Dann wäre es sinnvoll, ein lateinisches *Credo* aus dem „Gotteslob" zu nehmen. Damit aber das Kirchenvolk verschiedene Vollzugsformen einübt, scheint es Sinn zu haben, am ersten, dritten und fünften Sonntag eines Monats das Nikaino-Konstantinopolitanum (GL 356 u. 449) zu nehmen, am zweiten und vierten Sonntag das Apostolikum (GL 2 Abschn. 5; 447f.; 479). Wenn sich eine Gemeinde dazu entschließt, am ersten Sonntag des Monats die Messfeier halb lateinisch zu halten, müsste das Nikaino-Konstantinopolitanum lateinisch genommen werden, wohl am ehesten das Credo III (GL 423).

Das Glaubensbekenntnis ist wie so manches im christlichen Glauben noch nie leicht gewesen und bedarf der Erklärung und Auslegung. Erst wenn diese geschieht, können die Gläubigen beginnen, mit ihm geistlich zu leben.

Bitten nur für uns?

Wer aufmerksam zuhört, bekommt beim Mitbeten der Fürbitten nicht selten den Eindruck, in diese würden alle thematischen Botschaften hineingeschrieben, die den Vorbereitenden eingefallen sind, aber leider in *Kyrie*-Litanei und Homilie nicht mehr haben untergebracht werden können.

In einer Schülermesse zum „Thema" Okkultismus beispielsweise ist einmal zu hören gewesen:

„Priester: Die Angebote sind groß: Geistheilungen, okkulte Praktiken, Horoskope, Zukunftsdeutung, Kontaktaufnahme mit dem Jenseits. Wir wollen beten, dass wir nicht auf falsche Angebote reinfallen.
1. Vater im Himmel, mit deiner Kraft sind wir stark. Sei du bei uns, dass wir zwischen guten und schlechten Angeboten unterscheiden und den guten folgen. *Alle:* **Wir bitten dich, erhöre uns.**
2. Auch wir Christen haben viele Ängste, Begrenztheiten und Schwächen. Hilf uns, nur bei dir Zuflucht zu suchen. *Alle:* **Wir bitten dich, erhöre uns.**
3. Jesus hat uns deinen Geist versprochen. Lass uns gerade in der Fastenzeit entdecken, dass dein Geist uns gute Gedanken gibt und sicher führen kann. *Alle:* **Wir bitten dich, erhöre uns.**

Priester: Wir bitten dich, weil wir uns auf dich verlassen können. Wir bitten dich um alle diese Hilfen im Namen Jesu, deines Sohnes. Amen."

Beim hier angeführten Beispiel handelt es sich nicht um ein Allgemeines Gebet, nicht um Für-Bitten. Die feiernde Versammlung trägt lediglich Bitten für sich selbst vor, nimmt Abstand von der theologisch nötigen und sinnvollen Universalität und bleibt auf sich selbst bezogen.

In Bezug auf solche selbst getextete Formulare konstatiert der Innsbrucker Liturgiker Reinhard Meßner gewisse inhaltliche Fehlformen wie moralische Appelle an die Anwesenden: „Gib, dass wir unsere Verantwortung wahrnehmen", Versuche der Bewusstseinsbildung: „Lass uns erkennen", oder die Manipulation und Belehrung der Gemeinde durch das untergründige Ausrichten moralischer Botschaften.[41]

Im Tiefsten steckt hinter der weitverbreiteten Erscheinung der „Für-uns-Bitten" das Anliegen, das Fürbittgebet inhaltlich und sprachlich so zu fassen, dass den Mitbetenden die tätige Teilhabe leicht wird. Dieses Anliegen ist berechtigt. Aber wer immer neu formuliert, läuft Gefahr, in der Hetze des Alltages viele Formulierungen mit inhaltlichen und sprachlichen Mängeln zu setzen und die wohlabgewogenen, aus langer Erfahrung gewonnenen Formeln für das Allgemeine Gebet durch neue, konkret nur klingende Klischees zu ersetzen. Die Schwierigkeit mit dem Formulieren des Fürbittgebetes gründet darüber hinaus in einer Unsicherheit, was über die Vorschriften der Messordnung hinaus in das Fürbittgebet hineingebracht werden soll, und vor einer Antwort auf diese Frage muss der Begriff „Für-bitten" geklärt werden. Er erscheint im Gegensatz zu „Allgemeines Gebet", von „Universalem Gebet" ganz zu schweigen, blass und schwach in seinem Inhalt, denn im Sprachgebrauch der Ortsgemeinden heißt „Fürbitten" alles und jedes. Eigentlich schließt „Für-Bitten" mit ein, dass es um eine Bitte nicht für die Betenden selbst, sondern für andere gehe, aber das ist oft anders.

Wegen dieser Unsicherheit lohnt sich ein Blick in die Geschichte des Allgemeinen Gebetes.[42]

(I) *Orationes sollemnes.* Die urrömische Form des Allgemeinen Gebetes scheinen die *Orationes sollemnes*, die „feierlichen Gebete", zu sein, wie sie alljährlich am Karfreitag vollzogen werden. Am Karfreitag, an dem sich eine uralte Werktags-Gottesdienstordnung erhalten hat, übt die Gemeinde das stille Gebet im Knien: darum die Anweisungen des Diakons zum Knien („Beuget die Knie!") bzw. Wieder-Aufstehen

(„Erhebet euch!"). Am Sonntag wäre, wegen des altkirchlichen Verbotes des knienden Gebets an Ostertagen, das stille Gebet in tiefer Verneigung zu üben („Verneigen wir uns zum Gebet!" – „Steht aufrecht!"). Am Karfreitag finden sich zehn *Orationes sollemnes*, von denen sich nur zwei ausdrücklich mit Inhalten beschäftigen, die nicht in irgendeinem Zusammenhang mit der Kirche oder ihrer Situation in der Welt stehen (die neunte bzw. zehnte Oration für die Regierenden bzw. für alle Not leidenden Menschen). Das müsste bei einem echten Universalen Gebet am Sonntag anders sein. Da wären mindestens fünf Orationen vonnöten: vier für die von der Kirche vorgeschriebenen Anliegen und wenigstens eine weitere für einen Aspekt der Not der Welt. Die *Orationes sollemnes* verlangen konzentriertes Mittun und Zeit, damit die Mitfeiernden sich auf sie einlassen können. Aber einmal eingeübt, dürfte ihre Gestalt die tätige Teilhabe am Universalen Gebet erleichtern.

(II) Litanei. Demgegenüber ist die Litaneiform eine Vereinfachung und eine Erleichterung der Orationenreihe. Der Vorsteher lädt zum Gebet ein, und der Diakon oder ein Lektor tragen der Reihe nach die Anliegen vor. Statt einer Pause zum stillen Gebet antwortet die Versammlung auf jedes Anliegen mit *Kyrie, eleison* oder *te rogamus, audi nos*: „Wir bitten dich, erhöre uns". Dadurch vermeidet die Litanei die Anstrengung, Stille aushalten und Gebet in Stille üben zu müssen. Nachteil: Die einzelnen Anliegen gehen den Betenden nicht so recht zu Herzen, die Gefahr einer allzu eiligen und routinierten Verrichtung ist groß. Auch die Litanei wird abgeschlossen durch eine *Oratio collecta*, in der der Vorsteher das Gebet der Einzelnen in einer umfassenden, manchmal etwas abstrakt klingenden Formulierung zusammenfasst und durch Christus zu Gott Vater sendet.

(III) Schließlich gibt es das „Allgemeine Gebet" des hl. Petrus Canisius († 1597). Er hat verschiedene damals im Umlauf befindliche Texte für das Universale Gebet in einer geglückten Gestalt zusammengefasst, die als „Allgemeines Gebet" auch in das „Gotteslob" eingegangen ist, dort jedoch ein Schattendasein fristet (Nr. 790 Abschn. 2) – und vielleicht, inhaltlich angereichert und sprachlich überarbeitet, wieder ins Licht geholt werden sollte, als ein Text des Allgemeinen Gebetes, der, weil jederzeit auch dem Studium daheim oder in der Schule zugänglich, die tätige Teilhabe der Gläubigen erleichtert. [43]

Ergebnis

Wird die Eucharistie in der skizzierten Weise wirklich erneuert gefeiert, haben alle innerkirchlichen Fraktionen und Gruppierungen etwas davon.

Traditionalisten finden berechenbare Ordnung der Liturgie des Wortes: Sie werden nicht durch Änderungen des Rituals aus der Freude an Ruhe in der Liturgiefeier herausgerissen, weil jeden Sonntag eine andere katechetische Aktion stattfindet, und sie dürfen sich darüber freuen, dass nicht das (tatsächlich manchmal etwas fragliche) Menschenwort des Vorstehers oder Predigers, sondern Gottes Wort im Mittelpunkt der Feier steht.

Progressive erfreuen sich der allmählichen substantiellen Veränderung des Frömmigkeitslebens der römischen Kirche, weil in der Liturgie des Wortes wirklich Gottes Wort im Mittelpunkt steht und nichts anderes, sowie der ebenso unverkürzten wie entschiedenen Verwirklichung der Anordnungen des Zweiten Vatikanischen Konzils. Außerdem fördert eine unverkürzte Wortfeier die geistliche Verbundenheit mit den getrennten Glaubensgeschwistern in den protestantischen Kirchen (auch in den orthodoxen, die den Psalmengesang so sehr pflegen).

Allgemein gilt: Die *Laienkatholikinnen und -katholiken* können sich in diese Ordnung bewusst und tätig einbringen, da sie immer nachvollziehbar ist, und die *Kinder und Jugendlichen* in der Kirche vor Ort können lernen, was Kirche und Gemeinde wahrhaft ist: nämlich eine Kirche, die auf das Wort Gottes hört und aus ihm hervorgeht – und davon nicht nur in der dogmatischen Theorie spricht, sondern dieses auch praktisch, in der allsonntäglichen Ordnung der Messfeier, verwirklicht.

IV. Ungenutzte Chance: Eucharistische Liturgie

Die Eucharistische Liturgie ist – Ergebnis einer langen Geschichte – von einem komplizierten, teilweise schwer durchschaubaren Ritual geprägt. Um sich dessen roten Faden klarzumachen, ist es am günstigsten, sich die Ähnlichkeiten zwischen der eucharistischen Opfermahlfeier und einer festlichen, ritualisierten Mahlzeit vor Augen zu führen.

Struktur

Zu letzterem kommen Menschen nicht unbedingt, um satt zu werden, sondern in erster Linie, um sich nett mit anderen zu unterhalten und in entspannter Atmosphäre anderen zu begegnen. Eine solche festliche Mahlzeit, überhaupt eine Mahlzeit in Gemeinschaft, besteht, vorausgesetzt, es wird nach altem jüdisch-christlichen Brauch bei Tisch gebetet, aus mindestens drei Teilen,

(I)   dem Tischdecken,
(II)   dem Tischgebet,
(III)   dem Speisen und, gegebenenfalls,
(IV)   aus dem Nachtischgebet. Letzteres fällt gegenüber dem ausladenden Vortischgebet meist an Quantität und Qualität deutlich ab und ist für unsere Überlegungen hier zu vernachlässigen.[44]

Diesem allgemein-menschlichen Ritual entsprechend besteht die Opfermahlfeier aus

(I)   Gabenbereitung (dem Tischdecken),
(II)   dem Großen Eucharistischen Tischgebet, das amtlich *Prex eucharistica*, „Eucharistisches Hochgebet", heißt, und

(III) dem Austeilen der Mahlgaben von Brot und Wein in der hl. Kommunion (dem Speisen).

(IV) Auch in der Messfeier fällt das Nachtischgebet, die *Postcommunio* (was eigentlich „Nachkommuniongebet" heißt, amtlich mit „Schlussgebet" verdeutscht), in Länge und Inhalt deutlich gegenüber dem Vortischgebet, dem Großen Eucharistischen Tischgebet ab, indem jenes meist nur etwas inhaltlich variiert, was in diesem ohnehin schon thematisiert worden ist.

Gabenbereitung

Bereitstellung der Gaben

Brot und Wein werden, bevor das Eucharistische Tischgebet über sie gesprochen wird, bereitgestellt. Diese Funktion hat die Gabenbereitung innerhalb der Messfeier (zum Folgenden FGM 69–92; MB I, 121–125). Die Text- und Ritengestalt der Gabenbereitung müsste darum von der zentralen Funktion des Tischgebetes aus, die im Folgenden S. 59–66 dargelegt wird, bestimmt werden. In der ordentlichen römischen Messe bringen die Ministranten Brot und Kelch und – jetzt erst – das Messbuch zum Tisch. Der Vorsteher nimmt die Schale mit Brot, hält sie etwas über den Tisch erhoben und spricht leise:

> „Gepriesen bist du, Herr, unser Gott, Schöpfer der Welt. Du schenkst uns das Brot, Frucht der Erde und der menschlichen Arbeit. Wir bringen dieses Brot vor dein Angesicht, damit es uns das Brot des Lebens werde. (Gepriesen bist du in Ewigkeit, Herr, unser Gott.)"

Unverkennbar ist dieses Gebet im Anschluss an die Tischgebete der jüdischen Mahlfeier entstanden, aus denen das Eucharistische Tischgebet hervorgegangen ist.

Nach dem Niederlegen der Schale auf den Tisch gießt der Vorsteher, an der Seite des Tisches stehend, Wein und etwas Wasser in den Kelch und spricht dabei den Segenswunsch: „Wie das Wasser sich mit dem Wein verbindet zum heiligen Zeichen" usw., kehrt zur Mitte des Tisches zurück, hält den Kelch etwas erhoben und spricht wiederum ein Segensgebet über den Kelch:

„Gepriesen bist du, Herr, unser Gott, Schöpfer der Welt. Du schenkst uns den Wein, die Frucht des Weinstocks und der menschlichen Arbeit. Wir bringen diesen Kelch vor dein Angesicht, damit er uns der Kelch des Heiles werde. (Gepriesen bist du in Ewigkeit, Herr, unser Gott.)"

Dann folgen gegebenenfalls die Beräucherung der Gaben, in jedem Falle die Händewaschung und das Gabengebet (eigentlich: „Gebet über die Opfergaben" – *oratio super oblata*), das die Gabenbereitung abschließt und das Eucharistische Tischgebet vorbereitet (GORM 77 Abs. I).

Die Textgestalt der Gabenbereitung ist in der neuen Messordnung im Gegensatz zur alten sehr vereinfacht. Allerdings wirken die Gebete über Brot und Kelch bei der Gabenbereitung wie eine unnötige Verdoppelung des großen Segensgebetes der Eucharistischen Liturgie, zumal sie wie die Epiklese des Tischgebetes (s. S. 66f.) darum bitten, dass Brot und Kelch zum Brot des Lebens bzw. Kelch des Heiles werden: Auch in der ordentlichen Gestalt der Messfeier sind die Riten der Gabenbereitung noch nicht in dem Maße einfacher geworden, dass ihr Sinn und Zusammenhang mit dem Tischgebet deutlich hervortritt (LK 50).

Darum sollte die Gabenbereitung lediglich die Eucharistische Liturgie vorbereiten, mehr aber nicht, sollten die Zeichen und Begleitgebete der Gabenbereitung so wenig wie möglich profiliert, die Gebete leise und zügig gemurmelt, die Gesten nur angedeutet werden. Presbyter, die vor dem Niederstellen der Gaben auf dem Tisch Brot und Kelch über Augenhöhe hinweg zum Kirchengewölbe hin erheben, als geschehe jetzt schon, im Moment, die Annahme eines hochheiligen Opfers, tun doch wohl zu viel des Guten: Unter „etwas über den Tisch erheben" wird man schwerlich einen Abstand von mehr als fünfzehn Zentimetern zur Tischoberfläche verstehen können (AEM 102f.; GORM 141f.).

Gabenprozession

Anders verhält es sich mit jenen Zeichenhandlungen, die die Hingabe des einzelnen Gläubigen und damit die tätige Teilhabe der versammelten Kirche ausdrücken und sie fördern: Sie sind wichtiger, etwa eine Gabenprozession, an der die ganze Versammlung teilhat, oder eine Übertragung der Gaben aus dem Gemeinderaum zum Tisch durch die Ministranten. Ob das aber so geschehen muss wie des öfteren in Familienmessen, dass jede einzelne zum Tisch gebrachte Gabe eigens kommentiert und besungen wird, ist fraglich: Denn in diesem Falle verdoppeln katechetisch gut gemeinte

Handlungen die Begleitgebete, die der Vorsteher murmelt, obwohl bereits deren Einfügung die Gestalt der Feier unklar hat werden lassen. Der bereits erwähnte Wunsch der Liturgie-Konstitution nach Klarheit und Durchschaubarkeit wird nicht beachtet (LK 50).

Aber es hat Sinn, die Beräucherung ausgedehnter zu vollziehen als üblich. Wird nach der Gabenbereitung der Altar beräuchert, wird der Wechsel des liturgischen Geschehens zum Altar betont. Bei der anschließenden Beräucherung des Vorstehers und der Versammlung sollten die Ministranten durchs Kirchenschiff gehen. Denn die Gläubigen selbst sind Gabe vor Gott, und der emporsteigende Weihrauch bezeichnet die Gabe und das Gebet der Kirche sowie die Hingabe der Gläubigen darin (AEM 51; GORM 75).

Eucharistisches Tischgebet als Ganzes

Wurzel in jüdischer Gebetspraxis

Im Herrenmahl feiert die versammelte Gemeinde das Gedächtnis des Herrn, seines Todes und seiner Auferstehung. Was Paulus zusammengefasst hat in dem Satz: „Denn sooft ihr von diesem Brot esst und aus dem Kelch trinkt, verkündet ihr den Tod des Herrn, bis er kommt" (1 Kor 11,26), vollzieht sie. „Verkünden" meint in diesem Zusammenhang: Die Gemeinde erfüllt den Stifterauftrag des Herrn, wenn sie von dem in der Feier gebrochenen Brot isst und aus dem Kelch mit Wein trinkt, nachdem über beides, dem Beispiel des Herrn folgend, ein Gebet gesprochen ist, das Lobpreis und Danksagung beinhaltet.

Dieses Gebet, das Eucharistische Tischgebet, ist vermutlich entstanden unter anderem aus den Segensgebeten *(berakot)* der jüdischen Mahlfeier. Die *beraka* ist eine Gebetsrede, die Gottes Heilswirken in der Geschichte in Erinnerung ruft und gegenwärtig setzt. Hebr. *brk* heißt eigentlich „segnen, lobpreisen". Darin ist ein Doppeltes enthalten: Wenn Gott den Menschen segnet, dann spricht er ihn gut (oder, grammatisch korrekt: er spricht über ihn gut), und ebenso spricht der Mensch, der Gott lobpreist, über diesen gut. Darum lässt sich *brk* nicht mit einem zusammenfassenden Wort verdeutschen, am ehesten noch mit „benedeien", das wiederum von lat. *benedicere*: „segnen, lobpreisen" entlehnt ist. Von daher wäre *beraka* recht gut mit lat. *benedictio* wiederzugeben. Eine *beraka* oder eine *Broche*, wie es im Jüdisch-Deutschen geheißen hat, gibt dem Frommen für alle Lebenssituationen eine Möglichkeit, das Leben oder ein einzelnes Ereignis darin im Licht des Glaubens zu deuten. Wenn Eucharistie gefeiert wird, wendet die christliche Tradition dieses Prinzip, *Broche* oder *benedictiones* zu sagen, eben auch auf das Ritual der Mahlfeier an, und deshalb *entfaltet* ein Eucharistisches Tischgebet lediglich jene *beraka*, wie der Herr sie beim letzten Mahl über Brot und Kelch sprach. Es besteht in der „Lehre der Apostel", entstanden Anfang des 2. Jahrhunderts, noch aus zwei Gebetstexten, die über Brot und Kelch getrennt gesprochen werden.[45] Jedoch schon beim hl. Justin dem Märtyrer (um 155) scheinen die beiden Texte zu einem einheitlichen zusammengefasst.[46]

Teile des Eucharistiegebetes

Die Fachbegriffe für die Teile des Eucharistiegebetes lassen sich gut erklären am Beispiel des Nachtischgebetes der jüdischen Mahlfeier (birkat ha-mazon).

I	Gebenedeit seist du, Herr, unser Gott, König der Welt, der die Welt ernährt mit Güte, Wohlwollen und Erbarmen. Gebenedeit seist du, Herr, König der Welt, der die Welt ernährt.	Anaklese, d. h. Anrede (gr. *anakaléo*: ich rufe auf, rufe an) Anamnese, d. h. Gedächtnis (gr. *anamimnéskomai*: ich erinnere mich)
II	Wir sagen dir Dank, Herr, unser Gott, dass du uns ein liebenswertes Land zum Erbe gegeben hast (, damit wir uns von seinen Früchten ernähren und von seinem Ertrag sättigen). Gebenedeit seist du, Herr, für das Land und für die Speise.	Gedenkende (anamnetische) Danksagung
III	Erbarme dich, Herr, unser Gott, deines Volkes Israel und deiner Stadt Jerusalem und Zions, der Wohnung deiner Herrlichkeit, deines Altars und deines Tempels. Gebenedeit seist du, Herr, der Jerusalem baut.	Epiklese, d. h. Bitten und Flehen um ein bestimmtes weiteres Tun Gottes (gr. *epikaléo*: ich rufe herbei, rufe auf, fordere auf)

IV Gebenedeit seist du, Herr, unser Gott, der gut ist und Gutes erweist.[47]	Doxologie, d. h. Schlusslobpreis, wörtlich: Lehre über die richtige Art und Weise, den Ruhm (die Glorie) [Gottes] zu sagen (gr. *dóxa*: Meinung Ruhm; Schein, und *logía*: Lehre)

Zur kurzen Analyse des Textes: In Abs. I findet sich eine ausführliche Anrede (Anaklese) Gottes („Herr, unser Gott, König der Welt") mit seinem Namen („Jahwe", hier als „Herr" wiedergegeben), verknüpft mit einem Gedächtnis (einer Anamnese) des Schöpfungswerkes. In Abs. II folgt eine Danksagung für das Erlösungs- bzw. Befreiungswerk Gottes am Volk Israel. Diese Danksagung hat gleichzeitig anamnetischen Charakter, setzt das Heilswerk Gottes gegenwärtig. Abs. III erfleht (Epiklese) das Erbarmen Gottes für Israel, Jerusalem und Zion. Mit Abs. IV endet das Gebet mit einem kurzen zusammenfassenden Lobpreis Gottes (Doxologie).

Die erwähnten Teile einer *beraka* finden sich auch in einem Eucharistischen Hochgebet. Im Wesentlichen besteht es aus einem Gedächtnis des Befreiungswerkes Gottes in Christus, das durch das Gebetswort gegenwärtig gesetzt wird (Anamnese), und aus dem Herabrufen des Gottesgeistes auf die Mahlgaben sowie die versammelte Kirche: Das Eucharistische Tischgebet ist ein anamnetisch-epikletisches Segensgebet. Seine einzelnen Teile entfalten lediglich, was Anamnese und Epiklese des oben zitierten Nachtischgebetes bereits enthalten.

Das sei im Folgenden am Beispiel des Eucharistischen Hochgebetes II, das in den Gemeinden am häufigsten verwendet wird, gezeigt (MB I, 168–179).

GL 360 Abschn. 1	V. Der Herr sei mit euch. – A. Und mit deinem Geiste. V. Erhebet die Herzen. – A. Wir haben sie beim Herrn. V. Lasset uns danken, dem Herrn, unserem Gott. – A. Das ist würdig und recht.	I Eröffnung
ebd.	V. In Wahrheit ist es würdig und recht, dir, Herr, heiliger Vater, allmächtiger, ewiger Gott, immer und überall zu danken durch deinen geliebten Sohn Jesus Christus. Er ist dein Wort, durch ihn hast du alles geschaffen. Ihn hast du	II Präfation (= Anaklese I)

61

gesandt als unseren Erlöser und Heiland: Er ist Mensch geworden durch den Heiligen Geist, geboren von der Jungfrau Maria. Um deinen Ratschluss zu erfüllen und dir ein heiliges Volk zu erwerben, hat er sterbend die Arme ausgebreitet am Holze des Kreuzes. Er hat die Macht des Todes gebrochen und die Auferstehung kundgetan. Darum preisen wir dich mit allen Engeln und Heiligen und singen vereint mit ihnen das Lob deiner Herrlichkeit:

ebd. Abschn. 2	A.: Heilig, heilig, heilig, Gott, Herr aller Mächte und Gewalten. Erfüllt sind Himmel und Erde von deiner Herrlichkeit. Hosanna in der Höhe. Hochgelobt sei, der da kommt im Namen des Herrn. Hosanna in der Höhe.	III „Heilig": Anaklese-Zuruf der Gemeinde
ebd. Abschn. 4	V. Ja, du bist heilig, großer Gott, du bist der Quell aller Heiligkeit. Darum feiern wir in Gemeinschaft mit der ganzen Kirche den ersten Tag der Woche, den Tag, an dem Christus von den Toten erstanden ist.	IV Anaklese II
ebd.	Durch ihn, den du zu deiner Rechten erhöht hast, bitten wir dich: Sende deinen Geist auf diese Gaben herab und heilige sie, damit sie uns werden Leib und Blut deines Sohnes, unseres Herrn Jesus Christus,	V Epiklese I
ebd.	denn am Abend, an dem er ausgeliefert wurde und sich aus freiem Willen dem Leiden unterwarf, nahm er das Brot und sagte Dank, reichte es seinen Jüngern und sprach: Nehmet und esset alle davon: Das ist mein Leib, der für euch hingegeben wird. Ebenso nahm er nach dem Mahl den Kelch, dankte wiederum, reichte den Kelch seinen Jüngern und sprach: Nehmet und trinket alle daraus: Das ist der Kelch des neuen und ewigen Bundes, mein Blut, das für euch und für alle vergossen wird zur Vergebung der Sünden. Tut dies zu meinem Gedächtnis.	VI Anamnese (der Stiftung des Herrenmahles)

ebd. Abschn. 5	Diakon (oder V.): Geheimnis des Glaubens. – A. Deinen Tod, o Herr, verkünden wir, und dei- ne Auferstehung preisen wir, bis du kommst in Herrlichkeit	VII Anamnese-Zuruf
ebd. Abschn. 7	– V. Darum, gütiger Vater, feiern wir das Gedächtnis des Todes und der Auferstehung deines Sohnes und bringen dir so das Brot des Lebens und den Kelch des Heiles dar. Wir danken dir, dass du uns berufen hast, vor dir zu stehen und dir zu dienen.	VIII Anamnese
ebd.	Wir bitten dich: Schenke uns Anteil an Christi Leib und Blut, und lass uns eins werden durch den Heiligen Geist.	IX Epiklese II
ebd.	Gedenke deiner Kirche auf der ganzen Erde, und vollende dein Volk in der Liebe, vereint mit unserem Papst N., unserem Bischof N. und al- len Bischöfen, unseren Priestern und Diakonen und allen, die zum Dienst in der Kirche bestellt sind. Gedenke unserer Brüder und Schwestern, die entschlafen sind in der Hoffnung, dass sie auferstehen. Nimm sie und alle, die in deiner Gnade aus dieser Welt geschieden sind, in dein Reich auf, wo sie dich schauen von Angesicht zu Angesicht. Vater, erbarme dich über uns alle, damit uns das ewige Leben zuteil wird in der Gemeinschaft mit der seligen Jungfrau und Gottesmutter Maria, mit deinen Aposteln und mit allen, die bei dir Gnade gefunden haben von Anbeginn der Welt,	(X) Ausweitung der Epiklese II auf die ganze Kirche (Intercessionen (lat. für „Fürbitten"))
ebd.	dass wir dich loben und preisen durch deinen Sohn Jesus Christus. Durch ihn und mit ihm und in ihm ist dir, Gott, allmächtiger Vater, in der Einheit des Heiligen Geistes alle Herrlich- keit und Ehre jetzt und in Ewigkeit. A. Amen.	XI Doxologie

Anaklese (= Anrede): die Präfation

Das Eucharistische Tischgebet beginnt mit einem ausladenden Vorwort, der Präfation (lat. *prae–fatio*: Vor–rede), die je nach vorgegebenem Gebetsformular und Tagesaktualität wechseln kann (so bei den Hochgebeten I–III). Beim vorstehend gegebenen Hochgebet II kann die Präfation grundsätzlich verändert werden. Die Benutzung der mit dem Hochgebet verbundenen Präfation, wie sie oben steht (Abs. II), bleibt aber empfohlen. Die Präfation stellt wegen ihrer ausführlichen Gottesanrede zugleich einen ersten Teil der Anaklese dar. Gleichzeitig findet sich in ihr eine danksagende Anamnese des gesamten Christusgeschehens.

Anaklese (= Anrede): das *Sanctus* („Heilig")

Der „Heilig"-Ruf (Abs. III) ist ein zustimmender Zuruf (eine Akklamation) der Versammlung zu dem vom Vorsteher vorgetragenen Tischgebet und nennt Gott bei einem sehr ursprünglichen Namen: „du Heiliger!" Er bezeichnet Gott den Herrn als „Herr[n] aller Mächte und Gewalten", d. h. aller Arten von Engeln, die die Glaubensüberlieferung kennt. Gleichzeitig zitiert das „Heilig" zwei Bibeltexte, Jes 6,3 sowie Mt 21,9 (und Parallelen), vergegenwärtigt den „Heilig"-Gesang der Engel vor Gottes Thron sowie die Jubelrufe der Menge beim Einzug Jesu in Jerusalem und nimmt durch diese Vergegenwärtigung die endzeitliche Vollendung der Menschen vorweg – in jener Kirche, die vor Gottes Angesicht Liturgie feiert.

Messfeier	Biblischer Text	Fehlformen	Kommentar
Letzte Strophe der Präfation (HG II, Abs. II = GL 360 Abschn. 1) […] Darum preisen wir dich mit allen Engeln und Heiligen und singen vereint mit ihnen das Lob deiner Herrlichkeit:	(Jes 6,3) Serafim riefen einander zu:		

Messfeier	Biblischer Text	Fehlformen	Kommentar
Heilig, heilig, heilig, Gott, Herr aller Mächte und Gewalten. Erfüllt sind Himmel und Erde von deiner Herrlichkeit.	Heilig, heilig, heilig ist der Herr der Heere. / Von seiner Herrlichkeit ist die ganze Erde erfüllt.	Beispiel: a) GL 257 Str. II Alles, was dich preisen kann, / Kerubim und Serafinen, / Stimmet dir ein Loblied an, / Alle Engel, die dir dienen, / Rufen dir stets ohne Ruh / „Heilig, heilig, heilig !" zu.	Mt 21,9 u. Parallelen wird von Fehlform a) gar nicht berücksichtigt.
Hosanna in der Höhe. Hochgelobt sei, der da kommt im Namen des Herrn. Hosanna in der Höhe.	(Mt 21,9 u. Parallelen) Hosanna dem Sohn Davids! Gesegnet sei er, der kommt im Namen des Herrn. (Ps 118 (117) *Confitemini*, 26) / Hosanna in der Höhe!	Weiteres Beispiel: b) Taizé-Halleluja.	Dass die Serafim „Halleluja" gesungen haben, lässt sich mit Jes 6,2 f. nicht belegen.
		Erfahrungsgemäß lässt sich die Liste der Fehlformen beliebig verlängern.	

Von selbst ergibt sich: Der ursprünglichen textlichen Abfolge von Engelerzählung und Engelrede Jes 6 entspricht nur die in der Messordnung vorgesehene Abfolge von letztem Satz der Präfation und „Heilig", alles andere nicht. Wer also meint, eine Festtagsmesse mit GL 257 Str. II oder eine Familienmesse mit dem Taizé-Halleluja schmücken zu müssen, verkürzt das „Heilig" auf ein Loblied.

Anamnese (= Gedächtnis)

Im „Heilig" findet sich zugleich eine lobsingende Anamnese der Vision des Propheten Jesaja (Jes 6), der endzeitlichen Liturgiefeier im himmlischen Jerusalem (LK 8) sowie des Einzuges Christi als König in Jerusalem. Zur Anamnese gehören auch zu großen Teilen die Präfation sowie der so genannte Einsetzungsbericht, eigentlich eine Anamnese der Stiftung des Altarsakramentes (Abs. VI), der anamnetische Zuruf nach dem Stiftungsgedächtnis (Abs. VII) sowie die Anamnese des Heilsmysteriums: Die

Gemeinde lobpreist den Vater dafür, dass er in Jesus Christus die Welt erschaffen und erlöst hat, und das Gebet deutet das erlösende Leiden und Auferweckt-Werden des Herrn als Erfüllung des Pascha Israels (Abs. VIII Satz 1). In allen diesen Teilen gedenkt das Tischgebet des Heilswerkes Gottes in Christus, zur Gänze und in Teilen, und setzt dabei dieses Heilswerk in der Mitte der versammelten Kirche real gegenwärtig (LK 7 Abs. I).

Epiklese (= Bitte) und Intercessionen (Fürbitten)

Die Bitte wird im Eucharistischen Tischgebet in der Epiklese (Abs. V u. IX) sowie in jenen Bitten ausgedrückt, in denen die Bitte um Einheit im Heiligen Geist ausgeweitet wird auf die ganze Kirche, die auf Erden wie die im Himmel (Intercessionen, Fürbitten) (Abs. X).

Eucharistiegebet – Wandlungsgebet

Die Kirche gedenkt des Mysteriums Christi und erbittet dabei vom Vater die vom Heiligen Geist vermittelte Gegenwart ihres erhöhten Herrn unter den eucharistischen Gestalten. Diese Gegenwart wird Wirklichkeit. Die Kirche bittet, dass durch den Empfang des Leibes und Blutes Christi die personale Gemeinschaft (gr. *koinōnía*, lat. *communio*) mit dem erhöhten Herrn Wirklichkeit werde und dadurch der Aufbau der Kirche geschehe. Außerdem wird durch die Darbringung an den Vater wegen des Heilsmysteriums des Sohnes jenem ein Lobopfer des Dankes dargebracht. In das Lobopfer des Dankes soll die Hingabe, der konkrete Einsatz der Gläubigen für das Heilswerk Gottes in der Welt und damit ihre Verherrlichung des Vaters mit einfließen.

Es ergibt sich: Das Eucharistische Tischgebet ist als ganzes *das* anamnetisch-epikletische Gebet, unter dem die Konsekration (Heiligung) geschieht, d. h. die eucharistischen Mahlgaben geheiligt werden durch ihre wirkliche und wesenhafte Verwandlung in Leib und Blut Christi.[48] Die Gemeinde soll das Gebet ehrfürchtig und schweigend hören, an ihm durch die Zurufe teilnehmen und so zu einer Einheit werden (AEM 55, am Ende; GORM 78 Abs. II).

Probleme im Umkreis des Eucharistiegebetes

Soweit sie heute bekannt sind, sind die ursprünglichen Eucharistischen Tischgebete sehr knapp und gedrängt formulierte Texte gewesen. Alle gegenwärtig gebräuchlichen Eucharistiegebete sind recht lang und zeigen eine komplizierte Struktur, die den roten Faden des Gedankenganges reißen lässt. Darum ist das Eucharistiegebet für viele Erwachsene so etwas wie eine *black box*. Der Mangel an Verständlichkeit hat unterschiedliche Gründe.

Zweiteilung der Epiklese

Im Anschluss an den alten *Canon Romanus*, unser Hochgebet I, ist in allen derzeit in der römischen Kirche verwendeten Tischgebeten die Epiklese, die Herabrufung des Heiligen Geistes auf Gaben und Kommunikanten, zweigeteilt: Es findet sich, ohne dass, wie im Hochgebet II (Abs. V u. IX), ausdrücklich um die Sendung des Heiligen Geistes gebeten wird, eine Epiklese vor der Stiftungsanamnese und eine nach der Anamnese Christi im Allgemeinen.[49] Von der Logik der Sache her ist das nicht erforderlich. Um die Herabsendung des Heiligen Geistes auf die dargebrachten Gaben wie auf die an der hl. Kommunion Teilnehmenden in einem Textabschnitt zu bitten, ist für einen Mitbeter leichter nachvollziehbar, als das in zwei Schritten zu tun.

Außerdem ruft die Voranstellung der Gabenepiklese vor dem so genannten Einsetzungsbericht schwerwiegende Missverständnisse in Bezug auf dessen theologischen Sinn hervor:[50] Die Worte des Einsetzungsberichtes werden dann allzu schnell als eine Art Konsekrationsautomatismus verstanden, die hl. Wandlung als eine Art Tricksen des Presbyters mit Hilfe der Zauberformeln „Das ist mein Leib" bzw. „Das ist der Kelch des neuen und ewigen Bundes, mein Blut" usw., das sanktioniert wird durch das vorherige Herabrufen des Heiligen Geistes auf die Opfermahlgaben.

Von daher hätte es durchaus Sinn, im Rahmen einer weiter und tiefer gehenden eucharistischen Erneuerung in den *neuen* Eucharistiegebeten des *Missale* von 1970 die Zweispaltung der Epiklese zu beseitigen.

Einsetzungsbericht: Stiftungsanamnese

Den so genannten Einsetzungsbericht versteht die kirchliche Lehrverkündigung als Konsekrationsformel: Im Moment des Aussprechens der Worte „Das ist mein Leib" bzw. „Das ist der Kelch des neuen und ewigen Bundes, mein Blut" findet die Konsekration statt, d. h. die Heiligung der eucharistischen Gaben Brot und Wein in Leib und Blut Christi.[51] Ein solches Verständnis des Einsetzungsberichtes als Konsekrationsformel findet sich auch bei den Reformatoren: Für sie ist der Einsetzungsbericht so wichtig gewesen, dass in den reformatorischen Kirchen im 16. Jahrhundert das überlieferte Eucharistiegebet der römischen Kirche, der *Canon Romanus* (das heutige Hochgebet I), auf Präfation, *Sanctus* und Einsetzungsbericht verkürzt wurde, um die Erfüllung des Stifterauftrages des Herrn in der Eucharistiefeier zu verdeutlichen. Sowohl die offiziöse römische als auch die reformatorischen Positionen berücksichtigen zu wenig, dass der so genannte Einsetzungsbericht, wie dargelegt, *Teil eines Gebetes* ist. Die Gebets-Gestalt des Einsetzungsberichtes wird mit einem Blick auf das lateinische Original der gängigen Eucharistischen Hochgebete I und II deutlich: In beiden ist der Einsetzungsbericht grammatisch als Relativsatz, mit *qui* beginnend, an den übergeordneten Satz angeschlossen und ist von daher inhaltlich prinzipiell entbehrlich.[52] Es wird lediglich eine besondere Eigenschaft des Bezugswortes ausführlicher erläutert. Die Gebets-Gestalt des Einsetzungsberichtes ist primär, die theologische und dogmatische Reflexion auf die Einsetzungsberichte sekundär. Sie darf sich nicht vom Textbefund lösen. Darum ist es besser, nicht vom „Einsetzungsbericht" zu sprechen, sondern von der „Stiftungsanamnese". Durch sie wird das Segensgebet bei der Opfermahlfeier inhaltlich so gefüllt, dass die Feier als Erfüllung des Auftrages Jesu gelten kann.[53] Trotzdem bleibt festzuhalten: Funktional nötig für die Eucharistiefeier ist die Stiftungsanamnese nicht. Es gibt sogar eine Teilkirche, nämlich die Assyrische Orthodoxe Kirche des Ostens im Zweistromland, die in syrischer Sprache die Liturgie feiert, die in dem von ihr verwendeten Eucharistischen Tischgebet keine Stiftungsanamnese kennt – und die römische Kirche steht mit den Assyrern in Sakramentengemeinschaft.[54]

Problematik der Handlungen bei der Stiftungsanamnese

Welche Handlungen im Umfeld der Stiftungsanamnese zu vollziehen sind, ist genau geregelt (zum Folgenden MB I, 174f.; GORM 150f.). Bei der Herabrufung des Heiligen Geistes auf die Gaben (Gabenepiklese: „Sende deinen Geist auf diese Gaben herab" usw., Abs. V) streckt der Vorsteher der Messfeier die Hände über die Gaben aus und macht dann ein Kreuzzeichen über Brot und Kelch. Um die Gläubigen daran zu erinnern, dass nun gleich die Stiftungsanamnese und mit ihr – traditionell gesprochen – die hl. Wandlung kommt, ertönt in manchen Kirchen ein Klingelzeichen (AEM 109 Abs. II; GORM 150 Abs. I). Bevor der Vorsteher betet: „… nahm er das Brot" (Abs. VI), nimmt er das Brot – in der Regel die große, die so genannte Schauhostie –, erhebt es ein wenig und betet den vorgeschriebenen Text. Nach dem betenden Gedächtnis der Worte Jesu zeigt er der Gemeinde die gewandelte hl. Hostie, legt sie in die Schale und macht eine Kniebeugung. In ähnlicher Weise wird bei den Kelchworten verfahren. Beim Erheben und Zeigen der eucharistischen Gestalten ertönt ein Klingelzeichen. Sinn dieser genau vorgeschriebenen Handlungen ist es, das Tun Christi im Abendmahlssaal rituell-dramatisch nachzuvollziehen, und zugleich entsteht in jeder Messfeier bei der Erhebung der eucharistischen Gestalten im Kern eine eucharistische Andacht – wie die eucharistische Andacht vor dem ausgesetzten Allerheiligsten, die früher den Sonntagnachmittag einer Pfarrei bestimmte.

Der Brauch, das eucharistische Brot während der Stiftungsanamnese zu erheben (Elevation), dürfte im späten 12. Jahrhundert entstanden sein. Ihre Vorstufe bildet der Brauch, dass der Priester die im Text ausgesagte Handlung nachahmt. Eine in Paris zwischen 1210 und 1215 gefeierte Synode setzt die Elevation voraus und regelt ihren Ritus. Danach soll der Priester die Hostie erst nach dem Worten *Hoc est corpus meum*: „Das ist mein Leib" hochheben, „sodass sie von allen gesehen werden kann".[55] Wichtig ist: Dabei handelt es sich nur um die Elevation der Hostie, nicht um die des Kelches. Die Elevationsfrömmigkeit, die später zur Eucharistieverehrung wird, entsteht als Frömmigkeit gegenüber dem eucharistischen Brot, genauer: gegenüber jener schneeweißen ungesäuerten Hostienscheibe, die der Messe lesende Priester nach dem *Hoc est corpus* über seinen Kopf hebt, sodass die hinter ihm knienden Gläubigen die Hostie oberhalb seines Kopfes und des mit einem Kreuz verzierten Rückenteils des Messgewandes sehen und die Vereinigung mit Jesus Christus im Schauen seines Leibes suchen können – statt in der hl. Kommunion seines Leibes und Blutes.

Ebenso wie die Gesten des Vorstehers sprengen die Glockenzeichen den Rahmen des einen Eucharistiegebetes.[56] Alle diese Handlungen sind im abendländischen Mittelalter entstanden, nachdem wegen der zurückgegangenen Schriftlichkeit und des Sprachwandels vom Latein zum Romanischen weder die germanisch- noch die romanischsprachigen Völker nördlich der Alpen die differenzierte Lehrverkündigung der Kirchenväter zu

Liturgiefeier und Eucharistie verstehen, geschweige denn aufnehmen konnten. Das scheint auch heute nicht viel anders zu sein. Es ist für den Theologen bitter zu bemerken, dass das Kirchenvolk das „Das ist mein Leib" der Stiftungsanamnese in der Regel im Sinne einer Zauberformel versteht, weil es nicht über genaue und verständliche Begriffe für das Geschehen der Verwandlung und für das Wesen der anschließenden realen Gegenwart Christi in Brot und Wein verfügt. Für die katechetische Erschließung der Messfeier bleibt da viel zu tun.

Die innere Einheit des Eucharistischen Tischgebetes als eines großen und teilweise auch ausladenden Konsekrationsgebetes über Brot und Kelch ist sehr gefährdet. Darum hat es Sinn, die Nachahmung der Handlungen im Rahmen der Stiftungsanamnese nicht noch mehr zu betonen, als die Messordnung das ohnehin schon vorsieht. Der Vorsteher der Messfeier sollte darauf achten, dass er bei der Elevation das Brot und den Kelch in Brusthöhe hebt und recht zügig wieder auf den Tisch des Herrn stellt und die Kniebeugungen vollzieht. In jedem Falle ist es nicht angebracht, bereits zu den Worten „brach das Brot" das eucharistische Brot in zwei Stücke zu brechen, wie das gerade sich fortschrittlich gebende Geistliche gern tun, wohl nicht wissend, dass sie damit die hochmittelalterliche Engführung des Eucharistieverständnisses noch verstärken.

Fürbittendes Gedenken der ganzen Kirche

Ähnlich sprengen die Intercessionen die Einheit des Eucharistiegebetes. Die Intercessionen des Hochgebetes II nennen auch die Verstorbenen. Sie nehmen in den amtlichen Texten der Eucharistischen Tischgebete aber nicht jenen Raum ein, der ihnen in den Pfarreien unter Umständen eingeräumt wird. Von daher ist an sich übertrieben, dass mancherorts der Brauch geübt wird, alle Gebetsmeinungen (Intentionen), denen der Presbyter die besondere Frucht gerade dieses Messopfers zuwenden möchte, der Reihe nach vorzulesen. Ausladende Intentionenreihen sollten nicht in das Eucharistiegebet integriert werden, sondern gegen Ende des Allgemeinen Gebetes vorgetragen werden. Dort haben sie ihren sachgemäßen Ort. Seelsorgerlich besser wäre, wenn der sonntägliche Hauptgottesdienst wirklich dazu diente, den Gemeinschaftssinn in einer Gemeinde dadurch zu fördern, dass der Pfarrpresbyter die besondere Frucht des sonntäglichen Messopfers den Lebenden und Verstorbenen der Pfarrgemeinde zuwendet – was an sich kirchenrechtlich vorgesehen ist (Pfarrmesse: LK 42 Abs. II; CIC 1983, can.

534 § 1). Noch besser wäre, wenn die kirchliche Autorität ein Eucharistie-gebet vorsähe, in dem keine oder nur außerordentlich knapp formulierte Intercessionen vorkommen.[57]

Körperhaltung

Die zur Eucharistie versammelten Gemeinden knien – landauf, landab und, wie es scheint, seit Ewigkeiten. Die liturgische Tradition der Kirche spricht anders. Das Hochgebet I, in dem sich das uralte Eucharistiegebet der römischen Kirche erhalten hat – der *Canon Romanus*, der „Römische Kanon" der Messe, der bis zur Einführung der neuen Hochgebete II–IV in der ganzen Weltkirche für jede Messfeier vorgesehen war – spricht von „allen, die um [den Tisch] herumstehen" *(omnes circumstantes)*.[58] Im Hochgebet II heißt es: „Wir danken dir, dass du uns berufen hast, vor dir zu stehen und dir zu dienen." Beide Texte, der alte Kanon wie das Hochgebet II, setzen die Situation der frühen Kirche voraus, in der die Gemeindeversammlungen wohl noch so überschaubar waren, dass alle Gemeindeglieder gemeinsam um den Tisch des Herrn stehen konnten: als Sinnbild für die Gemeinschaft, die in der Eucharistiefeier bezeichnet und gewirkt wird, und als Abbild der Engel, die im Himmel Liturgie feiern und vor Gottes Angesicht stehen.

Trotzdem hält die liturgische Norm in Bezug auf das Knien beim Eucharistiegebet leider nicht daran fest, dass die Gläubigen vom Universalen Gebet bis zum Ende der Messfeier stehen sollen. In der Neufassung der „Allgemeinen Einführung in das Römische Messbuch", enthalten in der dritten Auflage des *Missale* von 2002, verdeutscht als „Grundordnung des Römischen Messbuchs", wird jedenfalls das Knien nach dem „Heilig" angeordnet:

> „Wo der Brauch besteht, dass die Gemeinde nach dem Sanctus bis zum Ende des Eucharistischen Hochgebets und vor der Kommunion, wenn der Priester das *Seht das Lamm Gottes (Ecce Agnus Dei)* spricht, knien bleibt, ist er lobenswerterweise beizubehalten." (GORM 43 Abs. IV)

Gegen dieses Knien sprechen jedoch vernünftige Gründe. Ein Christ ist in der hl. Taufe und der hl. Firmung aus dem Wasser sowie durch die Salbung des Heiligen Geistes befreit von der Knechtschaft der Sünde wie des Todes und darf dem großen und heiligen Gott aufrecht und stehend gegenübertreten. In der Liturgiefeier stellt sich immer auch die Kirche als vor ihrem Herrn feiernde dar: Darum hat es durchaus Sinn, nur beim flehenden Gebet zu knien, aber bei Gelegenheit eines intensiven Gedächtnisses des Mysteriums Christi, wie es am Sonntag geschieht, zu stehen. Dementsprechend hat das Konzil von Nikaia 325 das kniende Gebet am Sonntag und in der Osterzeit untersagt.[59] Vom frühen Mittelalter an haben die Leute die ganze Messfeier, besonders die werktägliche Lesemesse, als flehendes Gebet verstanden: daher das Knien bei der Messfeier, das in den „Allgemeinen Handlungsanweisungen" des *Missale* von 1570 vorgesehen war.[60]

Für angebracht halte ich, den Geist intensiver Anbetung, den das Knien pflegen möchte, mit dem frohen Bewusstsein des In-Christus-Befreit-Seins, mit frohem Taufbewusstsein, zu verbinden, und das Stehen der *ganzen* versammelten Gemeinde beim Eucharistischen Tischgebet zu fördern. Wenn, was zu wünschen ist, die ganze versammelte Kirche beim Eucharistischen Tischgebet würdig und recht stehend mit ausgebreiteten Armen betet, dann vollziehen alle gemeinsam das gleiche Eucharistiegebet, nur dass es, unter dem bestätigenden („Amen") Zuruf der anderen, ausschließlich die eine Person spricht, die in dieses Amt ordiniert ist.

Reformbedarf beim Eucharistiegebet

Wegen der komplizierten Struktur und (angeblichen) Unverständlichkeit der vorgeschriebenen Texte sind in den letzten vierzig Jahren immer wieder neu alternative Texte für das Eucharistiegebet geschaffen worden, die sich bemühen, nicht dem kirchenamtlichen Sprachduktus zu verfallen. Manche Presbyter neigen auch dazu, wie ein Bischof in der Kirche des Altertums das Eucharistiegebet zu improvisieren, angereichert mit Fachbegriffen aus Dogmatik und Pastoralpsychologie. In nicht wenigen alternativen oder frei formulierten Eucharistiegebeten wird eine Sprache verwendet, die so sehr der lyrischen oder theologischen Hochkultur entstammt, dass der Pfarreichrist von heute sie vermutlich ebenso wenig versteht wie die Tischgebete aus dem „Messbuch". Abgesehen davon lassen die theologischen Verkrustungen, die in alternativen Texten gar nicht so selten wahrzunehmen sind, den Berichterstatter staunen.

(I)   Wenn etwa ein Eucharistisches Tischgebet keine wirkliche Anamnese des Heilswerkes Gottes in Christus enthält, wird es zum Fleh- und Bittgebet (was in Bezug auf das Hochgebet I gern beklagt wird).

(II) Wenn ein Tischgebet keine wirkliche Herabrufung des Heiligen Geistes auf die Kirche, die die verwandelten Mahlgaben empfangen wird, d. h. keine Epiklese, enthält, wird der Sinn der Messfeier christozentrisch verengt. Das Wirken des Heiligen Geistes in Liturgiefeier und Kirche wird durch das falsch gesetzte Zeichen (hier des Gebetswortes) faktisch geleugnet – ausgerechnet von Personen, die sich als Erneuerer und Reformer ansehen und darum die vorgesehenen Gebetstexte nicht benutzen. Eventuell werden gar die so genannten Wandlungsworte als Wandlungs*formel* verstanden. Die eucharistische Realpräsenz wird als eine statische missverstanden, nicht, wie an sich vorgesehen, substantial und dynamisch gedeutet.

(III) Wenn schließlich ein Eucharistisches Tischgebet keine akzeptable Gebetsrichtung enthält (also nicht klar erkennbar an Gott Vater – durch den Sohn – in der geistgewirkten Einheit (= Gemeinschaft) der Kirche gerichtet ist), rückt einerseits die Gottheit Jesu Christi zu sehr in den Vordergrund, und das hat unweigerlich zur Folge, dass Maria zu sehr als Mittlerin der Gnaden und des Heils überhaupt angesehen wird. [61] Anderseits suggeriert eine solche Mischung von Gebetsrichtungen dem Unkundigen, dass es im christlichen Glauben eine Vielzahl von Göttern gebe.[62] Beides sind Phänomene, die die römische Kirche im interkonfessionellen wie interreligiösen Dialog ohne wirkliche Not ganz schlecht dastehen lassen: die unbewusste Förderung einer ungesunden Marienverehrung gegenüber den reformatorischen Kirchen, eine vordergründig wahrnehmbare Vielgötterei gegenüber Judentum und Islam.

Eucharistiegebete aus alternativen Sammlungen und in freier Improvisation verlassen nicht selten die gesunde Lehre. Zwar ist die ideale innere Einheit des Eucharistiegebetes, wie bereits dargelegt, auch in den kirchenamtlich verbindlichen Texten nachhaltig gestört, aber die verbindlichen Texte sind inhaltlich immer noch besser als viele alternative oder frei formulierte. Auch ist die Vielfalt an Texten, die von Seelsorgerinnen und Seelsorgern gern angemahnt wird, nicht gering: Wir kennen die Hochgebete I–IV, und für Messfeiern mit besonderen Anlässen gibt es weitere Hochgebete: (1) drei für Messfeiern mit Kindern, (2) das „Schweizer Hochgebet" („Hochgebet für Messen für besondere Anlässe") mit vier Variationsmöglichkeiten sowie (3) das Hochgebet zum Thema „Versöhnung". Damit die wichtigsten vier Eucharistischen Hochgebete im Bewusstsein der Gläubigen bleiben, scheint es sinnvoll, sie auf die Sonntage eines Monats zu verteilen: erster Sonntag im Monat – Hochgebet I, zweiter Sonntag – Hochgebet II usw. Wenn dazu noch das „Schweizer Hochgebet" mit seinen vier Varianten eingeplant wird, würde das bedeuten, dass ein Sonntagskirchgänger alle neun Wochen nur den gleichen Text mitbetet. Bedarf es da noch stärkerer Abwechslung?

Gleichwohl wäre es sinnvoll, wenn die kirchliche Autorität, um die eigentlich theologisch begründete Sinngestalt des Eucharistischen Hochgebetes näherzubringen, sich dazu entschlösse, abgesehen vom kunstvoll arrangierten Hochgebet I, die gängigen Eucharistischen Tischgebete durch Umformulieren zu vereinfachen: Präfation – „Heilig" – Anamnese – Epiklese – (knappe) Intercession(en) – Doxologie. Das erleichterte Zuhören und Sinnaufnahme. Sinn hätte es auch, wenn die römische Autorität weitere Hochgebetstexte genehmigte und zum Gebrauch anböte: vielleicht ein Hochgebet für Messfeiern mit Jugendlichen, eines ohne „Heilig", ein Hochgebet ohne Stiftungsanamnese und ein Hochgebet ohne beides.[63]

Raumaufteilung beim Eucharistiegebet

In welche Richtung sich der Vorsteher beim Eucharistiegebet wendet und ob er mit der Gemeinde in die gleiche Richtung schaut oder nicht, ist wieder in die Diskussion geraten,[64] obwohl sich die Stellung des Vorstehers hinter dem Tisch samt seiner Blickrichtung zur Gemeinde hin – die *celebratio versus populum*: „Feier zum Volk" – Ende der Sechzigerjahre in der ganzen römischen Weltkirche verbreitet hat. Zwar hat das Zweite Vatikanische Konzil die Messfeier zum Volk nicht angeordnet, aber der Vorsitzende des Rates zur Ausführung der Konzilskonstitution über die heilige Liturgie, der Bologneser Kardinal Giacomo Lercaro († 1976), hat in einem Brief an die Vorsitzenden der Bischofskonferenzen weltweit über die Förderung der liturgischen Erneuerung Ende Juni 1965 den Gedanken geäußert, dass es feststehe, dass die Messfeier zum Volk hin vom seelsorgerlichen Standpunkt her die vorteilhafteste sei.[65] Damit ist einerseits bereits das wesentliche Argument für die Messfeier zum Volk hin genannt. Das Gespür für die Versinnbildlichung der eucharistischen Gemeinschaft durch das gemeinsame Stehen rund um den Tisch ist in den späten Sechzigerjahren wohl sehr ausgeprägt gewesen, denn die Messfeier zum Volk hat sich äußerst schnell weltweit verbreitet.

Andererseits spüren wache Geister nach und nach die negativen Folgen, die die Feier zum Volk hin hat, besonders wenn der Presbyter sich nicht an die Grenzen seines Vorsteherdienstes hält. Dann scheint er sich wie ein Lehrer zu fühlen, der sich hinter dem Lehrerpult befindet und meint, ohne Gespräch und Anschauungsmaterial die ihm anvertrauten Gläubigen instruieren zu müssen.

Der Eucharistische Tisch, der zur Feier zum Volk hin geeignet ist, wird auf diese Weise zu einem Querriegel zwischen Volk und Vorsteher, anstatt die Gemeinschaft zu betonen. Gar nicht selten ist das die Folge einer schlechten Gestaltung des Kircheninnenraumes (bis hin zum Vorhandensein voluminöser Zementquader, die als Heilige Tische dienen). In Kirchen, die eigentlich für die *celebratio versus orientem*, die „Messfeier nach Osten", gebaut sind – in der Regel die meisten geschichtlich überkommenen Kirchen in Mitteleuropa –, wirkt die Einrichtung des Kirchenraumes für die Feier zum Volk öfter deplaziert, besonders wenn sich die Altvorderen Ende der Sechziger für die provisorische Aufstellung von Holztischen entschieden haben, denen goldfarbener Anstrich oder Blechbeschlag die für den Opfer- und Speisetisch des Gottesvolkes notwendige Würde geben sollte.

Bei der üblichen Form der Messfeier zum Volk hin findet die Feier nach Osten hin gar nicht mehr statt. Was für die Ostung des Eröffnungs- und des Allgemeinen Gebetes spricht (s. S. 35), spricht ebenfalls für die des Eucharistiegebetes. Hier wäre eine Rückbesinnung durchaus geboten. Gleichzeitig jedoch ist mit Recht zu fragen, wie zu verhindern ist, dass die Messfeier nach Osten wieder zu einer Messfeier wird, bei der der Vorsteher der Gemeindeversammlung seinen Podex zudreht (was in der außerordentlichen Messe bekanntermaßen phänotypisch der Fall ist). Nun, die meisten Kirchen sind immer noch nach Osten hin längsgerichtet: Vielleicht hat es Sinn, das Gestühl nicht in wie in einem Autobus hinter oder vor einem als Querriegel im Presbyterium stehenden Altar anzuordnen, sondern wie in einem Mönchschor in einer alten Klosterkirche längs zu den Seitenwänden des Langhauses. [66]

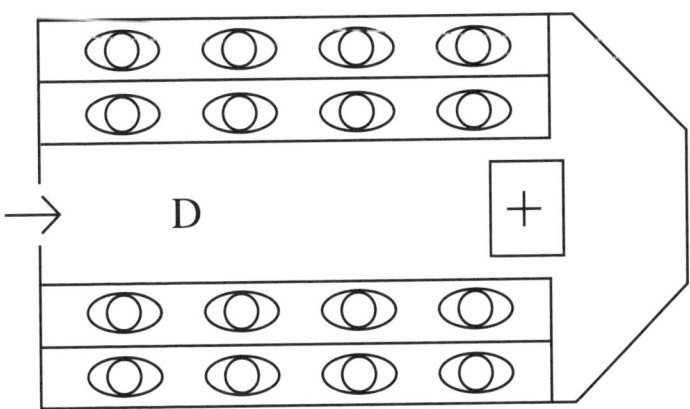

Der Eucharistische Tisch müsste dann auch längs zu den Seitenwänden stehen. Der Presbyter stünde bei der Eucharistischen Liturgie an der westlichen Schmalseite des Tisches und brächte – mit der Gemeinde in einem nach Osten hin offenen „U" angeordnet – das große Danksagungsgebet dar. Das sähe dann ungefähr wie folgt aus.[67]

Konsequent nachkonziliare Neuordnung eines Altbaus

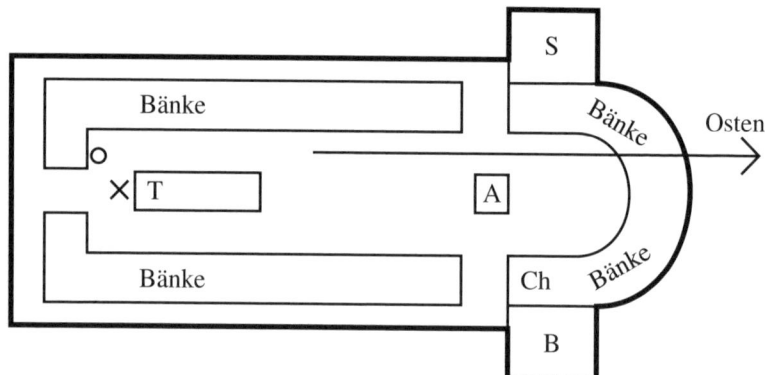

✗: *Standort des Vorstehers*   B: *Tauf-Brunnen, Taufkapelle*
    beim Eucharistiegebet   A: *Ambo*
○: *Vorsteher-Sitz*   S: *Sakramentskapelle*
T: *eucharistischer Tisch*   Ch: *Chor*

Die Gegenüberstellung von Ambo und Tisch wie im oben stehenden Beispiel reflektiert die Zweipoligkeit von Wortliturgie und Opfermahlliturgie in der einen Eucharistiefeier und greift die Gegenüberstellung von Ambo und Tisch auf, wie sie in einer Reihe von Kirchbauten zu finden ist, die in letzter Zeit entstanden sind. Beispiel dafür ist der ursprüngliche Entwurf zum Neubau der Pfarrkirche St. Christophorus in Westerland auf Sylt (vgl. folgende Abbildung).[68]

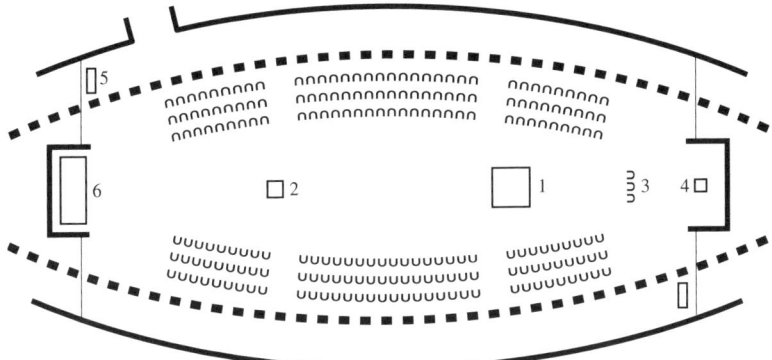

Zur Erläuterung: 1 Altar, 2 Ambo, 3 Vorstehersitz, 4 Tabernakel, 5 Votiv, 6 Orgel (St. Christophorus in Westerland, Sylt)

Defizite in der Zeichengestalt

In der üblichen Gestalt der Sonntagsmesse, die landauf, landab Platz hat, kommen schwer wiegende Defizite in der Zeichengestalt zusammen.

Wirkliches Brot?

Statt wirklichen Brotes werden Backoblaten benutzt: Das Brot ist nur mit gutem Willen und viel Fantasie als solches erkennbar.

Das Brot, das zur Messfeier benutzt wird, ist in seiner Gestalt geschichtlichem Wandel unterworfen. Das von Jesus beim Letzten Mahle mit seinen Schülern verwendete Brot heißt gr. *ártos* und kann gesäuertes wie auch ungesäuertes Brot meinen. In der Alten Kirche wurde sowohl mit gesäuertem als auch mit ungesäuertem Brot Eucharistie gefeiert, in der Regel mit dem Brot, das die Gläubigen von daheim mitbrachten. Dieses Brot wird im Laufe der Zeit immer mehr stilisiert: Das führt zur Verwendung möglichst schönen, weißen und zugleich ungesäuerten Brotes. Dieser Brauch entstand nördlich der Alpen und wurde im 4. Jahrhundert in Rom übernommen. Heute hat das gebräuchliche eucharistische Brot eine weißlichgraue Farbe und esspapierähnliche Konsistenz, die auch, wenn die Farbe ins Gelbliche schwankt und das Mehl gröber vermahlen ist, ein Erkennen der Hostie als Brot sehr erschwert.

Das ist bedauerlich. Denn in biblischer Sicht ist Brot eine Gabe Gottes an die Menschen, mit der die Menschen, wie die wunderbaren Brotvermehrungen im Alten wie im Neuen Testament andeuten, teilweise überreichlich beschenkt werden (2 Kön 4,42–44; Mk 6,35–43 u. Parallelen), und gleichzeitig gute Gabe der Schöpfung wie Frucht menschlicher Arbeit. Wegen der genannten Bedeutungen ist Brot ein sinnvolles Zeichen jener Darbringung des Lobpreises und der Danksagung, wie sie in der Messfeier geschieht. Gleichzeitig ist es, weil es aus vielen Körnern bereitet ist, die vermahlen und gebacken worden sind, Sinnbild Christi, der sich am Kreuz für die Menschen hingegeben hat. Zwar sagt das „Messbuch": „Die kleinen Hostien sind jedoch keineswegs ausgeschlossen, wenn die Zahl der Kommunizierenden oder andere seelsorgliche Überlegungen sie erfordern" (AEM 283; GORM 321), aber es ist fraglich, ob die nicht allzu großen Teilnehmerzahlen eines durchschnittlichen Sonntagshochamtes heute wirklich ein Ausweichen auf die vorgestanzten Hostien notwendig machen. An sich wäre es wegen der Aussagekraft des liturgischen Zeichens wesentlich sinnvoller, Pessach-Mazzot zu benutzen, die sich in jedem Reformhaus kaufen lassen, oder jenes Fladenbrot der orientalischen Lebensmittelhändler, das sich einigermaßen bröselfrei zerreißen lässt, oder, was am meisten Sinn hätte, das eucharistische Brot von Gruppen in der Pfarrei selbst backen zu lassen.

Brotbrechung?

Bis auf die Brechung der so genannten Priesterhostie wird das Brot, wenn es solches ist, in der Bäckerei vorgestanzt: Eine Brechung des Brotes für alle gibt es nicht.

Durch die Brotbrechung aber hat Christus beim Letzten Mahl real und sinnbildlich zugleich dargestellt, dass er durch das gebrochene Brot die Gemeinschaft mit sich selbst schenkt, mit sich, der sein Leben für die Seinen hingibt. Nach Lukas sagt der Herr ausdrücklich: „Das ist mein Leib, der für euch hingegeben wird" (15,22). Er vergleicht sich mit dem gebrochenen Brot, da auch er im Tode gebrochen werden wird. Im Eucharistiegebet der „Apostolischen Überlieferung" lautet das Deutewort: „Das ist mein Leib, der für euch zerbrochen wird."[69] Jesus Christus, der das Brot des Lebens ist, drückt im Sinnbild des gebrochenen Brotes seine Hingabe aus. Er gibt sich als Speise für die Menschen. So gesehen ist die Brotbrechung eine Zeichenhandlung, die das heilbringende Pascha Christi in einzigartiger Weise konkretisiert und erschließt. „Der Gestus des Brotbrechens […] bringt die Einheit aller in dem einen Brot wirksam und deutlich zum Ausdruck. Ebenso ist es ein Zeichen brüderlicher Liebe, da dieses eine Brot unter Brüdern geteilt wird." (AEM 283; GORM 321) Daher sollten sich die Katholikinnen und Katholiken die Brotbrechung nicht nehmen lassen.

Ursprünglich hat es bei jeder Messfeier eine Brotbrechung gegeben, die so charakteristisch für die Feier gewesen ist, dass in der Heiligen Schrift „Brotbrechen" gleichbedeutend mit „Eucharistiefeiern" ist (Apg 2,42.46). Im Gegensatz dazu wird heute in der Messfeier lediglich die Hostie des Vorstehers gebrochen. Die Gläubigen bekommen als eucharistisches Brot eine Hostie in Münzgröße in die Hand gelegt. Und selbst die Brechung der Vorsteherhostie wird zumeist nicht präzise genug durchgeführt: Es gibt genügend Presbyter, die beim „Lamm Gottes" *(Agnus Dei)* ihre Hostie nur in zwei große und jenen kleinen Teil brechen, der als so genanntes *fermentum* dem eucharistischen Wein beigemischt wird, und kurz vor ihrer hl. Kommunion, wegen des Mikrofons mit verräterischem Knacken hörbar, die verbliebenen großen Teile zerbrechen. Warum geschieht das nicht zum richtigen Zeitpunkt: beim „Lamm Gottes"? Der Vorsteher soll ohnehin das Brot „wirklich in mehrere Teile brechen, die er wenigstens einigen Gläubigen reicht." (AEM 283; GORM 321)

Obwohl die Brechung vielerorts seit dem 9. und 10. Jahrhundert entfallen ist, ist noch im 11. und 12. Jahrhundert für Rom (unter anderem für die römische Bischofskirche, die Lateranbasilika), der Brauch bezeugt, große, dünne Scheiben ungesäuerten Weizenbrotes zu verwenden, die am Tisch für die hl. Kommunion gebrochen wurden. Diese Brotbrechung ist ein langwieriger Vorgang gewesen, und darum hat der syrische Papst Sergius I. Ende des 7. Jahrhunderts das *Agnus Dei* als Begleitgesang zur Brotbrechung eingeführt, der Christus, das gebrochene und erhöhte wahre Paschalamm, anruft und ihm huldigt. Als Gesang zur Brotbrechung ist das *Agnus Dei* unverzichtbar. Zwar kennen außerrömische lateinische Liturgien, zum Beispiel die ambrosianische in Mailand, nicht das *Agnus Dei*, sondern einen anderen, textlich wechselnden Brotbrechungsgesang, das *confractorium*. Aber das ist kein wirkliches Argument dafür, ein solches in der römischen Messe einzuführen. In ihr sind sinnbildliche Handlung und Begleitgesang sehr treffend miteinander verknüpft und aufeinander abgestimmt. Die umfassende Brotbrechung selbst hat sich noch sehr lange gehalten: Der Brauch, das Brot nur in Größe einer Münze herzustellen, um das Brechen zu vermeiden, ist erst ab dem 12. Jahrhundert bezeugt.

Kelchkommunion?

Aus dem eucharistischen Kelch trinkt der Vorsteher, trinken bestenfalls Vorsteher und Helfer: Die Kommunion unter beiden Gestalten *(sub utraque specie)* gibt es nur theoretisch.[70]

Die eucharistische Opfermahlfeier ist eine stilisierte Mahlzeit, in der die Kirche tut, was ihr der Herr zu tun aufgetragen hat: So oft Christinnen und Christen vom eucharistischen Brot essen und aus dem Kelch trinken, verkünden sie den Tod des Herrn, bis er kommt (1 Kor 11,26).

In der römischen Kirche kommuniziert in der Regel nur der Vorsteher den Kelch, nicht die gesamte Versammlung. Gründe für die Nicht-Austeilung des Kelches an die gesamte Versammlung werden in unserem „Messbuch" nicht genannt. Aus der Warnung davor, dass das Sakrament verunehrt wird (also vor dem Verschütten des kostbaren Blutes) oder dass die Feier erschwert wird wegen der Menge der Teilnehmenden oder eines anderen Grundes, ist zu schließen, dass diese wohl die Gründe für den immer noch bestehenden Kelchentzug in der römischen Kirche sein müssen (GORM 283).

Selbstverständlich hat es in den ersten Jahrhunderten der Kirche, im Abendland noch bis ins 12., 13. Jahrhundert, die Darreichung des Kelches an die ganze Versammlung gegeben.[71] Schon sehr früh allerdings hat es, wegen des Glaubens an die eucharistische Realpräsenz des Herrn, eine Sorge um das Verschütten des kostbaren Blutes gegeben, wie heute. Dieses Verschütten meidet die griechische Kirche, indem sie das Brot in den Wein eintaucht und die Spender des Sakramentes den Gläubigen ein so befeuchtetes Brotstück auf die Zunge legen lässt. Die Spendung so befeuchteter Brotstücke ist von der lateinischen Kirche immer abgelehnt worden, weil Christus, der Herr, zu den Jüngern gesagt hat, sie sollten den Kelch nehmen und daraus trinken. Gleichzeitig sowohl das Verschütten zu meiden als auch die Gläubigen aus dem Kelch trinken zu lassen, schien der lateinischen Kirche und ihren Klerikern immer weniger möglich, zumal sich im Lauf des Mittelalters, als Folge einer heftigen theologischen Auseinandersetzung zwischen Lanfrank von Bec († 1089) und seinem unglücklichen Widersacher Berengar von Tours († 1088) das Bewusstsein für die eucharistische Realpräsenz bis zur Übersteigerung verstärkte. Bei einer Synode wurde Berengar das Bekenntnis auferlegt,

„dass das Brot und der Wein, die auf den Altar gelegt werden, durch das Geheimnis des heiligen Gebetes und die Worte unseres Erlösers *substanzhaft* in das wahre, eigene und lebendigmachende Fleisch und Blut unseres Herrn Jesus Christus verwandelt werden und nach der Konsekration der wahre Leib Christi, der, für das Heil der Welt geopfert, am Kreuze hing und der zur Rechten des Vaters sitzt, und das wahre Blut Christi sind, das aus seiner Seite vergossen wurde, *nicht nur durch das Zeichen und die Kraft des Sakramentes, sondern in der Eigentlichkeit der Natur und der Wahrheit der Substanz.*"[72]

„Substanzhaft" *(substantialiter)* heißt im Anschluss an die mittelalterliche Philosophie: Die Opfermahlgaben Brot und Wein existieren zwar real, sind indes – wie alle Gegenstände – in ihrer Wesenheit *(substantia)* nur geistig fassbar. Sie werden in der eucharistischen Verwandlung (gr. *metabolé*, lat. *mutatio*) in ihrer – nur mit dem menschlichen Intellekt fassbaren – Wesenheit (also auch in Wirklichkeit) zu Leib und Blut Christi. Darum können die gewandelten Opfermahlgaben mit Recht als Sinnbild *(symbolum)*, Zeichen *(signum)* und Abbild *(figura)* des Leibes und Blutes Christi bezeichnet werden. So geschah es bei den lateinischen Vätern, deren Begriffe bisweilen noch schwanken, die eucharistische Realpräsenz jedoch noch etwas freier als das hohe Mittelalter, in jedem Fall aber *substantial – nicht materialistisch!* – deuten.[73] Vor diesem philosophischen Hintergrund lässt sich die eucharistische Realpräsenz dynamisch und substantial, also letztlich geistig und geistlich, interpretieren. Das tat die römische Kirche, besonders ihr Seelsorgepersonal, aber nicht, sondern begann, die eucharistische Realpräsenz statisch und teilweise krass materialistisch zu verstehen. Daher ist die Furcht vor dem Verschütten des eucharistischen Weins noch gewachsen, und deshalb wird schließlich in der lateinischen Kirche kaum noch der Kelch gereicht.[74]

Hinzu kommt die im hohen Mittelalter entwickelte Konkomitanzlehre, der zu Folge der ganze Christus in Gottheit wie Menschheit in beiden eucharistierten Mahlgaben gegenwärtig ist[75] – vielleicht schon ein Reflex auf die nicht mehr geschehende Darreichung des Kelches an die ganze Versammlung.

Aus diesen komplexen Motiven an Gründen heraus wird der Kelch im Spätmittelalter immer wieder zum Anstoß des Streites: Im Streit um die im Spätmittelalter verweltlichte lateinische Kirche plädieren John Wycliff († 1384) und Jan Hus († 1415) für die Reform der Kirche aus ihren neutestamentlichen Ursprüngen heraus und darum auch für die Austeilung des Kelches; die Hierarchie und ihre Anhänger sind dagegen. Manche Anhänger des Jan Hus versöhnen sich mit der römischen Kirche und bilden eine Sondergruppe, die Utraquisten, mit römischer Glaubenslehre und Austeilung der Eucharistie unter beiden Gestalten *(sub utraque specie)*. Im 16. Jahrhundert streiten die Reformatoren für den Laienkelch, ihre nicht reformatorisch gesinnten Gegner in der Kirche dagegen. Schließlich haben die Anhänger der Papstkirche an der Basis, im Gegensatz zur Hierarchie, den Laienkelch als Merkmal der reformatorischen Bekenntnisse (der Lutherischen, Calviner usw.) wahrgenommen und abgelehnt. Dabei ist es, obwohl das Zweite Vatikanische Konzil in der Liturgie-Konstitution 1963 die Darreichung des Kelches an Mitfeiernde außer dem Vorsteher wieder in Erinnerung gebracht hat (LK 55 Abs. II), im deutschen Sprachraum bis heute geblieben.

Gleichwohl kommt dem eucharistischen Kelch (samt der Darreichung an die ganze Versammlung) in der Tradition überragende Bedeutung zu.

(I) Der hl. Paulus sagt: Der Kelch des Segens, der eucharistische Kelch, ist Teilhabe am Blut Christi (1 Kor 10,16), und in beiden Fassungen des Kelchwortes in der Schrift sind Bund und Blut Leitmotiv.[76] Der alttestamentliche Bund zwischen Gott, dem Herrn, und Israel (Gen 17; Ex 24, dort V. 8: „Blut des Bundes") ist in Jesus Christus überhöht, die Profetenverheißung eines „neuen und ewigen Bundes" (Jer 31,31–40; s. a. ebd. 32,40; Jes 55,3; 61,8) ist in ihm in Erfüllung gegangen, denn in seinem Blute – pars pro toto für: in seinem Tode – ist dieser neue Bund geschlossen (Röm 3,25). Wer den Kelch kommuniziert, hat Anteil an Christus, dem durch den Tod hindurchgegangenen erhöhten Herrn, und dadurch Anteil am neuen und ewigen Bund. Das ist gemeint mit dem Wort des hl. Paulus: Wer aus dem Kelch trinkt, verkündet das Wort des Herrn (1 Kor 11,26). Die Gemeinschaft der Kirche, die auch durch das gemeinsame Trinken aus dem Kelch aufgebaut wird, ist im Übrigen Abbildung des neuen und ewigen Bundes Gottes mit seinem Volk (GL 176 Abschn. 5).

(II) Wie aus vielen Weinbeeren der Saft herausgepresst wird, um daraus Wein zu machen, so ist Christi Blut vergossen worden zur Vergebung der Sünden, für jeden einzelnen. Darum ist der eucharistische Kelch Zeichen und Abbild des Kreuzesopfers Christi, das in der Messfeier unblutig gegenwärtig gesetzt wird. Wer also Traditionalist und Anhänger der Messe nach dem *Missale* von 1570 ist und darum gegen den Mahl- und für den Opfercharakter der hl. Messe streitet, müsste sich gerade deshalb auch für den Laienkelch einsetzen.

(III) Das „mein Blut, das für euch und für alle vergossen wird zur Vergebung der Sünden" des Kelchwortes unserer Hochgebete weist auf die
Vergebung der (lässlichen) Sünden hin, die in jeder Eucharistiefeier
erbeten wird und in der hl. Kommunion geschieht.

(IV) Der Herr hat seinen Schülern beim Letzten Mahl zugesagt: „Ich sage
euch: Von jetzt an werde ich nicht mehr von dieser Frucht des Weinstocks trinken bis zu dem Tag, an dem ich von neuem mit euch davon
trinken werde im Reich meines Vaters" (Mt 26,29 und Parallelen). Der
eucharistische Kelch verweist auf die Lebensgemeinschaft mit Gott in
der himmlischen Vollendung, und er trägt wesentlich zur Deutung der
irdischen Liturgiefeier als Abbildung und Zeichen der endzeitlichen
Liturgiefeier im himmlischen Jerusalem bei (LK 9).

(V) Die Rückgewinnung des Laienkelches hätte positive Folgen für die
Mentalität der Gläubigen. Denn der Wein als Gabe der Freude könnte
das Bewusstsein vom Fest- und Feiercharakter des eucharistischen
Opfermahls stärken. Und die Ausweitung der Kelchkommunion auf
die ganze Versammlung könnte eine gewisse Isolierung des Vorstehers
sowie mit ihm des ganzen ordinierten Geistlichen Amtes mit allen
ihren weitreichenden Folgen beenden helfen. –

> „Was am Kelch so archaisch ist und sowohl den Juden wie uns Heutigen schwer
> begreiflich: Opferblut trinken und dadurch mit dem Geopferten und un-
> tereinander geheimnisvoll zusammenwachsen, sich das neue und ewige Leben,
> ewige Jugend, das Heil trinken, das ist eine Zeichensprache, die in allen pri-
> mitiven Kulturen verstanden wird und uralte, tief verwurzelte Kultsehnsucht
> erfüllt. Im kultischen Fest und vor allem im kultischen Festmahl will Le-
> bensüberschwang zu Wort kommen vor dem lebendigen Gott. Es ist bitter, zu
> denken, dass christlicher Kult Antwort auf diese uralte Sehnsucht bereithielt,
> aber sie nicht geben konnte."[77]

Die Kelchkommunion hat einen klar erkennbaren Sinn. Die Argumente, die
heute gegen sie zu hören sind, sind nur technischer, praktischer, zeitökono-
mischer Natur. Bestenfalls ein dogmatisches Argument dergestalt ist zu hören, dass der Herr Jesus Christus das Altarsakrament lediglich im Rahmen
eines Mahles eingesetzt habe, über dessen konkrete Ausgestaltung aber die
Kirche, wenn sie nicht die Substanz verändere, Verfügungen treffen dürfe,
„die ihr aus Gründen der Ehrfurcht oder des Nutzens der Empfänger […]
angebracht erscheinen" (GORM 282 Abs. II). Die Ehrfurcht vor dem Wort
des Herrn und der geistliche Nutzen der Gläubigen schreien geradezu nach
der Wiedergewinnung der Kelchkommunion: Wenn ich nicht nur gelegent-

lich und in einer Werktagsmesse, die ich eigens dazu aufsuche, den Kelch kommuniziere, sondern dieses über die Jahre in der Sonntagsmessfeier tue, fühle ich mich außerordentlich intensiv in die Gemeinschaft mit dem Herrn hineingenommen. Beim Genuss des eucharistischen Weines erfüllt mich der Herr, der gekommen ist, Feuer auf die Erde zu werfen (Lk 12,49), mit dem Feuer seines Geistes.

Zeitpunkt für die Kommunion des Vorstehers

Im Gegensatz zu den gerade verhandelten Problemen scheint mir das Folgende nebensächlich, obwohl in Gemeinden oft darum gerungen wird: Die Messordnung sieht die Kommunion des Vorstehers vor der der Ministranten und der Versammlung vor. Mir scheint, die Frage nach der Selbstkommunion des Vorstehers vor der Versammlung wird erst wichtig, wenn der Vorsteher bei seiner Kommunion mit dem Gesicht zur Versammlung hin steht, sodass manche Glieder der Versammlung, warum auch immer, ihn dabei beobachten können. Wenn der Vorsteher die Gebete zum Altar hin, wie die alte Messordnung das vorgesehen hat, vorträgt, sieht die Versammlung die Selbstkommunion nicht, sodass diese nicht problematisch wird. Vielleicht lässt sich das angesprochene Problem mit einem Kompromiss lösen: Zwischen Kniebeugung und „Seht, das Lamm Gottes" gibt der Vorsteher jedem der (bei Kelchkommunion selbstredend vielen) Kommunionhelfer, die im Halbkreis hinter dem Tisch stehen, ein Stück eucharistisches Brot auf die Hand. Er kommuniziert zusammen mit den Kommunionhelfern als erster. Dann wird den übrigen Ministranten sowie der Versammlung die Brot- und Kelchkommunion gereicht. Schließlich kommunizieren Vorsteher und Helfer den Kelch.

Tabernakelkommunion?

In unseren Kirchen wird in der Regel die hl. Kommunion im Rahmen der Messfeier gereicht. Damit ist der Schlusspunkt einer längeren Entwicklung erreicht, die ausgegangen ist von der Praxis des 16. bis frühen 20. Jahrhunderts, die Kommunionspendung für die Gläubigen *außerhalb*, d. h. in der Regel nach, der Messfeier vorzunehmen. Das *Rituale Romanum* von 1614, dessen Gebrauch jedoch – anders als der des *Missale* von 1570 – nicht weltweit vorgeschrieben war, sagt, dass die Kommunion des Volkes innerhalb der Messfeier sofort nach der Kommunion des Vorstehers geschehen müsse, und erlaubt in einer Klammer die Kommunionspendung außerhalb der Messfeier aus einem nachvollziehbaren Grund.[78] In der Folgezeit wurde die vom Rituale geregelte Ausnahme zum Regelfall gemacht. Erst nachdem die Rückkehr zum Normalfall von der Liturgischen Bewegung angeregt und angestrebt worden war, hat sich die Kommunionspendung *innerhalb* der Messfeier um 1930 herum fast allgemein wieder durchgesetzt.

So ist, wenigstens teilweise, die Mahlgestalt der Messfeier wieder erreicht. Gleichwohl bleibt festzuhalten: Zwar ist es, und das will auch niemand in Abrede stellen, legitim, wenn in der Sonntagsmesse eucharistisches Brot für die Krankenkommunion bei Seite gehalten und in einem kostbar verzierten Schrank (Sakramentshäuschen) aufbewahrt wird. Nur gibt es in Bezug auf die Aufbewahrung der hl. Eucharistie manche Unstimmigkeiten.

(I)   Die hl. Eucharistie wird aufbewahrt, um zur Krankenkommunion und Sterbenden als Wegzehrung gereicht zu werden.[79] In einer nicht übergroßen Gemeinde dürften fünfzig bis sechzig Partikel zu diesem Zweck reichen. Etwas mehr können es sein, wenn, meist einmal monatlich, die Krankenkommunionen anstehen. Mit der Krankenkommunion ist aber nicht zu begründen, im Tabernakel ein oder zwei Speisekelche mit je drei- bis vierhundert Hostien aufzubewahren.

(II)   Die hl. Eucharistie wird aufbewahrt, weil sie zur Krankenkommunion gereicht wird, nicht, weil sie verehrt wird, und sie wird verehrt, weil sie aufbewahrt wird.[80] Von daher ist es nicht zu begründen, im Tabernakel noch eine eigene Pyxis mit einer großen (so genannten „Schau"-) Hostie aufzubewahren, die dann gelegentlich, etwa zur Eucharistischen Anbetung, in die Monstranz eingesetzt wird. Auch nicht begründbar ist es, andauernd in einem so genannten „Wandeltabernakel" eine Monstranz mit bereits eingesetzter, konsekrierter hl. Hostie („Schauhostie") aufzubewahren, die, wenn Aussetzung ist, einfach nach vorn gedreht wird. Das verkürzt den Charakter der hl. Opferspeise außerordentlich und macht die schneeweiße hl. Hostie zu einer Art Trugbild für jene, die ehrlichen Herzens bei der Eucharistischen Andacht die besonders intensive Anbetung und Erfahrung der Realpräsenz des Herrn suchen, der, da sein Leib am Kreuz zerbrochen, zum Heiland der Welt geworden ist. Dieser so wichtige Gehalt der eucharistischen Speise müsste an sich sein Sinnbild darin finden, dass zur Eucharistischen Aussetzung ein wirkliches Stück eucharistisches

Brot mit sichtbaren Bruchrändern in die Monstranz eingesetzt wird, auch wenn dieses Brot nicht kreisrund und schneeweiß ist. Schließlich macht es sich der Benutzer eines Wandeltabernakels zu einfach: Die eucharistische Realpräsenz des Herrn verkommt zu etwas technisch und maschinell Machbarem.

(III) Die hl. Eucharistie wird aufbewahrt in einer vom Kirchenraum getrennten Kapelle, die für das private Gebet der Gläubigen und für die Verehrung geeignet ist.[81] Nur für den Fall, dass das nicht möglich ist – und wo sollte es, entsprechenden guten Willen vorausgesetzt, nicht möglich sein? –, ist eine Aufbewahrung erlaubt „auf einem Altar [d. h. nicht unbedingt dem Hauptaltar] oder an einer anderen ehrenvollen und würdig hergerichteten Stelle des Kirchenraumes."[82]

Kurz und gut: Die hl. Eucharistie wird aufbewahrt in einem separaten, an den Feierraum der Versammlung anschließenden Raum, um zu den Kranken und Sterbenden gebracht zu werden. Wenn der Eucharistiefeier ihre Gestalt als Opfermahl wiedergegeben werden soll, müssen alle Gläubigen von jenen eucharistischen Mahlgaben essen und trinken können, die in der jeweiligen Feier konsekriert worden sind. Sollte, was an hohen Feiertagen verständlich ist, zu viel konsekriert worden sein, haben der Vorsteher und seine Helfer – im deutschen Sprachraum wohl in der Regel die Kommunionhelfer – die Aufgabe, nach der Feier die übriggebliebenen Mahlgaben bis auf die für die Krankenkommunion benötigten Partikel aufzuessen (zu sumieren). Ein entsprechender Ritus müsste sich, eventuell in Anlehnung an den Ritus der Kommunionspendung außerhalb der Messfeier, noch entwickeln. Die Opfermahlgestalt der Eucharistiefeier ist wichtiger als die etwaige Zeitnot der Geistlichen (und gegebenenfalls der Kommunionhelfer), die von der Kirche beauftragt und gewürdigt worden sind, in allerengstem Kontakt mit dem Allerheiligsten der Liturgiefeier zu dienen.

Wenn in einer Kirche vor Ort grundsätzlich die Kommunion nicht mehr aus dem Tabernakel verteilt wird (also keine so genannte „Tabernakel-Speisung" mehr stattfindet), bekommen die Gläubigen ein anderes Gespür dafür, was sie in der Eucharistiefeier tun: nämlich das Ostermahl mit dem erhöhten Herrn feiern. Sie verinnerlichen geistlich, dass der erhöhte Herr in den Mahlgaben substantial gegenwärtig wird, um sich den Gläubigen hinzugeben, damit diese sich, die Welt verwandelnd, für das Heil der Welt hingeben. Sie entwickeln ein Gespür für die vielfältige Realpräsenz des erhöhten Herrn in Gebet und Liturgiefeier: in der Person des Amtsdieners, also des

Vorstehers, wie auch besonders unter den eucharistischen Gestalten, in den Sakramenten, in seinem Wort, „da er selbst spricht, wenn die heiligen Schriften in der Kirche gelesen werden", und „wenn die Kirche betet und singt" (LK 7 Abs. II, für das Letzte unter Berufung auf Mt 18,20).

Kommunion um den Heiligen Tisch

Die Kirche fleht um das baldige endzeitliche Erscheinen Christi, und das Gedächtnis des Letzten Mahles vergegenwärtigt das endzeitliche Freudenmahl im Reich Gottes: Es ist Sinnbild für die Hoffnung der Menschheit (Mt 26,29; Mk 14,22; Lk 22,16.30). Das Eucharistische Tischgebet bittet darum, dass die Versammlung durch die Mahlgemeinschaft eins werde im Heiligen Geist. Durch das eine Brot werden alle zu einem Leib: Durch den mystischen Leib Christi, das eucharistische Lebensbrot, entsteht der reale Leib Christi, die Kirche, und als eucharistische Gemeinschaft (lat. *communio*, gr. *koinonía*) wird die Kirche zum Zeichen der Einheit unter den Völkern (LK 2 Satz 2). Diese *communio* mit dem erhöhten Herrn und untereinander sollte auch in der äußeren Gestalt der hl. Kommunion ihren Ausdruck finden. Durch den gängigen Kommunionempfang in der Schlange wird leider die individuelle Begegnung des einzelnen Gläubigen mit dem eucharistischen Heiland überbetont. Daher wäre es sinnvoll und angemessen, wenn die Kommunizierenden nach und nach, vielleicht bankweise, in Gruppen an den eucharistischen Tisch treten. Am besten bilden eine oder mehrere Gruppen nach und nach einen Kreis um die Altarinsel (sie könnten sich auch in Reihen an gegebenenfalls noch vorhandenen Kommunionbänken aufstellen), um die eucharistischen Mahlgaben zu empfangen. Wichtig: die Gläubigen müssten aufeinander warten, bis die letzte Person ein Stück hl. Brot auf der Hand hält, und dann zeitgleich kommunizieren. Nach der Darreichung des Kelches an die letzte Person tritt die vordere Reihe zurück, und die zweite Reihe nimmt deren Platz ein. So ist eucharistische Gemeinschaft zu erleben.

Zum Argument der Zeit

Der eine Leser, die andere Leserin wird gegen die in diesem Kapitel gemachten Vorschläge den Einwand erheben, dass das alles zusammengenommen zu viel Zeit koste und potentielle Sonntagskirchgänger vom Mitfeiern der Eucharistie abschrecke. Dazu ist Folgendes zu sagen.[83]

(I) Bei zweimaligem Durchsingen eines durchschnittlichen *Agnus Dei*-Ordinariumsliedes lässt sich erfahrungsgemäß bequem genügend Brot für eine Sonntagsgemeinde von einhundertundfünfzig Personen brechen. Weil die Zeitverzögerung nicht so umfangreich ist wie befürchtet, stimmt die Zeitrechnung in dem Argument insgesamt nicht.

(II) Bekanntermaßen gestattet die Messordnung die Reinigung der Gefäße auch nach der Feier (FGM 156; MB I, 213). Das ist nicht nur dann ratsam, „wenn es sich um eine größere Zahl von Gefäßen handelt" (ebd.). Die Reinigung der Gefäße ist im Allgemeinen keine Handlung, die so wichtig ist, dass ihr die ganze Gemeinde nach der hl. Kommunion konzentriert zuschauen müsste, wie das immer wieder geschieht. Die Reinigung der Gefäße kann durchaus vier bis fünf Minuten beanspruchen, eine Zeitspanne, die sinnvollerweise eher der Brotbrechung oder der Kelchkommunion aller zugute kommen sollte.

(III) In diesem Buch wird das Sonntagshochamt einer Pfarrgemeinde erörtert! Wie oben S. 17f. bereits dargelegt, müsste die eucharistische Opfermahlfeier, die den Sonntag in einer Pfarrkirche prägen sollte, von ganz anderer Qualität sein als die Lesemesse, von der leider immer noch viele Gestalter von Sonntagsmessen geprägt sind. Wer die Sonntagsmesse wirklich als eucharistische Versammlung am Auferstehungstag feiern und erleben möchte, sollte ihr das zubilligen, was er auch TV-Krimis am Freitagabend oder einem Fußballspiel zubilligt: Zeit.

Auswahl der Gesänge

In der Eucharistischen Liturgie sollte aus Ehrfurcht und Gehorsam kein *Gesangs*stück ausfallen.

Wechselnde Gesänge: kirchenjahreszeitliche Lieder

Was die wechselnden Gesänge – die Gesänge zu Gabenbereitung, hl. Kommunion und Danksagung – angeht, lassen sich diese zusammenfassen: Die Messordnung empfiehlt, einen der in den jeweiligen Gradualia angegebenen Gesänge zu nehmen – also letztlich einen verkürzten Psalm – oder ein deutsches Lied, das die liturgische Jahreszeit oder den liturgischen

Tag oder den jeweiligen Moment innerhalb der Messfeier zum Thema hat. Selbstverständlich können hier auch neue geistliche Lieder eingesetzt werden, und wenn bestimmte Kirchenlieder einigermaßen häufig genommen werden, wird die feiernde Versammlung bestimmte Texte einüben und andere vergessen. Das Skizzierte entspricht in gutem Sinne der Regel, nach der die römische Kirche diese wechselnden Gesänge immer ausgesucht hat: Im *Missale Romanum* finden sich nur sehr wenige Texte mit Gabendarbringungs- bzw. Kommuniongedanken, aber ungezählte allgemein gehaltene sowie den Fest- oder Tagesgedanken thematisierende.

Besondere Problematik der Gabenbereitungslieder

Weil die Gabenbereitung wesentlich weniger inhaltliches und gestaltliches Gewicht als das Eucharistische Tischgebet haben sollte, empfiehlt es sich, die im „Gotteslob" angegebenen Gabenbereitungslieder der Vergessenheit anheimfallen zu lassen. Sie sind lediglich eine Verdopplung von Anliegen, die im Tischgebet ihren rechten Ort haben.

Vielleicht empfiehlt es sich, an ihrer Statt, wie schon erläutert, „Gotteslob"-Lieder einzusetzen, die die liturgische Jahreszeit, den liturgischen Tag, Lob und Dank, vielleicht auch Vertrauen und Bitte zum Thema haben. Psalmlieder könnten sich als besonders geeignet zeigen. Möglich wäre auch ein längerer Psalm mit dem jeweiligen Festmysterium oder der Dankbarkeit für Gottes Schöpfung als Thema. Wenn zur Gabenbereitung ein Psalm von Schola und Versammlung responsorisch gesungen wird, gewöhnt sich die Gemeinde an das responsorische Singen und an die kernige geistliche Nahrung aus dem Psalter (zur responsorischen Vortragsweise s. S. 98). Ein weiterer Vorteil: Nach dem Psalmengesang ist die Gabenbereitung so weit beendet, dass Gabengebet und Eucharistisches Tischgebet vorgetragen werden können, ohne dass Geldgeklimper stört.

Feststehende Gesänge: *Sanctus* und *Agnus Dei*

Zum *Sanctus* und zum *Agnus Dei* müssen, wie oben S. 64f. und 78–80 erklärt wurde, wenn nicht der vorgeschriebene Text in Vertonung genommen wird, *mindestens* ein *Sanctus*- bzw. ein *Agnus-Dei*-Lied genommen werden!

Ergebnis

Wird die Eucharistie in der skizzierten Weise wirklich erneuert gefeiert, haben alle innerkirchlichen Fraktionen und Gruppierungen etwas davon.

(I) *Traditionalisten* finden eine berechenbare Ordnung der Eucharistischen Liturgie: Sie erfreuen sich einer Ordnung von Gabendarbringung, Eucharistischem Tischgebet und hl. Kommunion, die die Praxis der Kirche des klassischen Altertums und des alten Rom nicht vernachlässigt, sondern wiederbelebt, die Weisungen der nachtridentinischen Päpste endlich befolgt und – durch die regelmäßige Darreichung des kostbaren Blutes unseres Herrn – den Opfergehalt der Eucharistiefeier nicht leugnet und verdrängt, sondern hervorhebt.

(II) *Progressive* erfreuen sich der allmählichen substantiellen Veränderung des Frömmigkeitslebens der römischen Kirche, weil in der Opfermahlfeier, aufgehoben in der klassischen altrömischen Messfeier, die neutestamentlich-frühkirchliche Ordnung der Eucharistiefeier umgesetzt wird. Dadurch werden die Anordnungen des Zweiten Vatikanischen Konzils ebenso unverkürzt wie entschieden verwirklicht. Außerdem wird endlich die Kelchkommunion allen Gliedern der Versammlung gereicht und dadurch eine Frömmigkeit des Sich-Hingebens im sozialen und politischen Engagement gefördert.

(III) *Allgemein* gilt: Die *Laienkatholikinnen und -katholiken* können sich in diese Ordnung bewusst und tätig einbringen, da sie feststeht und immer nachvollziehbar ist, und die *Kinder und Jugendlichen* in der Kirche vor Ort können lernen, was Kirche und Gemeinde wahrhaft ist: nämlich eine Kirche, die, die Eucharistia darbringend und des Todes und der Auferstehung ihres Herrn gedenkend, mit ihm das Paschamahl feiert, als Unterpfand des ewigen Freudenmahles – und davon nicht nur in der dogmatischen Theorie spricht, sondern dieses auch praktisch, in der allsonntäglichen Ordnung der Messfeier, verwirklicht – und dadurch eins wird und, die Welt verändernd, mitbaut am Reich Gottes!

V. Ungenutzte Chance: Lied, Gesang, Musik als Teil der Feier

Weil sie in der Messfeier (und in der Liturgiefeier allgemein) nicht mitsingen, lassen sich viele Kirchgängerinnen und Kirchgänger (die Männer vielleicht noch mehr als die Frauen) ein sehr wichtiges Element tätiger Teilhabe allzu häufig entgehen.

Im Gegensatz zu älteren und alten Kirchgängern mangelt es denen, die die Fünfzig noch nicht überschritten haben, an Übung im Singen. Ihnen sind viele Kirchengesänge (Lieder, Gemeindeverse, liturgische Rufe) häufig nicht (mehr) bekannt. Wer nicht regelmäßig die Sonn- und Festtagsmesse mitfeiert, verlernt vieles. Einen Mangel an Übung gibt es auch bei geübten Kirchgängern, wenn Gesänge, die niemand kennt, vielleicht mit etwas komplizierter, jazz- und beatorientierter Rhythmik, nicht häufig genug gesungen und nicht mit einem Instrumentenspiel begleitet werden, das zum Singen anleitet. (Dieses Geschick trifft in manchen Pfarreien die lateinischen und deutschen Ordinarien GL 401–449 und manch ein Kirchenlied wie auch Gemeinderesponsum aus den Sechzigerjahren, von unbekannten neuen geistlichen Liedern ganz zu schweigen. Willkürlich ausgewählte Beispiele für Letzteres sind „Sieh, dein Licht will kommen" GL 147, die Wechselgesänge GL 271–274, „Herr, dir ist nichts verborgen" GL 292, „Herr, unser Herr" GL 298, „Herr, deine Güte" GL 301, „Gott, mein Gott" GL 308 und „Mit lauter Stimme" GL 311.) Wie selten arbeiten Organisten die Melodiestimme, der die Gemeindeglieder folgen wollen, klar heraus! Wie oft braucht man das Lungenvolumen eines Triathleten, um bei der vorherrschenden Orgelspielweise mitsingen zu können! Zum einladenden, mitreißenden Orgelspiel gehört auch ein frisches Tempo, damit die Gesänge Klang und Rhythmus entfalten können. Manch ein öde klingender Choral wird, *alla breve* gesungen, zum

Tanzlied. Dann hat es auch Sinn, bei den Kindern und Jugendlichen, die sich auf die Sakramente vorbereiten, sowie in der kirchlichen Verbands- und Gremienarbeit darauf hinzuwirken, *nach der von der Orgel* geführten Melodie zu singen. Der erwähnte Mangel an Übung wird übrigens auch gefördert durch die herrschende Mentalität, die zu wenig Wert auf das Üben, Einüben und Wiederholen immer wiederkehrender Gesänge legt. (Das ist an sich verwunderlich, denn Musik ist wie eine Fremdsprache, und jeder Fremdsprachenlehrer weiß, wie viel Wert Üben, Einüben und Wiederholen für das Erlernen von Fremdsprachen haben. Haben die Kirchenmusikerinnen und -musiker das vergessen?)

Es mag auch Gemeinden geben, die es nicht mögen, wenn sie vor jeder Sonntagsmesse dazu gezwungen werden, einen neuen Gesang einzuüben. Solchen Gemeinden hilft es vielleicht, an geeigneter Stelle mit einladenden Worten darüber informiert zu werden, warum das neue Einüben gerade dieses Gesanges oder jenes Kehrverses nötig ist. Im Übrigen hilft zur Übung eines Gesanges auch, ihn an drei bis vier Sonntagen hintereinander immer wieder zu singen (s. dazu Entwurf eines Liedplans S. 142–145).

Eine Betsingmessen-Mentalität

Grund für das Fehlen dieses Willens ist etwas, was ich als Betsingmessen-Mentalität bezeichnen möchte. Die herrscht in der katholischen Kirche deutscher Sprache immer noch, sitzt tief und wird munter tradiert. Um zu erklären, was damit gemeint ist, muss ich vor der konziliaren liturgischen Erneuerung ansetzen.

Bekanntermaßen hat es damals drei Gestalten der Messfeier gegeben, die rechtlich sehr genau geregelt waren: *Missa sollemnis, Missa cantata, Missa lecta.* Diese Messtypen haben sich mit unterschiedlichem Gewicht auf die nachkonziliaren Versuche erneuerter Mess-„Gestaltung" ausgewirkt.

(I) *Missa sollemnis.* Einer *Missa sollemnis* – einer feierlichen Messe – stand ein Bischof oder Priester *(presbyter)* vor. Liturgierechtlich war vorgeschrieben (und unter diesem Gesichtspunkt lassen sich *Missa sollemnis* und *cantata* zusammenfassen), dass alle Gesänge – die des Ordinariums wie auch des Propriums – lateinisch von Chor und Volk bzw. nur vom Chor gesungen wurden (zu den Begriffen „Ordinarium" und Proprium s. S. 95). Während der Chor die Gesänge ausführte bzw. „das Hochamt aufführte", las der Vorsteher der Feier die vorgeschriebenen Gesänge halblaut aus dem *Missale*.

(II) *Missa cantata.* Eine *Missa cantata*, eine gesungene Messe unter der Leitung eines einzigen Presbyters ohne assistierende Geistlichkeit, war vor 1964 die Grundform des gefeierten Hauptgottesdienstes einer katholischen Pfarrei. Meistens wurde sie als „Deutsches Hochamt" gefeiert, das die Volk und Chor zufallenden Gesangsstücke durch Gesänge in deutscher Sprache ersetzte, doch die Normen der *Missa cantata* beibehielt: Die halblaute lateinische Rezitation aller Messtexte durch den Vorsteher war obligatorisch. Rom fand sich 1943 bereit, das Deutsche Hochamt zu tolerieren. Gleichzeitig wurde in der liturgischen Erneuerung das Choralamt propagiert, bei dem alle Gesangsstücke nach dem *Graduale Romanum* gesungen wurden.

(III) Die *Missa lecta* – gelesene Messe – oder *Missa privata* (= Privatmesse) ist jene Messgestalt, bei der der Presbyter der Reihe nach alle anfallenden Texte der lateinischen Messe las, wobei ihm ein Ministrant jene Antworten gab, die an sich, wenn alles mit rechten Dingen zugegangen wäre, dem Volk bzw. den Leviten oder anderen Altarassistenten hätten zufallen müssen. Eine *Missa lecta* ist liturgierechtlich auch die *Gemeinschaftsmesse*, eine von der vorkonziliaren Liturgischen Erneuerung empfohlene Form, bei der der Vorsteher alle Texte lateinisch rezitierte, während ein Vorbeter die Lesungen und einzelne Priestergebete deutsch vortrug.[84] Wenn dabei nun die Gesänge des Ordinariums wie die Gesänge des Propriums durch so genannte „Messlieder" oder passende (oder unpassende) Liedstrophen ersetzt wurden, wurde aus der Gemeinschaftsmesse eine *Betsingmesse*.[85] Nachteil von Gemeinschafts- wie Betsingmesse: Dass die Abfolge der Messtexte eigentlich eine *gegliederte* Gemeinschaft voraussetzt, war nicht mehr zu spüren. Daraus resultieren Verzerrungen im Bewusstsein von der rechten Feierordnung.

Erst seit Mitte der Dreißigerjahre wurde im Rahmen der Liturgischen Erneuerung entdeckt, dass sich in der konkreten Gestalt der Messfeier eine Gliederung der Gemeinde in unterschiedliche Rollen und Dienstämter widerspiegelt und dass diese Gliederung in den Regelungen des Liturgierechtes zur *Missa sollemnis* bzw. *cantata* geronnen war. Daraufhin wurden die Texte, Antworten und Gesänge auf Vorsteher, Lektor, Vorbeter und Chor strikt so verteilt, dass jede Person nur, aber auch all das tat bzw. vortrug bzw. vorsang, was ihrem je eigenen Dienst in der versammelten Gemeinde entsprach. Diese Regel, als „Hochamtsregel" propagiert, hat dann auch Eingang in die Liturgie-Konstitution gefunden.[86]

Seit der römischen Kirchenmusik-Instruktion von 1967 ist als Normaltyp für alle Messfeiern mit dem Volk die gesungene Messe, die *Missa cum populo in cantu*, anzusehen, die nach dem Prinzip gestufter Feierlichkeit zu gestalten ist. Die Unterscheidung zwischen *Missa sollemnis, cantata* und *lecta* ist bestehen geblieben.[87] Das Wort „Betsingmesse" ist allmählich außer Gebrauch gekommen, aber eine Betsingmessen-Mentalität gibt es immer noch: Die Messordnung der Kirche wird nicht als Aufforderung interpretiert, sich um einen angemessenen deutschen oder lateinischen Vollzug der Gesangsstücke, sei es des Ordinariums, sei es des Propriums, zu bemühen, sondern die Gemeindemesse (als *Missa cum populo in cantu*) wird als Freibrief für das Ersetzen aller Gesangsstücke durch „Messlieder" oder passende Liedstrophen aus kirchenjahreszeitlichem Liedgut oder neuem geistlichen Liedgut genommen. Das führt bisweilen zu seltsamen Ergebnissen: Im Vergleich mit dem lateinischen oder deutschen Original dürften zum *Gloria* etwa der Kanon „Lasst uns miteinander" oder irgendein Loblied wie „Lobet den Herrn" (GL 259) oder, selbst wenn Osterzeit ist, das Osterlied „Heil und Heil, alleluja" (GL Würzburg 858) ungeeignet sein, desgleichen zum *Sanctus* „Gloria sei dir gesungen" (GL 110 Str. III) (Advent) oder „Seid nun fröhlich, jubilieret" (GL Münster 909) (Weihnachtszeit) oder „Kommt, singet dem Herrn, singt ihr Engelchöre" (GL 143 Str. IV) und zum *Agnus Dei* „Komm, o mein Heiland Jesu Christ" (GL 107 Str. V) (Advent), „Zu Betlehem geboren" (GL 140 Str. I f.) und „Sehet dies Wunder, wie tief sich der Höchste hier beuget" (GL 144 Str. III f.) (Weihnachtszeit) „Wahrer Gott, wir glauben dir" GL Würzburg 860 (Osterzeit). Die Liedstrophe „Göttliches Kind! Du der holdseligen Väter Verlangen" (GL Münster 906 Str. II) ist beinahe universal einsetzbar: zum Glaubensbekenntnis ebenso wie zum *Agnus Dei*. Demgegenüber ist es wichtig, ein Gespür dafür zu entwickeln, dass eine festliche Versammlung der Gemeinde am Sonntag auch vom Gesang her immer *Missa cantata* – Hochamt: *summum officium* – sein muss. Auch in der Ordnung des Gesangs ist das Gespür für gestufte Feierlichkeit wie für die Hochamtsregel von neuem zu erlernen.[88]

Liedauswahl

Ausgehend vom soeben Skizzierten ist zu fragen, wie sinnvollerweise die Gesänge auszuwählen sind. Zur Beantwortung dieser Frage ist zunächst grundsätzlich zwischen feststehenden und wechselnden Stücken, zwischen Ordinarium und Proprium zu unterscheiden.

(I) In der Messfeier gibt es Gesänge bzw. Texte, die immer wiederkehren und darum besonders intensiv geübt werden müssten: die Gesänge des Ordinariums (zu lat. *ordinarius*: geordnet, geregelt) – „Herr, erbarme dich" *(Kyrie, eleison)*, „Ehre sei Gott" *(Gloria)*, Glaubensbekenntnis *(Credo)*, „Heilig" *(Sanctus)* und „Lamm Gottes" *(Agnus Dei)*. Das Ordinarium sollte entsprechend dem im „Messbuch" stehenden Text in deutscher oder lateinischer Sprache gesungen werden, wobei beim Glaubensbekenntnis das gemeinsame Aufsagen genügt. Wenn es von der Erwartungshaltung eines Teiles der Gemeinde her unbedingt sein muss, könnten auch Ordinariumslieder aus den Messreihen im „Gotteslob" eingesetzt werden, mit Ausnahme des Glaubensbekenntnisses, zu dem das gemeinsame Aufsagen eines feststehenden Textes wesentlich gehört.

(II) Die von manchen so genannten „Zwischengesänge" Psalm bzw. Hallelujaruf erörtere ich hier nicht, denn zu diesen ist bereits das Wesentliche gesagt (s. S. 50f.).

(III) Manche Gesangsstücke dienen dazu, liturgische Handlungen gesanglich zu begleiten: die Gesänge des Propriums (zu lat. *proprius*: eigen, eigentümlich) – der Gesang zu Einzug, Gabenbereitung, hl. Kommunion, Danksagung und Schluss. Alle diese Handlungen können auch schweigend erfolgen oder von Musikstücken (Orgel- oder anderem Instrumentalspiel) begleitet werden. Theoretisch wäre es möglich – bei Vorhandensein einer Schola –, diese Gesangsstücke lateinisch aus dem *Graduale simplex* zu entnehmen und zu singen oder deutsch aus Heinrich Rohrs „Mess-Antiphonale". Praktisch werden zu diesen Begleitgesängen meist Kirchenlieder aus dem „Gotteslob" oder aus Sammlungen „neuen" geistlichen Liedgutes eingesetzt, und zwar ausgehend vom theologischen Sinn der (vorher gründlich zu studierenden und zu meditierenden) jeweiligen Messliturgie des Tages.

(IV) Das Schlusslied ist nicht vorgeschrieben, sondern stellt einen Brauch der deutschsprachigen Ortskirchen dar, einen, wie ich meine, guten Brauch, denn es bietet den Mitfeiernden die Möglichkeit, am Ende einer Feier der Eucharistia die Festesfreude noch einmal so nach Herzenslust auszuagieren. Im Normalfall wird als Schlusslied ein kirchenjahres- oder tagesbezogenes Lied aus dem „Gotteslob" oder aus neuem geistlichen Liedgut genommen. Hier könnten das „Großer Gott, wir loben dich" GL 257 (eine deutschsprachige Adaption des *Te Deum* der Prälatenmesse (dt. GL 706)), das unvermeidliche *Laudato si* der Jugendmessen und, während des Frauen-Dreißigers von Mariä Heimgang (= Mariä Himmelfahrt, 15. August) bis Mariä Namen (12. September) oder im Oktober die Marienlieder aus dem GL eine bleibende Heimat finden (mit einem Marienlied am Ende der Messfeier der Maienkönigin zu huldigen, ist wegen der gleichzeitigen Osterzeit äußerst ungünstig).

Für eine geordnete Mischung der Musikstile

Bei der Auswahl des Liedgutes können, weil die Lieder von der *ganzen* Versammlung gesungen werden und ein integraler Bestandteil der gemeinsamen Feier sind, *nicht* die Vorlieben einer *Einzelperson* Maßstab sein. Vielmehr ist auf eine gesunde Mischung der einzelnen Kirchenmusikstile zu achten, um die unterschiedlichen Gruppen- und Parteibildungen innerhalb der Kirche zu berücksichtigen. Über einen kürzeren Zeitraum wie den eines Monats müsste also vom lateinischen Choral über deutschen Choral und Ordinariumsvertonungen sowie deutsche Psalmodie bis hin zu verschiedenartigsten Kirchenliedern und neuem geistlichem Liedgut alles vertreten sein. Letztverantwortlich ist der Gemeindeleiter und Kirchenrektor, der wiederum gegenüber den kirchlichen Richtlinien Gehorsam zu üben hat – mit Anpassung an die örtlichen Verhältnisse, indes ohne Bequemlichkeit und Geschmäcklerei. Seelsorger, Kirchenmusiker und sachkundige ehrenamtliche Mitarbeiter müssten sich gelegentlich Zeit nehmen, um gemeinsam festzulegen, welche Gesänge in einer Ortsgemeinde über die Jahre hin gepflegt und welche fallen gelassen werden, und einen Plan zu erstellen, welche Gesänge wie oft und wann gesungen werden, ohne damit auszuschließen, dass aus gegebenem Anlass auch andere genommen werden. Es kommt auf die rechte Mitte zwischen den Extremen an.

Personen, die bestimmte Musikstile oder auch Lieder besonders lieben, sei gesagt: Pfarrgemeinden sind in sich sehr vielfältig, und in einer Messfeier können ohnehin nicht alle Lieblingslieder gesungen werden. Damit sich keine Gruppierung, Fraktion oder Person benachteiligt fühlt, müssen *alle* Spielarten der Kirchenmusik vorkommen, dürfen aber nicht dominieren. Beispiele:

(I) „Großer Gott, wir loben dich" (GL 257) ist für das Gespür vieler Katholiken mit kirchlichen Großereignissen wie erster hl. Kommunion, Fronleichnam und Kirchweihfest verknüpft. Es wird unnötig abgenutzt, wenn es häufiger an irgendeinem Sonntag im Jahreskreis gesungen wird (das gilt auch für Str. III zum *Sanctus*).

(II) In manchen Gemeinden werden Personen, die sehr gern Marienlieder singen, nicht zurechtgewiesen, wenn sie als Schlusslied (oder Kommunionlied) *jeder* Messfeier ein Marienlied aussuchen. Das werden Progressive nicht mögen, aber jeder Kirchgänger wird akzeptieren, wenn in festgesetzten Kirchenjahreszeiten, zum Beispiel im „Frauen-Dreißiger" (s. S. 96) sowie im Rosenkranzmonat Oktober am Ende jeder Messfeier ein Marienlied gesungen wird.

(III) Umgekehrt gilt: Wenn die inhaltlichen Voraussetzungen erfüllt sind, wird auch ein Konservativer akzeptieren, dass in jeder Messfeier von fünf Möglichkeiten mindestens eine durch ein „neues" geistliches Lied besetzt wird, damit auch die Liebhaber jazziger Rhythmen im Raum der Kirche auf ihre Kosten kommen.

Schließlich gilt es über die Sonntagsmessfeier hinaus zu denken: Wenn in einer Gemeinde ein bestimmtes Liedgut gepflegt und erhalten werden soll, bieten nichteucharistische Gottesdienstformen wie Volksandachten, auch in Form von Früh- und Spätschichten, vielfältige und häufig genug bessere Gelegenheit zu seiner Pflege.

Wert des Psalmengebrauchs

Grundsätzlich meine ich, der Streit zwischen den Befürwortern der „Gotteslob"-Lieder und jenen des neuen Liedgutes ist eigentlich zweitrangig. Denn diese wie jene enthalten bisweilen musikalisch verunglückte, aber gern gesungene Vertonungen von Texten, die versteckt oder offen von einer gesunden, maßvollen kirchlichen Lehrverkündigung abweichen oder diese bis zur Unkenntlichkeit verdrehen (das gilt besonders für Lieder, die Maria, das eucharistische Opfer oder die eucharistische Realpräsenz thematisieren). Inhaltlich und seelsorgerlich ist es ohnehin besser, auf den Psalter auszuweichen und die Gläubigen anzuregen, sich intensiver mit diesem auseinanderzusetzen. [89] Er führt die Menschen einerseits sehr intensiv in die unterschiedlichsten Facetten des Verhältnisses Gott – Mensch ein, anderseits werden viele Psalmen in der Liturgiefeier christologisch gelesen, ist die Christologie des Neuen Testamentes wesentlich Psalterchristologie. Wenn die Gläubigen sich intensiv mit dem Psalter befassen, wird das für ihr geistliches Leben und ihr Verständnis vom christlichen Glauben sehr nahrhaft sein.

Wenn in einer Kirche der Psalmengesang, mindestens zwischen den Lesungen, neu etabliert werden soll, empfiehlt es sich eventuell, für den Anfang die Commune-Texte für den Gesang des Antwortpsalmes zu nehmen, die sich im Anhang des Messlektionars für die Sonn- und Festtage finden. Dort sind Psalmen angegeben, die mit Responsum zu singen sind und eine ganze Kirchenjahreszeit gleichbleiben.[90] Einerseits erleichtert das den Kantoren die Vorbereitung, anderseits könnten die Gläubigen an geeigneter Stelle eingeladen werden, den Psalm zu Hause nachzulesen und ins persönliche Gebet hineinzunehmen. Das erleichtert die Einsicht in die Notwendigkeit der liturgischen Psalterlesung ungemein. Es empfiehlt sich, in einer Pfarrkirche jeden Psalm als *psalmus responsorius*, als Psalm mit Responsum, auszuführen, d. h. die Gemeinde jeweils lediglich den Kehrvers – vornehm gesprochen: das Responsum, den Antwortvers – singen zu lassen, die einzelnen Psalmverse aber dem Kantor bzw. der Schola zu übertragen.[91] Denn erfahrungsgemäß klingt ein gemeinsamer Sprechgesang, wie er bei der wechselchörigen Psalmodie in der klösterlichen Tageszeitenfeier ausgeführt wird, ohne häufige und intensive Gesangsprobe der Gemeinschaft nicht. Außerdem gehört zum Wesen der Liturgiefeier einfach dazu, dass es eine oder mehrere, dann auch halbwegs geschulte Personen gibt, die die komplizierteren Gesangspartien – in unserem Falle den Sprechgesang gemäß den gregorianischen Psalmtönen – ausführen, während die ganze Gemeinschaft das einfachere singt – in unserem Falle ein Responsum (dazu rechne ich auch die zahlreichen Kehrverse, die sich im „Gotteslob" finden) (LK 28 u. 30).

Allgemein gilt: Schon die unregelmäßigen Kirchgänger der Geburtsjahrgänge 1965–1975, ganz sicher aber alle Kirchgänger, die das fünfundzwanzigste Jahr noch nicht erreicht haben, können weder überkommene „Gotteslob"-Lieder noch „neues Liedgut" noch Choral singen. Da ist ein

Traditionsbruch geschehen, den sich kaum ein Seelsorger, eine Seelsorgerin, in aller Härte eingesteht. Darum ist es vielleicht ohnehin sinnvoller, mit den Gemeinden neu das Singen liturgiegemäßer Musik einzuüben. Aber wer tut das schon?

Wert des Latein

Obwohl die Liturgie-Konstitution wünscht, dass der Gebrauch des Latein in den lateinischen Riten beibehalten werden soll, soweit nicht Sonderrecht entgegensteht, gestattet sie, dass der Muttersprache ein weiterer Raum (als bis dahin) zugebilligt werde, besonders bei Schriftlesungen sowie einigen Gebeten und Gesängen (LK 36 § 1). Heute wird fast die gesamte Liturgie im deutschen Sprachraum in der Landessprache gefeiert, bei manchen Gelegenheiten geschmückt mit Liedtexten englischer Sprache. Latein spielt außerhalb mancher Klöster so gut wie keine Rolle mehr.

Gleichwohl werden Messfeiern in Ordenshäusern von Mitchristen, die sich einer Gemeinde mit würdiger, auch in Gehalt und Musik stimmiger Feier anschließen möchten, gerne besucht, und dabei stellt es kein Hindernis dar, wenn in diesen Feiern teilweise Latein verwendet wird, merkwürdigerweise auch nicht bei reformatorischen Christen. Auch als Religionslehrer mache ich die Erfahrung, dass Jugendliche mit Neugierde reagieren, wenn von der Möglichkeit die Rede ist, die ordentliche Messe in lateinischer Sprache zu feiern. Von daher bleibt die Frage, ob der derzeit im deutschen Sprachraum gegebene Zustand einer fast nur noch mutersprachlichen Liturgiefeier ein mit gesunder Vernunft begründbares Ideal ist.

Für mich ist die Frage, inwiefern die teilweise Verwendung des Latein als Liturgiesprache eine pädagogische Funktion haben kann. Längere lateinische Texte und Gesänge machen eher neugierig auf den Inhalt und verlangen mehr nach einer Erklärung durch eine sachkundige Person, als das bei deutschsprachigen Texten und Gesängen der Fall ist. Wenn es noch kirchlich engagierte Jugendliche gibt, befinden sich unter diesen gar nicht wenige mit schulischen Lateinkenntnissen. Wenn sie beginnen, die liturgischen Texte zu verstehen, wundern sie sich, mit wie wenig Worten diese Sprache sich ausdrückt, ganz anders als die gebräuchlichen modernen Sprachen einschließlich des Deutschen. So kommt es, dass selbst Jugendliche, die mit den Fremdsprachenfolgen Englisch–Französisch–Latein bzw.

Englisch–Französisch erzogen worden sind, eine wenigstens teilweise Verwendung des Latein als Sprache der Messfeier gutheißen und fordern – wenn für ganz Latein-Unkundige Zettel mit Übersetzungen verteilt werden und der Sinn der lateinisch vorgetragenen Texte und Gesänge wenigstens in Ansätzen von einer sachkundigen Person erklärt worden ist. Zwar sind in den letzten Jahrzehnten die Gemeinden zunehmend des Lateins entwöhnt worden, sodass eine Gemeinde die teilweise lateinische Feier erst wieder einüben muss, damit ein verstehender Vollzug möglich ist. Das Argument, lateinische Texte seien für eine Gemeinde unverständlich, trifft nur zu, wenn der Wortlaut in den Vordergrund gestellt wird, spielt jedoch kaum eine Rolle, wenn aus dem Bereich des „neuen" geistlichen Liedes Englisches gesungen wird, dessen Wortlaut ebenfalls keiner versteht. Warum soll die gleiche Gemeinde, die bisweilen *Kumba yah, my Lord* oder *When Israel was in Egypt's Land* singt, nicht auch *Gloria in excelsis* und *Pater noster* singen können?

Zuletzt gibt es noch einen kirchenpolitischen Gesichtspunkt: Die Sehnsucht manch eines Gläubigen, der, lateinkundig oder nicht, lediglich der nach dem Konzil verlorenen Beheimatung in der lateinischen *Missa sollemnis* oder *cantata* nachgetrauert hat, ist von traditionalistischen Geistlichen oder Laien ohne Hemmungen für wesentlich weitergehende kirchenpolitische Zielsetzungen ausgenutzt worden. Es besteht kein Automatismus, dass die lateinisch gesungene *Missa cum populo in cantu* nach dem *Missale* von 1970 auch würdig, erhebend und feierlich wird, besonders wenn sie in unwürdiger Hast heruntergeleiert wird (was es bekanntermaßen gerade bei der alten *Missa lecta* sehr häufig gegeben hat). Trotzdem bleibt zu überlegen, ob nicht manch ein Unterstützer traditionalistischer Gemeinschaften der Kirche des Zweiten Vatikanischen Konzils erhalten bliebe, wenn es etwas mehr Latein und insgesamt würdigere Liturgiefeiern gäbe.

Darum halte ich dafür, in Pfarrkirchen den sonntäglichen Hauptgottesdienst wenigstens alle vier Wochen halb lateinisch zu halten (dass die Schriftlesungen einschließlich des Psalms in der Landessprache sein müssen, ist klar). Voraussetzung dafür ist, dass für diese vier bis fünf Anlässe im Kirchenjahr passend Handreichungen vervielfältigt werden, die das Angebot machen, gegebenenfalls den lateinischen Text in deutscher Übersetzung nachzulesen.

Mit dem Plädoyer für die halb lateinische *Missa in cantu* soll nicht gesagt sein, dass bei der Wahl der Ordinariumsvertonungen eine bestimmte Epoche der Musikgeschichte bevorzugt werden soll. Unstrittig sollte aber sein:

Choral eignet sich als eine Vertonung oder besser als eine Unterstützung des Textes mit Tönen, die das Wort, häufig genug das Wort Gottes, hervorhebt, besonders gut als liturgischer Gesang.[92] Darum müsste er besonders gepflegt werden. Um den Choral auch in einfachen Verhältnissen pflegen zu können, ist eigens das *Graduale simplex in usum minorum ecclesiarum* geschaffen worden, nur ist es im deutschen Sprachraum leider kaum bekannt.

Ergebnis

Wird die Liedauswahl für die Messfeier in der skizzierten Weise wirklich durchgeplant, haben alle innerkirchlichen Fraktionen und Gruppierungen etwas davon.

Traditionalisten finden berechenbare, an der kirchenamtlichen Ordnung der Gemeindemessfeier orientierte Liedauswahl. Sie erfreuen sich des Lateins: Dieses wird nicht immer und in jeder Messfeier benutzt, aber doch mehr als in all den Jahren seit der Liturgiereform, über die man sich als Traditionalist damals wie heute so sehr erregt.

Progressive erfreuen sich der allmählichen substantiellen Veränderung des Frömmigkeitslebens der römischen Kirche, weil nicht nur in der Wortfeier, sondern auch in der Liedauswahl wegen des Psalmengesanges Gottes Wort mehr berücksichtigt wird. Die graduelle Zurückweisung des kirchenjahreszeitlichen Liedgutes dient der ebenso unverkürzten wie entschiedenen Verwirklichung der Anordnungen der konziliaren Liturgiereform. Außerdem fördert der Psalmengesang die geistliche Verbundenheit mit den getrennten Brüdern und Schwestern in den protestantischen und orthodoxen Kirchen.

Allgemein gilt: Die *Laienkatholikinnen und -katholiken* können sich in diese Ordnung bewusst und tätig einbringen, da sie immer nachvollziehbar ist: Der Gesang in der Messfeier ist nicht nur eine Sache eines hauptamtlichen Kantors, sondern aller, die sich in Chor, Orchester, Schola und Orgeldienst engagieren. Das gilt auch für *Kinder und Jugendliche* in der Kirche vor Ort, wenn sie bewusst in das kirchenmusikalische Bemühen der Erwachsenen integriert werden. Sie lernen eine stattliche Anzahl theologisch-geistlich sinnvoll ausgesuchter Gesänge und werden auch mit ausgewählten Stücken des Psalters vertraut.

VI. Ungenutzte Chance: die rechte Rollenverteilung

Zur Vollgestalt jeder Gottesdienstfeier gehört auch die rechte Verteilung von Rollen und Dienstämtern: Das Thema ist komplex, und darum ist weiter auszuholen.

Kirchliches Dienstamt und liturgische Dienste

Kirche

Die Kirche ist nach der Lehre des Zweiten Vatikanischen Konzils das Gottesvolk, das zur endzeitlichen Vollendung hin pilgert, geeint und geordnet unter den Bischöfen.[93]

Ordination und Konsekrationsvollmacht

Amt der Bischöfe ist zunächst, das Evangelium zu verkünden, sodann die Sakramentenfeier zu leiten und ihr vorzustehen. Wer es wahrnehmen will, muss ordentlich ins Amt (den *ordo*) eingesetzt sein. Der Fachbegriff für diese Amts-Einsetzung ist „Ordination", ein eher technisches Wort, im Gegensatz zu „Weihe", wie es im Deutschen gängig ist. „Weihe" *(consecratio)* deutet die Amtseinsetzung der Person geistig-geistlich aus, nämlich als ein Geheiligt-Werden (und deshalb auch Herausgehoben-Sein) aus der profanen weltlichen Umgebung (WK 1537 f.). Wenn die Ordination geschehen ist, dann, das stellt die kirchliche Lehrverkündigung sinnvollerweise fest, besteht ein seinshafter Unterschied zwischen dem Ordinierten und dem

Nicht-Ordinierten – ein Unterschied, der aber nicht so schwer wiegt wie der zwischen einer nicht getauften und einer getauften Person (WK 1581–1584). Das geistliche ordinierte Dienstamt ist eines von vielen Ämtern und Diensten, die es in der Kirche durch die Einwirkung des Heiligen Geistes gibt. Wichtig ist der Unterschied: Die Trägerinnen und Träger mancher Geistesgaben in der Kirche können, nach Prüfung durch das kirchenleitende Amt, tätig werden (KK 30), ohne dass ihre Ausübung im Detail rechtlich geregelt ist und ohne dass das Recht zur Ausübung *nur* durch Handauflegung und Gebet übertragen werden kann (so verhält es sich beispielshalber bei vielen ehrenamtlichen Helferinnen und Helfern, auch bei Religionslehrern und hauptamtlichen seelsorgerlichen Laienmitarbeiterinnen und -mitarbeitern). Bei den geistlichen Dienstämtern der Kirche (Bischof, Presbyter, Diakon) verhält es sich anders: Diese Ämter und die mit ihnen verbundenen Vollmachten können nur von Personen ausgeübt werden, die mit Handauflegung und Gebet ordiniert sind. Die Ordination ist verbunden mit der Berechtigung und Bevollmächtigung, die eucharistische Feier zu leiten und das Eucharistische Tischgebet vorzutragen, das alle mitbeten. Allein aus diesem Grund ist es ausschließlich der Bischof oder Presbyter, der die Vollmacht zu konsekrieren hat. Aber diese Vollmacht muss theologisch sehr sorgfältig reflektiert werden, denn die hl. Wandlung ist eigentlich nicht Folge eines Handelns des Vorstehers, sondern Folge eines Tuns des Gottesgeistes, wie die Epiklese innerhalb des Eucharistischen Tischgebetes verdeutlicht.[94] So gesehen ist es auch falsch, von der „Konsekration durch den Priester" zu sprechen. Richtig ist die Formel, der Geistliche „diene" dem Sakrament oder „erbitte" die Konsekration.

Die niederen Grade des Dienstamtes, Presbyterat und Diakonat, sind aus dem Bischofsamt ausgegliedert. Presbyter sind die Kollegen und Stellvertreter des Bischofs in der Leitung einer Ortskirche, und seine Helfer für alles, besonders aber für Caritas und Diakonie, die Diakone (KK 26–29). Wenn das ganze Gottesvolk voll und tätig an der Liturgiefeier, besonders eben der Eucharistiefeier, teilhat – in der Einheit des Gebetes und an dem einen Tisch, in einer Feier, der der Bischof vorsteht, der von seinem Presbyterium und den übrigen Ministri umgeben ist – dann wird die Kirche Christi auf eine vorzügliche Weise sichtbar (LK 41). Und ein Abbild der von einem Bischof geleiteten Ortskirche ist die Ortspfarrei, die räumlich verfasst ist unter einem Seelsorger, der den Bischof vertritt; „denn sie stell[t] auf eine gewisse Weise die über den ganzen Erdkreis verbreitete Kirche dar" (LK 42 Abs. II).

Dienste der Laien – Amt aller Gläubigen

Vom gemeinsamen königlichen Priestertum her, zu dem sie durch die hl. Taufe konsekriert sind, sind Laien auch sinnvollerweise zu liturgischen Diensten zugelassen.[95]

Im Gegensatz zur nachtridentinischen Regelung, die liturgische Laienhelfer lediglich als Ersatz für nicht vorhandene Kleriker unterer Ordinationsgrade angesehen hat, sagt die Liturgie-Konstitution: Auch Ministranten, Lektor, Kommentatoren, Sänger verrichten einen wahrhaft liturgischen Dienst. Und sie versäumt nicht die Mahnung: Deshalb müsse man (vermutlich die zuständigen Seelsorger oder sachkundige Laien aus der Ortsgemeinde) die Laiendiener der Liturgiefeier, jede Person nach ihrer Weise, sorgfältig in den Geist der Liturgie einführen und unterweisen, auf dass sie sich in rechter Art und Ordnung ihrer Aufgabe unterzögen (LK 29).

Alle Gläubigen sind eingeladen zur tätigen Teilhabe – zum tätigen Mittun in der Liturgiefeier durch Mitsingen und Mitbeten sowie durch den Mitvollzug der verschiedenen liturgischen Handlungen, bis hin zu Gesten und Körperhaltungen (LK 30 Satz 1; AEM 62 Abs. III; GORM 96). Dazu dürften auch das bewusste Stehen beim Gebet und die gemeinsam geübte Orantenhaltung bei Amtsgebeten wie dem Eucharistiegebet gehören, an die die Konzilsväter noch nicht gedacht haben. Es gibt in der Kirche nicht nur Personen, die der Heilige Geist mit der Amtsgnade versehen hat, das Evangelium zu verkündigen, der Sakramentenfeier vorzustehen sowie eine Teilkirche zu leiten – so die Bischöfe – oder ihrem Vorgesetzten, dem Ortsbischof, bem Ausüben seines Dienstes zu helfen – so die Presbyter – oder die liebevolle Zuwendung Gottes und Christi zu den Menschen auch außerhalb der Kirche zu leben – so die Diakone –, sondern auch solche, die besondere Gaben haben (1 Kor 12,8–10; 14,19) – durch die Kraft des Heiligen Geistes (LK 6 Abs. II).

Defizite bei der Ausübung liturgischer Dienste

Die rechte Verteilung der Rollen und Dienstämter innerhalb der Eucharistiefeier ist ein dorniges Problem, weil sich durch die Ungunst der Zeiten bei Geistlichkeit wie Gläubigen ein Umgang mit Rollen und Dienstämtern festgesetzt hat, der eigentlich nicht sachgemäß ist.

Veranstalter oder Vorsteher?

Innerhalb der römischen Kirche deutscher Zunge gibt es eine Mentalität, die es für normal hält, dass *der Presbyter*, der der Feier vorsteht, *Veranstalter* der Gemeindeversammlung ist, nicht die Gemeinde (Pfarrei) als institutionalisierte Kirche vor Ort. Das dürfte eine fatale Folge der mittelalterlich-frühneuzeitlichen Kirchenordnung sein, wie sie mit einer Spitze gegen die Anliegen der Reformatoren auf dem Trienter Konzil (1545–1563) bestätigt worden ist. Diese Kirchenordnung ist auch im Ritual der außerordentlichen römischen Messe abgebildet: Im *Missale* von 1570 setzt die Beschreibung der Messriten zwei Male mit *Sacerdos* ein, was klassisch-lateinisch „Priester, Opferpriester" bedeutet und im Kirchenlatein für den Bischof oder Presbyter steht, der der (als Opferdienst verstandenen) liturgischen Feier vorsteht. Im erneuerten „Messbuch" beginnt die „Allgemeine Einführung" in den Fassungen von 1970 wie 2002 mit den Worten: „Ist die Gemeinde versammelt […]".[96] Das ist eine klare Ansage: In der römischen Messfeier in ihrer außerordentlichen Gestalt ist die allein wichtige Person der Vorsteher, der *sacerdos*. Was die versammelte Gemeinde tut, ist im Grunde überflüssig. Einzig wichtig ist: Der Vorsteher muss den heiligen Text der Messordnung der Reihe nach mit den vorgesehenen Handlungen richtig ablesen, unterstützt in der Regel lediglich von einem meist lateinunkundigen Ministranten. Ob andere Diener der Liturgie – Diakon, Subdiakon, Kantor, Schola – den fraglichen Text gleichzeitig vortragen, spielt keine Rolle. Zur Gültigkeit ist ausschließlich das (in der Regel halblaute) Verlesen durch den Presbyter erforderlich. Diese Mentalität ist im Kirchenvolk über Jahrhunderte eingeübt und auch im Zusammenhang mit der Liturgischen Erneuerung des Zweiten Vatikanischen Konzils, die *theoretisch* und *rechtlich* auf anderen Grundlagen, dem Neuen Testament und den Kirchenvätern, fußt, häufig genug leider *faktisch* nicht verändert worden.

Hinter Ambo und Altar: Unterricht und Unterhaltung

Statt dessen agieren manche Presbyter hinter Ambo und Altar, als seien sie immer noch dazu verpflichtet, alle für die Gültigkeit des Rituals nötigen Texte der Reihe nach zu lesen: Ursprünglich hat die Einführung der Messfeier zum Volk hin sowie der Volksaltäre bezweckt, in der feiernden Versammlung den Geist der Gemeinschaft zwischen Vorsteher und Volk zu fördern. Im hier besprochenen Fall ist eine Fehlform entstanden: Die

Messfeier zum Altar hin ist geblieben, nur steht der Presbyter nun nicht mehr vor einem Altarbild, sondern vor der mitfeiernden Gemeinde, und zu seinem Schutz hat er eine halbhohe Mauer aus Stein – den Altar – mitgenommen. Bei einer solchen Struktur ist auch weiterhin in der Feier nur der Vorsteher wichtig: Die Versammlung betet nicht mit, sie bekommt das Gebet vorgelesen und hört nur zu, es wird nicht deutlich, dass sich Vorsteher und Volk gemeinsam im Gebet zum großen Gott wenden (das ist, wie oben, S. 35, gesagt, der unbestreitbare Vorteil der Feier nach Osten).

Weil die beschriebene Fehlhaltung über Jahrhunderte eingeübt ist, zeigt sich immer wieder in vielen Details des Der-Messfeier-Vorstehens verschiedenster Presbyter, dass es ihnen schwerfällt, als Diener – *ministri* – des göttlichen Mysteriums in der Mitte der Gemeinde zu agieren. Der Ambo, an sich ein Thron für das Gotteswort, das von ihm aus verkündet wird, wird zu einem Allzweckpult, von dem aus der Vorsteher der Versammlung alles tut, was von einem Veranstalter erwartet wird: Manch ein Presbyter, der leutselig veranlagt ist und sich etwas auf seinen Progressismus in der Seelsorge zugutehält, wünscht der Versammlung zur Begrüßung einen guten Morgen, spricht von liturgischen „Symbolen", was auch immer damit gemeint sei, leitet und lenkt die Kinder, die *Kyrie*-Rufe und Fürbitten vorzulesen haben, ist demonstrativ locker und wünscht am Ende allen „einen guten Sonntag und eine angenehme Woche", für welchen Wunsch sich gut erzogene Gemeinden dann auch artig mit einem müde gemurmelten „Danke gleichfalls!" bedanken.[97]

Presbyter und Evangelienverlesung

Zu dieser Fehlhaltung trägt auch bei, dass der Presbyter in der Messfeier das Evangelium liest, wenn kein Diakon amtiert. Alle Aufgaben, die nicht dem Vorsteher oder dem Diakon eigen sind, können auch geeigneten Laien anvertraut werden. Dazu gehören auch, dem Presbyter zu assistieren sowie der Dienst an „Messbuch" und Weihrauch, und, wenn nötig, „die Aufgaben anderer liturgischer Dienste, wenn sonst niemand da ist, der sie übernimmt" (GORM 107. 171 (dort das Zitat). 178 f.). Es fragt sich, warum alle diakonalen Aufgaben bis auf die, das Evangelium vorzulesen, bei Fehlen eines Diakons unterhalb der Ebene des geistlichen Standes gesammelt werden können, während die, das Evangelium vorzutragen, dem Presbyter vorbehalten bleibt. Deshalb muss der presbyterale Leiter der Feier entgegen dem Prinzip der Rollenverteilung diakonale Aufgaben übernehmen,[98] obwohl die „Grundordnung des Römischen Messbuchs" von 2002 sehr viel Wert darauf legt, dass die biblischen Lesungen von einem Lektor vorgelesen werden:

> „Der Lektor hat in der Eucharistiefeier eine eigene Aufgabe, die er selbst wahrnehmen muss." (GORM 99 = AEM 66 Abs. I)
> „Fehlt ein beauftragter Lektor, sind andere Laien zum Vortrag der Lesungen aus der Heiligen Schrift zu bestimmen […]" (GORM 101)

In diesem Punkt ist, meine ich, eine Korrektur der Vorschriften dringend erforderlich: Ein Lektor, eine Lektorin sollte mit dem Verkünden des Evangeliums beauftragt werden, damit der Presbyter sich zunächst auf das Hören des Wortes Gottes konzentrieren kann, bevor er es auslegt. Denn im Tiefsten ist es nicht sein Dienstamt, das Wort Gottes zu *lesen*, sondern es in der Homilie *auszulegen* und *dadurch* zu verkünden (GORM 93).

Kaum eine Vielfalt liturgischer Dienste

Leider bleibt festzuhalten: Eine Verteilung der Rollen und Funktionen innerhalb der Messfeier im Anschluss an die Missbräuche der gelesenen Messfeier *(Missa lecta)* in der außerordentlichen Gestalt hat sich leider gar nicht selten gehalten. Daran ändert auch der Einsatz der Kommunionhelfer und Lektoren nichts. Zumindest die Aufgabe der Letzteren zieht im Zweifel der Presbyter wieder an sich. So habe ich einmal in einer Vorabendmesse erlebt, dass zwar ein anwesender Diakon das Evangelium vorlas – wie es sich gehört –, vorneweg aber der vorstehende Presbyter die Lesung, angeblich weil der eingeteilte Lektor kurzfristig erkrankt war. Wie auch immer die sachlich naheliegende Lösung wäre dann, auch noch fünf Minuten vor Beginn der Feier, einen Laien, der in der Kirchenbank sitzt, mit dem Vorlesen zu betrauen.

Die römische Kirche im deutschen Sprachraum kennt den ehrenamtlichen Kantor kaum, denn früher ist im deutschen Sprachraum der Musikdienst in der Messfeier dem Volksschullehrer überlassen worden,[99] und obwohl seit der Begründung der Mittelpunktschulen in den späten Sechziger- und Siebzigerjahren dieses nebenamtliche Diensttun selten geworden ist, ist es nicht in einen ehrenamtlichen Kantorendienst ausgeweitet worden.

Die Fixierung auf den Vorsteher bleibt, die in manchen Gemeinden so weit geht, dass der Vorsteher selbst den Kantorendienst übernimmt – im Grunde genommen ebenfalls eine Fehlform.

Für eine gesunde Vielfalt liturgischer Dienste

Um der skizzierten Mentalität und den Missbräuchen, die sie mit sich bringt, abzuhelfen, hilft nur eine neue Besinnung auf die Lehrverkündigung des Zweiten Vatikanischen Konzils.[100] An Aufgaben und Diensten in der Messfeier zählt die „Grundordnung" des „Messbuchs" im Einzelnen auf

(I) als Ämter des geistlichen Dienstamtes Bischof, Presbyter und Diakon,

(IIa) als Aufgabe des Volkes Gottes, eine „königliche Priesterschaft" zu bilden, die Gott Dank sagt und gemeinsam mit dem ordinierten Vorsteher die „makellose" Opfergabe darbringt und gemeinsam am Tisch des Herrn Teil hat,

(IIb) als besondere Dienste im Volk Gottes im Wesentlichen den beauftragten Akolythen (griech. für „Altardiener") und Lektor, jene, „die das Kreuz, die Kerzen, das Rauchfass, das Brot, den Wein und das Wasser tragen", die Kommunionspender, Psalmsänger, Schola oder Chor, Kantor oder Chorleiter, Sakristan und die Kollektanten. Die „Grundordnung" empfiehlt auch, dass wenigstens in Bischofs- und größeren Kirchen ein Zeremoniar für eine angemessene Ordnung und würdige Ausführung der Liturgiefeiern sorgt (GORM 92–105; vgl. AEM 59–69).

Charismenpflege

Das bedeutet in praktischer Hinsicht für die Seelsorgsarbeit: In jeder Ortsgemeinde gibt es Personen, die über die entsprechenden Talente und Fähigkeiten für den Ministranten-, Lektoren-, Kantoren-, Choralsänger-, Organisten-, Chorleiter-, Kommunionhelferdienst und das Diakonenamt verfügen. Die Seelsorgerinnen und Seelsorger, besonders die Presbyter, haben Pflicht und Schuldigkeit, unter den ihrer Sorge anvertrauten Christinnen und Christen die Talente und Fähigkeiten zu entdecken, die vom Heiligen Geist verliehene Gnadengaben sein könnten,[101] und „[d]ie Gläubigen sollen sich nicht weigern, dem Volk Gottes freudig zu dienen, wann immer sie gebeten werden, bei der Feier einen besonderen Dienst oder eine Aufgabe zu übernehmen" (GORM 97; vgl. AEM 62 Abs. IV).

Wichtig ist in diesem Zusammenhang eine langfristige Nachwuchspflege. Ganz grundsätzlich gilt: Es fehlen echte Vorbilder eines tiefer erfahrenen (und vielleicht auch reflektierten) christlichen Glaubens unter den Erwachsenen, besonders den zwanzig- bis fünfzigjährigen, die Jugendlichen und Heranwachsenden selbstredend näherstehen als Senioren. Davon abgesehen gibt es trotzdem viel Gutes und Sinnvolles zu tun. Obwohl etwa viele Klagen zu hören sind über einen Mangel an wirklich einsatzbereiten und kundigen Ministranten und Orgelschülern bzw. Organisten, tun Seelsorgerinnen und Seelsorger, Religionslehrkräfte und Kirchenmusikerinnen und -musiker viel zu wenig, um dem beklagten Missstand abzuhelfen.

Beispiele:

(I) Ein erster Ansatzpunkt dazu ist der möglichst regelmäßige Kirchgang am Sonntag mit der ganzen Familie, auch wenn die Kinder gerade so eben das Kindergartenalter erreicht haben: Dann nämlich ist Kindern von vornherein klar, dass der Sonntagskirchgang und das Mittun in der Gemeinde zum Leben dazu gehören.

(IIa) Obwohl die überfüllten Nachmittagspläne heutiger Schulkinder eigentlich dazu zwingen, kommen kirchlich interessierte Eltern viel zu selten auf die Idee, für ihre Kinder nach der ersten hl. Kommunion einen Platz für das Mittun in der kirchlichen Jugendarbeit (Jugendverbandsarbeit, Ministranten, …) freizuhalten.

(IIb) Die Gemeinden müssten Kinder aus dem ersten und zweiten Schuljahr mit einfachen Formen des Ministrantendienstes („Flambeaux-" oder „Fackelträger") und entsprechenden Gruppenstunden werben, bevor Sport- und Fußballvereine die Kinder in Beschlag nehmen.

(III) Kirchlich interessierte Eltern kommen viel zu selten auf die Idee, ihre Kinder – auch die Buben – im Kinder- und später im Jugendchor einer Kirche mitsingen zu lassen. Kirchenmusiker kommen zu selten auf die Idee, eine Knabenschola zu gründen, um den Jungen die Scheu vor dem Singen in einer Gemeinschaft zu nehmen. Ministrantinnen und Ministranten, die auf Initiative ihrer Eltern das Klavierspiel lernen, erhalten viel zu selten die Anregung, Orgelunterricht zu nehmen und sich auf Dauer in der Kirche als Nachwuchsorganist zu engagieren. – Mit Sicherheit gibt es noch mehr Möglichkeiten, eine pfarrliche Kinderarbeit zu organisieren, die die Kinder aus kirchlich interessierten Familien schon zu Beginn ihres Bildungsweges intensiv in das soziale Netzwerk einer Pfarrgemeinde einbezieht. Ohne dieses Einbezogen-Sein ist ein gleichzeitiges oder späteres Mittun in der Liturgiefeier nicht denkbar.

Nachwuchspflege und Sorge um geistliche Berufe[102]

Leider brechen viele junge Katholikinnen und Katholiken an der Schwelle zum Jugendalter, wenn sie das vierzehnte, fünfzehnte Lebensjahr erreicht haben, ihren Einsatz in Kirche und Liturgiefeier ab. Die Kinder, die mit zwölf, dreizehn Jahren noch da sind, werden nach meinen Beobachtungen zu selten als *große* Kinder angesprochen und mit Aufgaben betraut, die altersgemäß sind und ihrer gewachsenen Selbstständigkeit und anderen Fähigkeiten entsprechen. Hier müssten jüngere Seelsorgerinnen und Seelsorger ansetzen. Von diesem Alter an ist es sehr wichtig, die Personen eng ins soziale Netzwerk der Kirche einzubinden, unter Umständen ganze Peergroups und Cliquen immer wieder mit Aufgaben zu betrauen, einzuladen, zum Mitmachen zu ermuntern. Das geschieht viel zu wenig, weil das pädagogische Arbeiten mit Puberticrenden anstrengend ist. Seelsorgerinnen und Seelsorger müssten auch längerfristig (mindestens fünf Jahre) sich für die ihnen anvertrauten Jugendlichen interessieren, sie begleiten und anleiten (es wäre Aufgabe der Bischöflichen Ordinariate, dafür zu sorgen, dass das geht). Presbyter sind in ihrer Ehelosigkeit sogar freigestellt für diese Arbeit. Ihr ganzes Leben soll spüren lassen, dass ihnen Lebensstand und Beruf tiefe Freude bereiten. Wenn ein Presbyter seinen Dienst am Tisch des Herrn vollzieht und dabei nur das und all das würdig, aufmerksam, in geistlicher Sammlung und mit spürbarem Ernst tut, was ihm aus der Natur der Sache und gemäß den liturgischen Regeln zukommt, wird es auch immer wieder junge Männer geben, die den Presbyterberuf (auch wegen des darin enthaltenen engen Umgangs mit dem Heiligen) für so faszinierend halten, dass sie ihn ergreifen wollen. In diesem Punkt müssten sich Presbyter trauen, was in allen anderen lehrenden Berufen auch geschieht: darauf achten, dass sie immer wieder geeignete Bewerber für den eigenen Beruf finden.

In Bezug auf ältere Jugendliche (bzw. junge Erwachsene, für Sechzehn- bis Einundzwanzigjährige) gilt im Allgemeinen: Immer wieder sind Klagen zu hören über den Mangel an interessierten Jugendlichen in den Ortsgemeinden. Trotzdem zeigt sich bei manchen für Jugendarbeit zuständigen Seelsorgerinnen und Seelsorgern nicht selten ein bedauerlicher Mangel an intellektuellen und argumentativen Fähigkeiten, um Jugendlichen Rede und Antwort zu stehen. Es mangelt an der Bereitschaft, sich als ganze Person hineinzugeben in ein soziales Netz, das Jugendliche gern knüpfen und das sie brauchen, um in der Kirche mit Freude mitzutun. Auch zeigen nicht wenige Seelsorgerinnen und Seelsorger, besonders Presbyter, zu wenig

Kreativität, um Jugendlichen durch die Übernahme von Diensten und halbwegs eigenständigen, verantwortlichen Tuns auch in der Liturgiefeier eine Glaubensheimat zu geben, die dann auch weiter trägt. In der gängigen Seelsorgepraxis werden Personen, die sich weder für einen geistlichen Beruf interessieren noch junge Eltern sind, sträflich vernachlässigt, obwohl gerade in diesem Lebensabschnitt wegen der Berufs-, Standes- und Partnerwahl wichtige Entscheidungen anstehen. Viele Kinder und Jugendliche werden von Glauben und Kirche nicht erreicht. Es kommt darauf an, denen, die noch erreicht werden können, Glaube und Kirche so lebendig und attraktiv zu machen, dass sie auch dann, wenn sie von zu Hause aufgebrochen sind, den Kontakt zur Kirche vor Ort in neuen Lebenssituationen und Wohnorten suchen und wieder anknüpfen.[103]

Nachwuchspflege bei den Erwachsenen

Wenn Menschen – vielleicht im Umfeld der Familienmessen – nach Berufsausbildung und Familiengründung etwas mehr Zeit und Energie für ehrenamtliche Dienste finden, sollten sie angesprochen werden, ob sie nicht als Lektor oder Kommunionhelfer dienen könnten. In vielen Ortsgemeinden ist der Stamm derer, die diese Dienste seit der ersten euphorischen Umsetzung der konziliaren Reform über Jahrzehnte wahrgenommen haben, fast achtzig Jahre alt. Eine Verjüngung ist dringend geboten. In Ortsgemeinden sollte an sich immer auf eine kontinuierliche Nachwuchspflege auch bei Lektoren und Kommunionhelfern geachtet werden.

Generell bedarf es der Werbung und Ausbildung für den Kantorendienst, der Männern wie Frauen offen steht. Wenn ein Presbyter sicher singen kann und selbst öfter den Kantorendienst tut, ist das zwar für den Augenblick löblich, hilft aber auf Dauer nicht. Die Notwendigkeit von Urlaubs- und Krankheitsvertretungen mit eingerechnet, braucht eine Kirche einen Stamm von drei bis sechs Kantorinnen und Kantoren, allein um die Hauptgottesdienste abzudecken.

Schließlich gibt es, wenn ich recht sehe, zu wenige nebenamtliche Diakone für soziale, karitative und katechetische Aufgaben, die auch in den Liturgiefeiern dienen. Auch beim Diakonenstand scheint eine Verjüngung geboten. Es hat wohl Sinn, für je zweitausend eingetragene Katholikinnen und Katholiken einen Diakon zu planen und auch zu gewinnen. Wenn in der Zwischenkriegszeit eine höhere Schule mit vierhundert Katholiken mit einem Presbyter im Schuldienst seelsorgerlich nicht überversorgt war, bedarf nach dieser Faustregel eine große Schule wenigstens für je fünf- bis sechshundert Katholiken eines nebenamtlichen Diakons. Das wären an jedem Gymnasium, jeder Gesamtschule, jeder Berufsschule mit über eintausend Schülern zwei Diakone.

Für eine Neubesinnung auf spezifisch presbyterale Aufgaben

Pfarrer als Gemeindeleiter

Dass Presbyter die Leitungsrolle ausfüllen, die ihnen zugewiesen ist, müsste selbstverständlich sein. Zum Wahrnehmen der Leitungsrolle gehört auch, die Seelsorge, das Miteinander und die Liturgiefeier in einer Gemeinde weiterzuentwickeln, um „das christliche Leben unter den Gläubigen mehr und mehr zu vertiefen" und „die dem Wechsel unterworfenen Einrichtungen den Notwendigkeiten unseres Zeitalters besser anzupassen" (LK 1). Dazu gehört auch das längerfristige Projekt einer Messreform auf der Ebene der Pfarrei. Wenn ein Presbyter diesen Weg nicht allein gehen, sondern Laien darauf mitnehmen möchte, finden sich mit Sicherheit Personen, die sich davon überzeugen lassen. Nach und nach werden alle geistig aufgeschlossenen Personen einer Gemeinde bewusster und sachkundiger die Eucharistie mitfeiern oder liturgische Dienste in ihr tun, ihre Kenntnis und Liebhaberei innerhalb der Pfarrei Kreise ziehen und die nachwachsende Generation erreichen.[104]

Dabei müsste ein Pfarrer – was mancher Pfarrpresbyter zu befürchten scheint – nicht vor dem Charisma der Laien klein beigeben. Er hätte die Aufgabe, vor dem Hintergrund der kirchlichen Richtlinien die Ideen, Anliegen und Talente der einzelnen Mitwirkenden in die Pfarrgemeinschaft zu integrieren.[105] Ein Beispiel: Musik und Gesang ist ein Bereich, in dem die emotionale Ebene der Religion sehr stark zum Ausdruck kommt. Wenn nun, wie ich es S. 95–97 vorschlage, die Gesangsstücke nach klaren Regeln und Normen ausgesucht werden und alle Musikstile in wohlgeordneter Mischung in jeder Liturgiefeier vorkommen, dürften Konservative wie auch Progressive zu ihrem Recht kommen. Dann wäre von der Pfarrei her wenigstens eine Regel geschaffen, deren konsequente Einhaltung es – neben anderen Dingen – allen ermöglicht, in der Kirche vor Ort langfristige Beheimatung zu finden. Es ist Aufgabe des Pfarrers sowie seiner Mitarbeiterinnen und Mitarbeiter in der Seelsorge, darauf zu achten. In Ortsgemeinden gibt es viel zu oft Aufregung, die eigentlich gar nicht vonnöten ist, weil hauptamtliche Seelsorgerinnen und Seelsorger sinnvolle Verfahren zur Beschlussfassung und -umsetzung missachten oder gar nicht erst etablieren.

(I) Um unterschiedliche Charismen – wozu ich auch die verschiedenen liturgiepolitischen Einstellungen zähle – in die Gemeinschaft der Pfarrei zu integrieren, bedarf es hoher Aufmerksamkeit für das rechte Maß, die rechte Mitte. Auf allen Seiten – bei Pfarrer und Geistlichen, haupt- wie ehrenamtlich tätigen Laien – sind Selbsterkenntnis und Wahrhaftigkeit sehr wichtig. Selbsterkenntnis: Jede Person, die im Gemeindeleben mittun möchte, muss ihre Stärken und Schwächen kennen. Wer in liturgischen Fragen ohne Sachkenntnis ist, sollte sich dazu nicht äußern und auch nicht im Sachausschuss Liturgie eines Pfarrgemeinderates mitwirken. Wahrhaftigkeit: Wichtig ist, zu den eigenen Stärken und Schwächen zu stehen. Wer in liturgischen Fragen die Aufmerksamkeit für das rechte Maß, die rechte Mitte verloren hat, muss sich selbstkritisch fragen, ob er sich im Rahmen der Ortsgemeinde noch zu liturgischen Fragen äußern sollte.

Aufgabe besonders des Pfarrers und seiner Mitarbeiterinnen und Mitarbeiter ist es, für die Aufmerksamkeit für das rechte Maß zu sorgen und sie zu bezeugen. Zeuge des rechten Maßes kann ein Pfarrer aber nur sein, wenn er sich an die von ihm oder in der Dienstbesprechung aufgestellten Regeln hält: Es ist weder für einen Konservativen noch für einen Progressiven besonders attraktiv zu hören, dass es zwar in Bezug auf das Aussuchen der Gesänge klare Regeln gibt, wenn er immer wieder feststellen muss, dass diese nicht eingehalten werden. Unter Umständen muss ein Pfarrer, müssen Seelsorgerinnen und Seelsorger sehr bewusst ihre eigene Linie befolgen. Jeder Presbyter, der vor Ort arbeitet, findet sich des öfteren in der manchmal undankbaren Rolle des hl. Paulus, der fünf Worte mit Verstand geredet hat, um andere zu unterweisen (1 Kor 14,19). Das halte ich für eine sinnvolle Verwirklichung des Auftrages an jeden Presbyter, der Einheit der Gemeinde zu dienen.

(II) Presbyter, Seelsorgerinnen und Seelsorger, auch Kirchenmusikerinnen und -musiker müssen ihre Arbeit genau und sorgfältig erledigen. Weiter unten, S. 134–138, liste ich auf, auf welche Einzelheiten in jeder Messfeier zu achten ist, damit alle Messfeiern in rechter Ordnung gehalten werden können.

(III) Schwierig scheint der Umgang mit Gremien (Pfarrgemeinderat und Sachausschuss Liturgie) zu sein. Im Gegensatz zu den späten Sechziger- und Siebzigerjahren, als es in den Ortsgemeinden eine Aufbruchsstimmung gab, gehören den Gremien nicht mehr unbedingt die kompetentesten und fähigsten Personen an. Darum haben die Seelsorgerinnen und Seelsorger die Aufgabe, Sachkenntnis zu schaffen, bevor die inhaltliche Arbeit beginnen kann. Sicher ist es von Vorteil, wenn die Kandidatenliste für den Pfarrgemeinderat aus sachkundigen Personen zusammengestellt wird. Wenn wirklich sachkundige Personen mitarbeiten, stellt sich für die Seelsorgerinnen und Seelsorger die Frage, ob sie diese Personen als Handlanger ohne eigene Entscheidungsbefugnis und die Möglichkeit mitzudenken tätig sein lassen möchten oder nicht. Das muss man sich überlegen: Im ersten Fall verlassen die kompetentesten und fähigsten Kräfte auf Dauer die Gremienarbeit in einer Pfarrei. Der Kirche geht intellektuelle Kapazität verloren, und ihre viel beklagte Verengung auf bestimmte Milieus, besonders das der bürgerlichen Mitte, verstärkt sich.

Die Möglichkeit mitzudenken räumen die Seelsorgerinnen und Seelsorger dem Sachausschuss Liturgie und dem Pfarrgemeinderat in jedem Fall ein, wenn sie ihn bei der pfarreiinternen Messreform informieren und um Diskussion bitten. Das gilt in jedem Fall für die unten bei den Gedankensplittern S. 138, genannten größeren Reformvorhaben: Wiedergewinnung der Kelchkommunion, wirkliches Brot und wirkliche Brotbrechung, hl. Kommunion im Kreis um den Tisch des Herrn, Ausweitung der erneuerten Messgestalt auch auf die hohen Feste. Das Allermeiste, besonders die Details, die auf S. 134–137 aufgelistet sind, werden die Seelsorgerinnen und Seelsorger mit sich selbst ausmachen müssen und der Gottesdienstgemeinde durch sinnvolle Katechese und konsequente Umsetzung nahebringen müssen.

(IV) Schwierig scheint auch der Umgang mit Querdenkern. Trotzdem lohnt sich der Versuch, sie in das liturgische Leben der Pfarrei zu integrieren. Ein Beispiel: Wenn ein Altphilologe kommt und dafür streitet, dass die gesamte Liturgiereform nichts getaugt hat und von daher regelmäßig die außerordentliche Messe gehalten werden müsste, müsste er gefragt werden, ob er nicht sein Talent in positive Arbeit umsetzen möchte. Das soll heißen: Wenn er gut singen kann, soll er zur Schola und ein bis zwei Mal im Monat im Choralamt mitsingen. Außerdem könnte er Handzettel gestalten, in denen der lateinische Text mit Noten und klein gedruckter deutscher Interlinearübersetzung abgedruckt ist. Dass er dann in der Messfeier Mundkommunion praktiziert und den Kelch nicht nimmt, wird die Pfarrgemeinschaft ertragen können. Für einen traditionalistisch gesinnten Katholiken sollte es auch eine Ehre sein, wenn Vierzigstündiges Gebet ist, frühmorgens zwischen sechs und sieben Uhr als Vorbeter zu dienen und abends bei der Schlussandacht mit seiner Familie zu erscheinen! –

Sicher ist es schwierig, wenigstens für liturgische Dienste genügend Laienkräfte zu finden. Bei vielen Geistlichen und Gläubigen ist die nackte Tatsache unserer Situation noch nicht so recht angekommen: Erwachsene, die jünger sind als vierzig Jahre (Geburtsjahrgang 1967 und jünger), pflegen kaum noch den Sonntagskirchgang, und sie sind in der Regel beruflich stark eingebunden, immer häufiger beide Ehepartner. Hinzu kommt die zeitliche Beanspruchung durch den Terminplan der Kinder und der Schule. Das Ergebnis: Erwachsene, die jünger sind als vierzig, können kaum noch Zeit erübrigen für ehrenamtliche Engagement in der Kirchengemeinde. Wegen der wachsenden Mobilität hat auch nicht jedes Paar eine Großmutter zur Verfügung, und ein Aufpass-Mädchen kostet Geld, Geld, das knapp ist. Weil die Unter-Vierzigjährigen nur wenig Zeit erübrigen können, werden die ehrenamtlichen Engagements in den Gemeinden (Pfarrgemeinderat, Gemeindekatechese, liturgische Dienste), immer häufiger von Personen ausgeübt, die aus dem Arbeitsleben ausgeschieden sind, oder von Personen, die nach der Kinderphase den Anschluss an das Arbeitsleben nicht mehr gefunden haben, weil ihre Qualifikation zu schlecht ist. Sie suchen Zeitvertreib und soziale Bestätigung im kirchlichen Bereich, haben aber leider oft nicht die nötige Sachkenntnis, was Glaube und Kirche angeht. Querdenker sind in diesem Harmonie suchenden Milieu bürgerlicher Mitte selten zu finden: Es findet eine Negativ-Auslese statt. Darum verkrusten die inhaltlichen und sozialen Strukturen in einer Ortsgemeinde. Trotzdem ist es Aufgabe des Pfarrers und der Seelsorgerinnen und Seelsorger, diesen Trends entgegenzusteuern. Wenn das nicht gelingt, verliert eine lebendige und attraktive Liturgiefeier auf Dauer die soziale Basis.

Grundsätzlich gilt: Es ist immer wichtig, auf die Langzeitwirkung von Reformvorhaben zu achten. Es hilft nicht, das eine oder andere Projekt durchzuführen. Das öffentlich wahrnehmbare Antlitz der Kirche wird sich nur verändern, wenn die einmal gesetzten Reformschritte lange Zeit, mindestens drei Jahre, konsequent beibehalten werden. So lange nämlich braucht es, bis die ersten Früchte von Reformschritten sich zeigen und gemeindeinterne Nörgler zu überzeugen vermögen.

Lehrer der Ehrfurcht[106]

Allen Beteiligten sollte es wichtig sein, die rechte Ehrfurcht vor Gott und dem ihm Geheiligten zu üben und zu bezeugen. Davon hängt sehr vieles ab, beispielsweise auch ein würdiger Vollzug der hl. Kommunion. In der Praxis sind allzu routinierte Kommunionen zu beobachten. Der eucharistischen Realpräsenz des Herrn gewärtig wird eine Person nur sein, wenn sie sich klargemacht hat, wem sie gegenüber tritt und wer sich ihr in seinem hl. Leib und Blut gibt. Diesem Sich-klar-Machen wiederum hilft eine gesteigerte Aufmerksamkeit für die vielfachen Weisen der Gegenwart des Herrn (LK 7 Abs. II), die sinnvoll ihren Ausdruck findet, wenn alle Gläubigen, wenn sie am Tabernakel vorbeigehen, eine Kniebeugung vollziehen und, wenn sie die Zentralachse des Kirchenraumes queren, eine tiefe Verneigung zum Tisch des Herrn hin – selbst wenn die Zeit knapp scheint. Ich selbst habe Ehrfurcht nicht durch Erklären gelernt, sondern mit Hilfe des Vorbildes meines Heimatpfarrers, der eine Kniebeugung machte, wenn er den Kirchenraum betrat, und eine weitere, wenn er am Altar vorbeiging. Ich praktiziere diese Zeichen der Verehrung auch, allerdings nach Brauch der Zisterzienser in eine tiefe Verneigung umgewandelt, und ich merke, dass auch einzelne meiner Schüler, wenn sie öfter gemeinsam mit ihrem Lehrer im Kirchenraum etwas zu tun haben, diesen Brauch annehmen. Besonders in Verbindung mit heiligem Schweigen im Kirchenraum ist das eine gute Möglichkeit, ehrfürchtiges Benehmen zu üben und zu bezeugen. Eine Kirche ist keine Bahnhofshalle, auch nach Familienmessen und Festtagsämtern nicht. Dass sie nicht dazu wird, müsste ein tiefes Anliegen aller Gemeindeglieder sein. Dazu braucht es allerdings Zeugen der Ehrfurcht, und erstberufene Zeugen dieser Ehrfurcht sind jene, die in der Ortsgemeinde von Amts wegen viel Kontakt zum Heiligen haben: der Pfarrer und die Geistlichen, aber auch die hauptamtlichen Laienkräfte.

Hüter der rechten Ordnung[107]

Leider neigen manche Pfarrpresbyter dazu, aus „pastoralen Gründen" sachlich nicht gerechtfertigte Veränderungen der Liturgie- und besonders der Eucharistiefeier zuzulassen. Die Anordnung des Konzils, die Messordnung solle so überarbeitet werden, „dass der eigentliche Sinn der einzelnen Teile und ihr wechselseitiger Zusammenhang deutlicher hervortreten und die fromme und tätige Teilhabe der Gläubigen erleichtert wird" (LK 50), wird zu selten genau beachtet.

Denn nicht alle Anliegen, die in den Ortsgemeinden für richtig befunden werden, sind es auch. So sind eine Reihe liturgischer Neuerungen mit Langzeitwirkung, als sie eingeführt worden sind, den Gläubigen fälschlicherweise als Gewinn nahegebracht worden. Beispiele dafür sind etwa

(I)   die Verkürzung und Vorverlegung der Osternachtfeier in den Karsamstag hinein,

(II)   die *Missa lecta* mit Rücken zum Volk ebenso wie

(III) die Nicht-Austeilung des Kelches an die Laien,

(IV)   die eucharistische Aussetzung,

(V)   die Klerikalisierung der Tageszeitenfeier usw.[108]

Als all dieses Unkraut ausgesät wurde, müssen die Hirten der Kirche geschlafen und sich ausgeruht haben.[109]

Die genannte Forderung der Liturgie-Konstitution wäre an sich gerade in so genannten katechetischen Messfeiern zu beachten. Denn diese beanspruchen, mit besonderen Gestaltungselementen den Menschen von heute zu erreichen. Mitnichten: Leider legen sich gerade die experimentellen, aktualisierenden Elemente auf das an sich klare und verständliche Bild der Messordnung und verdunkeln es. Sicher, die prägnanten und inhaltlich außerordentlich gefüllten Texte und Handlungen des ursprünglichen stadtrömischen Ritus, so weit er rekonstruierbar ist, sind nur schwer nachzuvollziehen. Ein jeder zöge ihre Auseinanderfaltung vor. Trotzdem lohnt es sich wegen des Respektes vor der geistlichen Freiheit der mitfeiernden Einzelperson, die altrömischen Bestandteile der Liturgiefeier zu pflegen, die frühmittelalterlichen Zutaten auszuscheiden und sie auch vor dem Hintergrund zeitgenössischer Religionspädagogik nicht wieder zu erneuern.

Rechte Ordnung: Schutz der Laien

Wie gesagt: Ein Geistlicher hat, Seelsorgerinnen und Seelsorger haben die Pflicht und Schuldigkeit, Gehorsam gegenüber der liturgischen Ordnung der Kirche zu üben, weil die liturgische Ordnung eine allen Gläubigen gemeinsame Sache ist: Niemand, und sei er auch Bischof oder Presbyter, darf nach eigenem Gutdünken in der Liturgie etwas hinzufügen, wegnehmen oder ändern (LK 22 § 3; CIC 1983, can. 846 § 1). Die liturgische Ordnung ist zum Schutz des priesterlichen Gottesvolkes vor der Willkür der Haupt- und Nebenamtlichen da. Darum hat die

> „tatsächliche Vorbereitung jedweder liturgischer Feier [...] einvernehmlich und mit Hingabe unter Mitwirkung aller Beteiligten gemäß dem Messbuch und den anderen liturgischen Büchern zu geschehen, sowohl hinsichtlich des Ritus als auch im Hinblick auf Pastoral und Musik. Dabei steht dem Kirchenrektor [im Normalfall dem Pfarrer] die Leitung zu, wobei die Gläubigen in den Dingen, die sie unmittelbar betreffen, gehört werden." (GORM 111)

Zu Letzterem sollen die Überlegungen dieses Buches beitragen.

Ergebnis

Wird die Eucharistie in der skizzierten Weise wirklich erneuert gefeiert, haben alle innerkirchlichen Fraktionen und Gruppierungen etwas davon.

Traditionalisten finden berechenbare Ordnung der Dienste und Ämter, in der vor allem dem Vorsteher der Messfeier bzw. dem Pfarrer genügend Gewicht und unumstößliche Amtsgewalt zukommt. Er tut all das, was er tun muss bzw. kann, und wird auch nicht von Laienkatholiken und -katholikinnen mit besonderer Redegabe aus seiner Rolle verdrängt.

Progressive erfreuen sich der allmählichen substantiellen Veränderung des kirchlichen Lebens, weil Laienkatholiken und -katholikinnen bewusst und entschieden in der Messfeier besondere Dienste, die aus ihrem je persönlich von Gottes Geist geschenkten Charisma hervorgehen, ausüben, und sie dabei all das, aber auch nur das tun, was ihnen von ihrem je besonderen Dienst her zukommt.

Allgemein gilt: Die *Laienkatholikinnen und -katholiken*, und besonders *Kinder und Jugendliche* in der Kirche vor Ort, können erleben, was Kirche wirklich ist: das Gottesvolk, das zur endzeitlichen Vollendung hin pilgert, geeint unter den Bischöfen, deren Mitarbeiter die Presbyter sind, was in vorzüglicher Weise sichtbar wird, wenn in der Bischofs- oder einer Gemeindekirche die ganze Versammlung, unterstützt von Dienerinnen und Dienern der Liturgiefeier, die der Heilige Geist mit seinen Gaben beschenkt, Eucharistie feiert. Und im Glauben Heranwachsende werden mit Umsicht und Entschiedenheit dazu angeleitet und ermutigt, in der Liturgiefeier Dienst zu tun.

VII. Ungenutzte Chance? Die Nachteile der außerordentlichen Messfeier

Wie schon in der Einleitung erwähnt (S. 18f.), hat Papst Benedikt XVI. mit dem Motuproprio *Summorum Pontificum* vom 7. Juli 2007 die alte Messe aufgewertet, einen rechtlichen Rahmen für ihren *häufigeren* Gebrauch gesteckt und die alte wie die neue Messe zu *zwei* Gestalten des *einen* römischen Ritus erklärt. In seinem beigedruckten Brief an die Bischöfe schreibt er unter anderem, mittlerweile habe sich gezeigt, „dass junge Menschen diese liturgische Form entdecken, sich von ihr angezogen fühlen und hier eine ihnen besonders gemäße Form der Begegnung mit dem Mysterium der heiligen Eucharistie finden."[110] Unser Papst spricht, als sei die Wiederentdeckung oder der häufigere Gebrauch der außerordentlichen Messe geradezu eine ungenutzte Chance für die Wiederentdeckung des rechten Eucharistiefeierns.[111]

Zwar bin ich nicht mehr jung, weil ich die Dreißig schon lange überschritten habe und auf die Vierzig zugehe, – aber als einer, der als Ministrant in den Achtzigerjahren gerade noch die letzten Reste der Liturgischen Bewegung und der ersten euphorischen Umsetzung der konziliaren Reformen erlebt hat, möchte ich kurz Stellung nehmen zu der Frage, warum ich selbst die alte Messe nicht für mich entdeckt habe und mich nicht von ihr angezogen fühle. Das lässt sich letztlich nicht mit theologischer Gelehrsamkeit klären. Die ganze Person, ihr geistliches Leben, ihr Blick auf eine geglückte oder weniger geglückte religiöse Sozialisation und alle ihre religiösen Gefühle kommen ins Spiel. Es ist ein Zeugnis von der eigenen Position verlangt. Daher erlaube ich mir, im Folgenden auf die Auswertung von Fachliteratur zu verzichten und statt dessen den Beitrag des emeritierten Münchner Philosophen Robert Spaemann „Bemerkungen eines Laien, der die alte Messe liebt" von 2008 zum Ausgangspunkt zu machen.

Wirkliche Teilhabe?

Manche erklären, die wirkliche Teilhabe, die der hl. Pius X. und das Konzil gefordert haben,[112] sei in der außerordentlichen Gestalt der Messfeier ebenso gut, ja noch besser gegeben als in der ordentlichen und bestehe in einer „echten inneren Teilnahme an dem, was hier [in der Messfeier] geschieht."[113] Zunächst ein Blick auf die Lesemesse (zu Definition und Beschreibung s. S. 93) nach dem *Missale Romanum* von 1570, die in der Praxis die häufigste Verwirklichung der alten Messe war.

> „Irgendeine Pfarrkirche, am Werktag, eine Messfeier in der Frühe: Fromme Menschen haben sich zusammengefunden und knien verstreut in den Bänken. Am Altar der Priester, dazu Ministranten, die ebenfalls knien, sofern sie gerade keine Dienste ausüben. Man hört das Gemurmel des Priesters, es sei denn, es ist Oktober, und da wird, nach Weisung Papsts Leo XIII., der Rosenkranz gebetet. […] Dem Priester, gerade rechts am Altar, nimmt ein Ministrant das Messbuch weg und trägt es auf die andere Seite; der Priester, davon nicht gestört, geht in die Mitte des Altares, hält dort inne und geht dann nach links. Da kommt Bewegung in die kleine Gruppe: Die Betenden stehen auf, unterbrechen allerdings das Rezitieren des Rosenkranzes nicht. Doch man merkt, sie haben aufgepasst, dass da vorn sich etwas tut. Warum sie jetzt aufgestanden sind, ist nicht einsichtig, und sie knien sich auch gleich wieder hin, wenn der Priester wieder zur Mitte geht. Und später stehen die Anwesenden noch einmal auf, wenn der Priester wieder nach links geht, und manche machen sogar die Kniebeuge mit, die der Priester dort, eigentlich unerwartet, macht, kurz bevor er wieder zur Mitte geht. Aber dann geschieht etwas, mit dem man nicht rechnen konnte: Der Priester kommt die Altarstufen herunter, kniet sich ebenfalls auf beide Knie hin, wie die anderen Leute alle, und beginnt laut zu beten, und das noch in der Muttersprache – mehreren [Ave Maria] folgen dringliche Gebete, gegen teuflische Mächte, welche die Kirche bedrängen, und da passiert es: Priester und Anwesende beten gemeinsam. Es war also, so muss ein uneingeweihter Anwesender schließen, es war also kein beliebiges Nebeneinander, sondern jetzt zeigt es sich: die machen doch etwas gemeinsam, das Eigentliche, das gemeinsame Sich-Äußern vor Gott, jetzt geschieht es."[114]

Die Leserin, der Leser verzeihe das lange Zitat: Ich habe keine treffendere Zusammenfassung dessen gefunden, was es vor der konziliaren Liturgiereform bedeutete und heutzutage in der außerordentlichen Messfeier wieder bedeutet, sich an das *Missale* von 1570 zu halten. Weil es in der ordentlichen Messe anders geht, wage ich zu bezweifeln, dass die Teilhabe der Gläubigen in der außerordentlichen Messe in Wahrheit umfassend und voll, wissend und wirklich ist. Spaemann schreibt auch: „Die alte Liturgie ist weniger priesterzentriert als die neue", und begründet das mit der Stellung des Vorstehers am Altar. Bekanntermaßen hat es in den späten Sechzigerjahren einen beispiellosen Siegeszug der Messfeier zum Volk hin gegeben (davon mehr oben S. 75f.). Zwar empfinde ich es auch so, dass in der dauernden Hinrichtung zum Volk die Gefahr eines Übermaßes an Belehrung und Unterricht in der Messfeier gegeben ist (s. S. 105f.), aber dass die außerordentliche Messe weniger priesterzentriert ist als die ordentliche, sehe ich nicht. Denn in jener ist alles außer dem heiligen Text, den der Vorsteher mit den richtigen Handlungen der Reihe nach lesen muss, – auch das Mittun der versammelten Kirche – für den Ritus, der Heil und Gnadenfrüchte hervorbringen soll, nicht wichtig. Während der Presbyter am Altar das *Gloria* spricht, hört die Gemeinde in der Regel eine *Gloria*-Vertonung, ein Choral-*Gloria*, die Vertonung eines Komponisten, oder sie singt, in kirchenmusikalisch ganz einfachen Verhältnissen, ein *Gloria*-Lied.

> „So wurde es möglich, dass der Priester das ‚Gloria' anstimmte und der Chor mehrstimmig fortfuhr, der Zelebrant aber unterdessen das Tagesgebet, die Lesung, das Graduale, das Evangelium schon einmal weiter betete und unmittelbar nach dem Ende des Chorgesangs mit dem Anstimmen des ‚Credo in unum Deum' das nächste Chorstück ‚starten' konnte, währenddessen er natürlich nicht untätig blieb und die Messe leise aber allein gültig vollziehend weiter zelebrierte."[115]

Denn in der außerordentlichen Messe zählt nur Wort und Tun des Presbyters, der die Messe liest. Das gilt auch für das Hochamt (zu Definition und Beschreibung s. S. 92).

Spaemann sagt, *participatio actuosa* („wirkliche Teilhabe") bestehe „zweitens in der aktiven Beherrschung und Ausübung des Parts, der nach den liturgischen Regeln dem Volk zukommt." Das ist *theoretisch* in der außerordentlichen Messe gegeben, *praktisch* nur, wenn sie mit besonderer Sorgfalt als Choralamt gefeiert wird, d. h. wenn in einem Choralamt nicht nur der (besonders geschulte) Mönchschor, sondern die ganze versammelte Gemeinde die Teile singt, die nach den Choralbüchern vom ganzen Volk (nicht nur dem Mönchschor als seinem Stellvertreter) gesungen werden sollen.

Spaemann sichert seine Argumentation mit dem Hinweis darauf ab, dass der gregorianische Gesang in den Pfarrkirchen der Bistümer Köln und Münster Gemeingut gewesen sei, und erzählt von einem Choralamt in Gerleve nach der Vertreibung der Mönche dort, bei dem die Bauernkinder, „wohl vorbereitet durch den Lehrer der Gerlever Volksschule", das Ordinarium der Messe sangen und schmetterten. Es mag sein, dass in den Ortskirchen von

Köln und Münster in der Zwischenkriegszeit intensiv genug Choral geübt worden ist, auch von tüchtigen Lehrern in der Bauernschaftsschule. Das verhielt sich aber in anderen Landschaften ganz anders, wie die gerade zitierte Beschreibung Michael Kunzlers zeigt.

Diese Art von Hochamt wird von Spaemann für gesund und sinnvoll erklärt: Er schreibt, das leise gesprochene Eucharistiegebet in der außerordentlichen Messe störe niemanden, denn

> „die Eingeweihten, d. h. die mit der Liturgie Vertrauten, kennen es auswendig. […] Sie singen noch das ‚Sanctus‘, wenn der Priester bereits begonnen hat, das Hochgebet zu sprechen. Parallelaktionen stören nicht, sie gehören zu einer lebendigen Liturgie.“

Ich bezweifle, dass in einem solchen Hochamt das Volk den Part, der ihm nach den liturgischen Regeln zukommt, in Wahrheit beherrscht und ausübt. Von der äußeren Erscheinung her ist das nicht gegeben: Das Volk hört zu. Mir erschließt sich nicht, dass meine *actuosa participatio*, meine tätige und wirkliche Teilhabe, „mein Mitvollzug des Gebets" intensiver sein soll, „wenn ich seinem Vortrag in meinem Namen zuhöre als wenn ich es im Chor singe" (so Spaemann). Dem *Sanctus* des Chors oder dem vom Vorsteher gesungenen *Pater noster* zuzuhören, ist nach meinem Verständnis passiv, während das Mitbeten oder Mitsingen ein aktives Tun ist. Ich möchte das *Sanctus* selbst und die Akklamation „Deinen Tod, o Herr" singen, und ich möchte auch das Eucharistiegebet laut vorgetragen hören, weil das Teil meiner tätigen und wirklichen Teilhabe ist.

Auswendig-Können des Eucharistiegebetes, hier des Römischen Kanons: Merkwürdigerweise habe ich in den vergangenen dreißig Jahren niemanden getroffen, schon gar keinen Laienkatholiken, der den Römischen Kanon auswendig konnte. Sollte es in den Kreisen derer, die die außerordentliche Messe mitfeiern, heute solch gut unterrichtete Gläubige geben, wäre das ein großer Fortschritt (zum Wert des Auswendig-Könnens auch im Raum der ordentlichen Messe s. S. 141).

Parallelaktionen: Wenn das Volk den Part, der ihm zukommt, wirklich beherrschen soll, gehört auch dazu, dass es die dem Vorsteher zukommenden Teile nicht nur theoretisch, sondern auch praktisch mitvollziehen kann. Dann geht es nicht an, dass der Vorsteher sich schon mit der Gabenbereitung beschäftigt, während die Versammlung noch den Glauben bekennt, und dass der Vorsteher schon das Eucharistiegebet murmelt, während die Versammlung noch dem Chor lauscht, der stellvertretend für sie den großen Gott als den wahrhaft Heiligen ausruft.

Im Ergebnis kommt man an der Feststellung nicht vorbei: Wirkliche Teilhabe ist in der außerordentlichen Messe kaum oder nur in Ansätzen gegeben.

Im Gegensatz dazu legt die konziliare Liturgie-Konstitution Wert darauf,

> „dass die Christen diesem Mysterium des Glaubens [der Eucharistiefeier] nicht wie Außenstehende und stumme Zuschauer beiwohnen; sie sollen viel mehr durch ihre Riten und Gebete dieses Mysterium wohl verstehen lernen und so an der heiligen Handlung wissend, fromm und wirklich teilhaben." (LK 48; Übers.: Re)

Und:

> „Die Messordnung soll so überarbeitet werden, dass der eigentliche Sinn der einzelnen Teile und ihr wechselseitiger Zusammenhang deutlicher hervortreten und die fromme und wirkliche Teilhabe der Gläubigen leichter gemacht wird." (LK 50 Abs. II; Übers.: Re)

In beiden Punkten entspricht die außerordentliche Messe nicht den Wünschen des Konzils.

Tisch des Gotteswortes reicher bereitet?

Spaemann wendet gegen die Leseordnung der ordentlichen Messe ein, dass in den meisten Kirchen von der Möglichkeit der drei Lesungen kaum Gebrauch gemacht wird.[116] Wenn das der Fall ist, handelt es sich fraglos um ein Defizit (s. S. 47f.). Die dem zugrunde liegende Mentalität indes, auf eine der beiden Lesungen, die alttestamentliche oder die Apostellesung, zu verzichten, dürfte aus der alten Messe stammen, aus dem weitverbreiteten Wunsch, möglichst schnell mit der Lesemesse fertig zu werden. Spaemann gesteht zu, dass die Gläubigen wegen des dreijährigen Lesezyklus im Laufe der Jahre viel mehr Schrifttexte hören würden als früher, schränkt sein Zugeständnis jedoch wieder ein mit der Bemerkung, dass sich bei der alljährlichen Wiederholung die weniger zahlreichen Texte mehr eingeprägt hätten, sodass es eine offene Frage sei, bei welchen Gläubigen (den Hörern der außerordentlichen oder den Mitfeierern der ordentlichen Messe) die Kenntnis der Hl. Schrift größer sei. Ich gebe zu bedenken: Die Gemeinden der außerordentlichen Messe sind immer Gemeinden von Personen, die sich besonders für *diese* Gestalt der Messfeier interessieren. Solche Personen sind besser im Glauben unterrichtet und geschult als durchschnittliche Mitfeierer der ordentlichen Messe in irgendeiner Kirche, das liegt auf der Hand. Von daher ist es schwierig, von den biblischen Kenntnissen der Gläubigen auf die Berechtigung einer bestimmten Leseordnung zu schließen (zum Umgang des Einzelnen mit der Leseordnung s. S. 140f.). Weil es in einer außerordentlichen Messe in Reinform (s. das Zitat „Irgendeine Pfarrkirche" S. 120) kein wirkliches Hören der Schriftlesungen in der Volkssprache durch die Gemeinde geben kann, ist diese Bemerkung zweifelhaft (und wenn eine außerordentliche Messe als „Gemeinschaftsmesse" (s. S. 93) „gestaltet" wird, um berechtigten Anforderungen der Gläubigen heute entgegenzukommen, fragt sich, warum man nicht gleich die ordentliche Messe pflegt).

Die außerordentliche Messe hält den Schatz des Gotteswortes sehr streng verwahrt und geht mit ihm geizig um, enthält kaum alttestamentliche Lesungen, verkürzt die Psalmen noch mehr als die neue Leseordnung und bietet nur eine sehr schmale Auswahl aus den Evangelien, hauptsächlich aus Matthäus (selbst die Erzählung vom verlorenen Sohn bzw. barmherzigen Vater Lk 15,11–32 ist darin nicht enthalten). Das ist bemerkenswert, denn die nachtridentinische Messreform (*Missale* von 1570) hat sich für einen nur eng umgrenzten Lesungskanon entschieden, obwohl die Papstkirche im Jahrhundert der Reformation den neu entstandenen evangelischen Kirchen gerade in einer vielfältigen und thematisch breiten Verlesung und Predigt des Evangeliums nicht hätte nachstehen dürfen.[117]

Für solch eine schmale Leseordnung möchte ich die neue Leseordnung für die Messfeier (*Ordo Lectionum Missae* 1969) nicht eintauschen. Es gibt auch gute Erfahrungen mit der neuen Leseordnung.

Sie scheint so gut zu sein, dass sie von einer Reihe protestantischer Kirchen in Nordamerika übernommen worden ist[118] – was im deutschen Sprachraum kaum bekannt ist.

Ich kenne eine Pfarrei, die in den Achtzigerjahren einen Pfarrer aus der Charismatischen Gemeinde-Erneuerung hatte. Dieser wusste Liturgiefeiern bis hin zur Eucharistischen Sonntagabend-Andacht sehr ansprechend zu „gestalten", und und seine Ansprachen waren wirklich von „des Geistes klarer Trunkenheit" geformt. Diese Gemeinde bekam als Nachfolger einen Geistlichen als Pfarrherrn vorgesetzt, der mit Sprache nicht umzugehen wusste und theologisch wie spirituell auf dem Stand der Pius XII.-Ära stehen geblieben war, ohne die damaligen Neuaufbrüche auch nur im Geringsten aufgenommen zu haben. Nun hatten der Pfarrverwalter und seine Seelsorgerkollegen in der Zeit der Pfarrvakanz den Vortrag aller Schriftlesungen

eingeführt, und es hat sich während der zwölfjährigen Amtszeit des piani-
schen Pastors, während der die Kirche immer leerer wurde, gezeigt: Die
Leute wussten angesichts der miserablen Qualität der geistlichen Bered-
samkeit immer mehr die Schatzkammern der Heiligen Schrift zu schätzen,
die in der Messfeier aufgetan wurden. Da ist die Schwäche des Pfarrers zur
Stärke der Kirche geworden. Leider nur trauen allzu wenige Seelsorgerinnen und Seelsorger dem Wort Gottes eine solche Wirkkraft zu. Eine solche
Kraft müsste die deutschsprachige römische Kirche jedoch entdecken, um
die Herausforderungen bestehen zu können, die unweigerlich auf sie zu-
kommen. Die Einhaltung der neuen Leseordnung ist ein ganz einfaches
Mittel, um sich auf einen solchen Weg der vermehrten Auseinandersetzung
mit Gottes Wort einzulassen.

Warum es Leute gibt, die trotz der unbestreitbaren seelsorgerlichen Vorteile der neuen Leseordnung einen breiteren Gebrauch der außerordentlichen Messe fordern, kann ich nicht begreifen. Zugegeben, auch die Leseordnung von 1969 hat ihre Schwächen, doch gegen die der außerordentlichen
Messe möchte ich sie nicht eintauschen. Bevor das neue Lesesystem umfassend überarbeitet wird,[119] müsste es in allen Ortsgemeinden des deutschen Sprachraumes in die Praxis umgesetzt werden.

Opferung statt Gabenbereitung?

Wie auf S. 57f. bereits dargelegt, entfällt in der ordentlichen Messe im
Gegensatz zur außerordentlichen die Gesamtheit der Gebete zur Gabendarbringung (Oblation), was Spaemann bedauert.[120] In der konziliaren
Reform der Messordnung sei die Verdopplung des Opferritus (Gabendarbringung und Eucharistiegebet) als Verunklärung verstanden worden.
Das ist gemäß Liturgie-Konstitution 48 und besonders 50 Abs. II zurecht
geschehen. Das wertet Spaemann als ein unangemessenes Filtern durch
scholastisches und kritisches Denken. Sicher, wer eine Messordnung darauf befragt, ob sie von Gläubigen leicht verstanden werden kann, unmittelbar wirkliche Teilhabe ermöglicht und den Sinn des Bezeichneten klar
ausdrückt, filtert die Messordnung durch scholastisches (und kritisches)
Denken. Ob dieses wiederum eine Schande für die ordentliche Messe ist,
ist mir fraglich. Sie will ja auch uraltes biblisches und antikes Denken und
Feiern den Menschen des digitalen Zeitalters nahebringen. In diesem Sinn

verzichtet die ordentliche Messe auch darauf, wie die außerordentliche die darzubringenden Gaben als „Opfergaben" und „Opfer" zu bezeichnen:[121] Die wirkliche Opferung geschieht erst unter dem Eucharistiegebet. Spaemann bedauert dies, was ich nicht bejahen kann. Zwar wird die Gabenbereitung der außerordentlichen Messfeier alltagssprachlich gern als „Opferung" bezeichnet.[122] Ich weiß nicht, ob das berechtigt ist, denn lateinisch heißt der Vorgang, genauer: das Gesangsstück dazu *offertorium* (bzw. der Vorgang wird im *Missale* von 1570, wenn ich recht sehe, gar nicht als ganzer benannt),[123] und *offertorium* steht zu lat. *offerre*: „entgegentragen, entgegenbringen; anbieten", bedeutet also eher „Entgegenbringung" als „Opferung", während dt. „opfern" von lat. *operari* „mit einer Arbeit beschäftigt sein, der Gottheit dienen, ein Opfer verrichten" herkommt. Daher ist die Entscheidung, im Missale von 1970 von der *praeparatio donorum* („Bereitung der Gaben") zu sprechen, richtig gewesen.[124] Weil die neuere Diskussion gelehrt hat,[125] den Begriff „Opfer" in Bezug auf Eucharistiefeier und Eucharistiegebet vorsichtig zu gebrauchen, das Messopfer vornehmlich real gegenwärtigsetzendes Gedächtnis des einen und allgenugsamen Kreuzesopfers Christi ist und alle anderen Bestimmungen der Messe als „Opfer" davon abgeleitet sind und auch die Lehrverurteilungen des Konzils von Trient gegen die Spitzenaussagen mancher Reformatoren nichts anderes sagen wollen, ist mit dem Begriff „Opfer" meines Erachtens in Katechese und Verkündigung auch weiterhin nach Möglichkeit sehr vorsichtig umzugehen.

Spaemann vertritt auch die These, dass wegen des Wegfalls des Gebetes *Veni, Sanctificator* zur Herabrufung des Heiligen Geistes auf die Gaben die Epiklese weggefallen sei.[126] Sie sei zwar in die neuen Eucharistiegebete integriert; wo der alte Römische Kanon (unser Hochgebet I) genommen werde, entfalle sie mit den Gabendarbringungsgebeten der außerordentlichen Messfeier ganz. Diese Interpretation kann ich nicht teilen: Beim Römischen Kanon empfinde ich eher das Fehlen des Lobpreises und der Anamnese und das Überwiegen der epikletischen Elemente als nachteilig.[127] Ich ginge sogar so weit, den Römischen Kanon im Gegensatz zu den übrigen Hochgebeten II–IV als eine ausladende Epiklese zu bezeichnen, die bestenfalls lobpreisende und anamnetische Beimengsel in sich hat. Eine ausdrückliche Epiklese ist das *Supplices* des Römischen Kanons,[128] das *Quam oblationem* kann als solche verstanden werden.[129]

Insgesamt kann ich Spaemanns Bedenken nicht teilen, und ich bin froh darüber, dass bei der konziliaren Messreform die Gebete der Gabendarbringung weggefallen sind, weil sie ohnehin eine mittelalterliche Zutat zum alten stadtrömischen Kanon darstellen, „vorwiegend *Begleitsprüche*, die neben der äußeren Handlung einhergehen."[130]

Sich aneignender Mitvollzug des Eucharistiegebetes?

Noch einmal zum Eucharistiegebet, besonders zum Römischen Kanon: Als weitaus bedenklicher schätze ich ein, dass in der ordentlichen Messe das Hochgebet I kaum noch verwendet wird, was theoretisch durchaus möglich ist. Spaemann spricht dieses Thema nicht an, und in den „Bemerkungen eines Laien, der die alte Messe liebt" spielen weder die Eucharistiegebete im Allgemeinen noch der Römische Kanon eine Rolle. Das mag daran liegen, dass in der außerordentlichen Messe der Kanon leise gesprochen wird, sodass er dem die Messe hörenden Gläubigen letztlich fremd bleibt, hauptsächlich als Konsekrationstext verstanden wird, nicht als dazu bestimmt, „eigenen Gebetsgedanken und Gebetsanliegen Ausdruck zu verleihen".[131] Das zu lernen, ist ein wichtiger Bestandteil eines geistlichen Lebens für Klerus wie Volk, das von der Liturgiefeier her kommt und sie nährt, und in der außerordentlichen Messe unmöglich, da bis auf Präfation und *Sanctus* das Eucharistiegebet still vorgetragen wird, also für die Gläubigen unhörbar bleibt. Das Urteil mancher Fachleute, dass das Hochgebet I in der Messreform nur unzureichend auf seine Durchschaubarkeit hin überarbeitet worden sei und *deshalb* jetzt eine Art Schattendasein führe, kann ich nicht ganz nachvollziehen.[132] Sicher, anders als in anderen Eucharistiegebeten steht im Hochgebet I der einzelne Gebetsgedanke, der einzelne Abschnitt stärker im Vordergrund. Trotzdem wäre es eine Aufgabe von Katechese und Verkündigung, den Römischen Kanon inhaltlich und geistlich zu erschließen, und damit die Erschließung nachvollziehbar ist, müsste er einfach von den Presbytern öfter ausgewählt werden. Die Messordnung empfiehlt ihn ohnehin (AEM 322; GORM 365).

Im Übrigen freue ich mich über die Vielfalt der Eucharistiegebete in der ordentlichen Messe, weil sie das Mitbeten und Nachvollziehen des Eucharistiegebetes erleichtern, und Gläubigen in sehr unterschiedlicher Seelenlage helfen, in der Liturgiefeier wenigstens ein bisschen die Fülle der Gnaden leichter zu erlangen sowie das Heilige, dem sie als Zeichen dienen, leichter zu erfassen (LK 21).

Mundkommunion?

In der ordentlichen Gestalt der Messfeier wird – zumindest in den großen Industriestaaten der westlichen Welt – das eucharistische Brot – die hl. Hostie – den kommunizierenden Gläubigen in die Hand gelegt, die es dann selber zum Mund führen, in der außerordentlichen Messe legt der Geistliche das hl. Brot dem Empfangenden auf die Zunge. In der ordentlichen Messe stehen die Kommunizierenden, in der außerordentlichen knien sie.

Spaemann nun stellt eine Abnahme des Glaubens an die – korrekt gesprochen – substantiale Gegenwart des Herrn unter den eucharistischen Gestalten fest (zum Begriff s. S. 81). Kindern, die immer sähen, wie sich viele Kommunizierende *beim Weggehen* das eucharistische Brot in den Mund schöben, sei der Gedanke der substantialen Realpräsenz nur schwer zu vermitteln, und es frage sich vor dem Hintergrund der Handkommunion, warum sich der Geistliche nach der Austeilung der hl. Kommunion sorgsam die Finger reinige. [133] Zugestanden: Mit diesen Beobachtungen hat Spaemann Recht. Ich bezweifle aber, dass der häufigere Gebrauch der außerordentlichen Messe hilft, den genannten Missständen abzuhelfen. Dem genannten Ziel dient weitaus mehr das ständige Üben der rechten Ehrfurcht im Kirchenraum (s. S. 116), auch im Umfeld der außerordentlichen Messfeier. Wenn die hl. Kommunion im Kreis um den Altar stehend ausgeteilt wird, entfällt auch der Missbrauch mancher, sich die hl. Hostie im Weggehen oder gar erst in der Bank in den Mund zu schieben.

Spaemann beklagt auch, ausgerechnet bei der hl. Kommunion ergebe sich, da man „die geheiligte Sitte der Mundkommunion" nicht verbieten könne, die Misslichkeit, dass die Gläubigen sich in zwei Gruppen teilten und man sich zu der einen oder der anderen schlagen müsse, weil es eine verbindliche Form des Kommunionempfangs nicht gebe. [134] Das ist wahr, und die Sache an sich wird nicht besser dadurch, dass die Gottesdienstkongregation unterschiedliche Formen des Kommunionempfangs (Mund- wie auch Handkommunion) in einer und derselben Messfeier erlaubt.[135] Dies ist nur dann ein sinnvoller Kompromiss, wenn eine Gemeinde im Schlange-Stehen kommuniziert. Durch die hl. Kommunion im Schlange-Stehen wird jedoch, wie S. 87 bereits erklärt, die Individualität des Kommunionempfangs über das rechte Maß hinaus betont. Da ergibt sich die Misslichkeit, dass der Ritus der hl. Kommunion den Gemeinschaftsaspekt des Eucharistiefeierns nicht genügend abbildet. Darum bleibt unerbittlich die Frage, welche Gestalt des Kommunionempfangs einer Ortsgemeinde, die immer

Abbild und Repräsentanz der universalen Kirche vor Ort ist, theologisch und seelsorgerlich richtig erscheint und in ihr verbindlich sein soll. Ich selbst plädiere für einen Empfang der hl. Kommunion im Kreis um den Tisch des Herrn stehend.

Wenn in einer Ortsgemeinde zusätzlich dazu ehrfürchtiges Verhalten und hl. Schweigen geübt wird und die Gläubigen auch eine sachlich angemessene Vorbereitung auf und eine Danksagung nach dem Kommunionempfang praktizieren, ergibt sich insgesamt eine Gestalt der hl. Kommunion, die das legitime Bedürfnis beider Seiten ernst nimmt: Die Anhänger der außerordentlichen Messe haben das legitime Bedürfnis nach gelebter Ehrfurcht und vertiefter geistlicher Erfahrung des Heiligen, die Anhänger der ordentlichen Messe bedürfen eines Ritus des Kommunionempfangs, der ihre unüberwindbare Schwierigkeit mit dem Empfangen der hl. Kommunion im Knien auf die Zunge berücksichtigt. Wenn die je eigene geistliche Empfindsamkeit eines Gläubigen durch die Gestalt des Kommunionempfangs nicht verletzt werden soll, gilt das auch für die Anhänger der ordentlichen Messe.[136] Ich selbst täte mich sehr schwer, wenn die Mundkommunion in Zentraleuropa wieder flächendeckend Wirklichkeit würde. Eine solche Kirche wäre nicht mehr die munter diskutierende Nachkonzilskirche, in der ich während der Achtzigerjahre das Glauben gelernt habe.

Verlässlichkeit?

Mit der ordentlichen Gestalt der Messfeier hat sich die römische Kirche eine sinnvolle Ordnung gegeben. Dazu gehören auch die zahlreichen Wahlmöglichkeiten, die die „Grundordnung des Römischen Messbuchs" (Kap. VIIf.) und die „Feier der Gemeindemesse" einräumen. Freilich vergrößert sich dann auch der Spielraum für Missbräuche und Schlampereien. Es mag sein, dass das bei der außerordentlichen Messe besser ist, deren Handlungsanweisungen – zumindest nach vorkonziliarem Brauch – unter Sünde verpflichten (präzeptiv sind).

> „Die Auslassung solcher Teile, die in jeder Messe vorkommen, ist viel leichter eine schwere Sünde als die Auslassung außerordentlicher Teile. Schwere Sünde ist die Auslassung des Staffelgebetes, der Epistel mit Traktus, Graduale usw., einer Oration im Kanon usw."

So schreibt Kapuziner-Pater Heribert Jone in seiner damals weit verbreiteten „Moraltheologie".[137] Trotzdem gab es im Klerus Experten, die es fertig brachten, eine ganze Messe in Spitzenzeiten von zwölf bis fünfzehn Minuten zu lesen – mit Hilfe der Votivmesse zu Ehren der seligen Jungfrau oder der gewöhnlichen Verstorbenenmesse mit den recht kurzen Schriftlesungen Offb 14,13 und Joh 6,51–55.[138] Daher wage ich zu bezweifeln, ob bei allgemeinerem Gebrauch auf die außerordentliche Messe auch weiterhin „überall in der Welt Verlass" sein wird, „unabhängig von der Persönlichkeit und subjektiven Orientierung des Priesters", wie Spaemann schreibt.[139] Dennoch geht Spaemanns Gedanke in die richtige Richtung: Jede Liturgiefeier in der Kirche muss verlässlich sein; der Gläubige, der die Mühe des Kirchgangs auf sich nimmt, muss in der Kirche jene Liturgie finden können, die zu feiern er wegen seiner Taufe das Recht und die Pflicht hat. Daher ist es wichtig, dass sich die Mentalität in den Ausbildungsstätten für die Presbyter ändert: Die Alumnen müssen lernen, sich an die Messordnung der Kirche zu halten, und vielleicht muss man in den Seminaren wieder dazu übergehen, das Der-Messe-Vorstehen richtiggehend zu üben (wie ich als Ministrant zu Anfang der Achtzigerjahre das rechte Schreiten und die Kniebeuge habe üben müssen). Denn Missbrauch und teilweise arrogante Schlamperei gibt es allzu viel.

Ausdruck des Zeitgeistes in der Kirche

Bekanntermaßen hat der römische Papst nicht nur mit seinem Motuproprio *Summorum Pontificum* vom 7. Juli 2007 die alte Messe als außerordentlichen Ausdruck des „Gesetzes des Betens" der Kirche des römischen Ritus in neuer, bislang nicht gekannter Weise zugelassen und sanktioniert,[140] sondern es ist in Rom üblich geworden, schon längst weggestellte Gegenstände für die Ausstattung der Liturgiefeier aus dem Fundus zu holen und wieder zu benutzen. Benedikt XVI. benutzt ein Tragekreuz – eine Ferula – seines Namensgebers Benedikt XV., die weltweit bekannte Ferula Pauls VI. und Johannes Pauls II. scheint sich überlebt zu haben. Der Papst erscheint wieder in schwere Brokatgewänder gekleidet, seine Mitra wird langsam, aber sicher turmhoch wie eine Barockmitra, sein neuer Zeremoniar trägt ein Chorhemd mit Spitzenbesatz. Wo soll das hinführen? Ich selbst, in elegant proportionierter, moderner Nachkriegsarchitektur und

mit der Trevira-Optik nachkonziliarer Paramentenschneiderei groß geworden, fühle mich von Brokat und Spitzenhemdchen unangenehm an die plü-
schige Wohnungseinrichtung mancher alter Damen aus gutem Haus erinnert, denen ich als eifriger Ministrant in Jugendzeiten bisweilen den
Pfarrbrief nach Hause zu bringen hatte. Nicht umsonst legt die konziliare
Liturgie-Konstitution fest, dass die Bischöfe „[b]ei der Förderung und
Pflege sakraler Kunst" „mehr auf edle Schönheit bedacht sein [mögen] als
auf bloßen Aufwand. Das gilt auch für die heiligen Gewänder und die
Ausstattung der heiligen Orte." (LK 124 Abs. II) Die Wiederzulassung der
alten Messe als außerordentliche Messe sowie die Wiederbenutzung bereits abgelegter liturgischer Ausstattung liegt innerhalb der Kirche im
Trend, wie in der gesamten Gesellschaft gegenwärtig verschiedene Retro-
Moden im Trend liegen. Weil die römische Kirche als ganze aber sinnvollerweise nicht jedem Modetrend hinterherlaufen sollte (was sie in den vergangenen Jahrhunderten auch nicht getan hat), stellt sich die Frage nach
der Wahrheit, nach der inhaltlichen Berechtigung der Retro-Welle als Ausdruck des gemeinsamen Tuns der Kirche.

In den Ortsgemeinden selbst wird die Retro-Welle deutlich zum Beispiel
in der wiederauflebenden Pflege von Liedern, die noch Mitte der Achtzigerjahre als überholt galten, etwa des Schubert-„Heilig" und des „Fest soll
mein Taufbund immer stehen". Keine zentrale Stelle, kein Diözesanpas-
toral- oder Pfarrgemeinderat hat das je beschlossen, jeder Geistliche oder
Kirchenmusiker, der diese Gesänge auswählt, setzt in dieser Form das um,
was das Volk Gottes seiner Meinung nach heute braucht. Hier zeigt sich der
gleiche Individualismus, der die außerordentliche Messe als Privatmesse,
als Lesemesse kennzeichnet, und der auch in das *Missale Romanum* von
1970 – gegen die Empfehlung der Liturgie-Konstitution (27 Abs. I) – Eingang gefunden hat durch die Einführung der „Ordnung der Messe ohne
Volk".[141] Verstärkt wird dieser Trend zur Individualisierung noch durch die
Neubildung von Großpfarreien oder Groß-Seelsorgeräumen, zumindest in
Nordwestdeutschland. In diesen sind die Seelsorgerinnen und Seelsorger
und besonders die Geistlichen höchst flexibel eingesetzt und können sich
der Kontrolle des sozialen Netzwerks einer Dorf- oder Stadtteilgemeinde
entziehen. Zwar nimmt ihre Arbeit durch das mangelhafte Eingebunden-
Sein Schaden, aber weil die im seelsorgerlichen Dienst Stehenden nach
getaner Dienstleistung schnell wegfahren können, spüren sie die negativen
Folgen des mangelhaften Eingebunden-Seins nicht unmittelbar. Wenn es
allerdings in einer Großpfarrei keine verbindlichen Regeln für die Vorbe-

reitung und Durchführung von Liturgiefeiern gibt und jeder in diesem Bereich Individualismus und Vereinzelung praktiziert, stellt sich wiederum ganz dringend die Frage nach der Wahrheit, nach dem inhaltlichen Fundament des gemeinsamen Tuns der Kirche. Sich dilettierend mit der außerordentlichen Messe zu beschäftigen, stellt dieses Fundament nicht her. Da sind Geistliche und seelsorgerliche Laienmitarbeiterinnen und -mitarbeiter aufgefordert, sich theologisch und geistlich mit der liturgischen Ordnung wie auch der Lehrverkündigung der Kirche auseinanderzusetzen.

Ergebnis

Bei näherem Zusehen zeigt sich: Die außerordentliche Messe führt nicht in jedem Fall dazu, dass Personen, die mit der ordentlichen Messe groß geworden sind, das rechte Eucharistiefeiern in sinnvoller Weise von neuem lernen. Die zahlreichen Mängel der alten Messe, die zur konziliaren Anordnung einer Reform der liturgischen Bücher geführt haben (u. a. LK 24; 26–31; 33–36; 47–58), bleiben, obwohl sie zur außerordentlichen Gestalt des Gesetzes des Betens der Kirche erklärt worden ist. Ich selbst vermag in der außerordentlichen Messe keine mir besonders gemäße Form der Begegnung mit dem eucharistischen Mysterium zu finden, wie es der Heilige Vater gern hätte. Aber ich bin auch nicht mehr jung. Was mir den Zugang zum eucharistischen Mysterium sehr erleichtern würde, lege ich in diesem Buch dar; vielleicht gilt auch dafür, was unser Papst schreibt:

> „Machen wir unser Herz weit auf, und lassen wir all dem Raum, wozu der Glaube selbst Raum bietet. […] Was früheren Generationen heilig war, bleibt auch uns heilig und groß; es kann nicht plötzlich rundum verboten oder gar schädlich sein.“[142]

Ich hoffe, diese Worte sind ernsthaft gemeint. Dann müssten sie auch gelten für die Zweite Lesung und den Psalm, die Kelch-Kommunion, die Verwendung wirklichen Brotes und eine wirkliche Brotbrechung und all die anderen hier dargelegten Einzelheiten, die mit der Wiedergewinnung einer Frömmigkeit des rechten Eucharistiefeierns und einer entsprechend konsequenten Umsetzung der konziliaren Messreform verknüpft sind.

VIII. Was tun? Gedankensplitter

Es ist durchaus möglich, ausgehend von den Intentionen der konziliaren Messreform auf der Grundlage des vatikanischen Missale *von 1970 bzw. 1975 in der Ortsgemeinde Messfeiern so zu gestalten, dass sich engagierte Gemeindeglieder, Progressive ebenso wie Konservative* in einer wirklichen Synthese *wohlfühlen.*

Wenn eine solche Synthese in der Gestalt der Feier wirklich gegeben ist, werden sich auch Anhänger der außerordentlichen Gestalt der Messfeier in ihrer ordentlichen Gestalt wohlfühlen – vorausgesetzt, sie sind bereit, jenes Bündel von Motiven, das sie zur Ablehnung der neuen Messe geführt hat, einer selbstkritischen Unterscheidung der Geister zu unterziehen und als Charisma in den vom Heiligen Geist geleiteten Diskurs einer normalen Pfarrgemeinde einzubringen, verbunden mit der Bereitschaft, nicht davonzulaufen in eine Spezialgemeinde, sondern sich zu engagieren, auch wenn es um so Schwieriges wie Ministrantenschulung und -fortbildung geht. Vorausgesetzt auch eine entsprechend diskursive Haltung seitens der Befürworter der konziliaren Liturgiereform und die Bereitschaft, sich hinterfragen zu lassen, ob gebräuchliche Messgestaltungen den Intentionen des „Messbuches" bzw. der konziliaren Messreform entsprechen. Dazu bedarf es der selbstkritischen Beschäftigung mit der Liturgie-Konstitution wie auch mit der liturgischen Ordnung der Kirche sowie, davon ausgehend, des kritischen Umgangs mit sich selbst und den eigenen Vorlieben und Abneigungen.

1. Aufgaben der Römischen Kurie sowie der Bischöfe deutscher Sprache

a) Dringend benötigt werden ein oder zwei Eucharistische Hochgebete speziell für Messfeiern mit Jugendlichen sowie die Erlaubnis, das Eucharistiegebet mit gesungenen Akklamationen besser zu vollziehen.

b) Die aus Rom übertragenen weltweiten Messfeiern sollten ebenso wie Messfeiern in den Bischofskirchen und Bischofsmessen im Allgemeinen vorbildlich sein und auch zeigen, dass Brotbrechung wie Kelchkommunion bei großen Teilnehmerzahlen praktikabel sind.

c) Dass in Messfeiern ohne Diakon Ministranten, also Kinder und Jugendliche, sämtliche diakonalen Aufgaben übernehmen können, bis auf das Verlesen des Evangeliums, ist merkwürdig. Es wäre besser, im Falle der Abwesenheit eines Diakons einen Laienlektor bzw. eine Lektorin mit dem Verlesen des Evangeliums zu beauftragen, damit klar ist: Auch der Vorsteher der Feier, der zum Vorsitz in der Eucharistiefeier und damit zur Leitung des eucharistischen Opfermahls bevollmächtigt ist, ist ein auf Gottes Wort Hörender.

2. Aufgaben der Seelsorgerinnen und Seelsorger in den Pfarreien

Die im Folgenden genannten Veränderungen sind in *allen*, *mindestens* den sonn- und festtäglichen, Messfeiern um der Klarheit und Durchschaubarkeit willen nötig. Es handelt sich um zehn Stufen, die in ihrer Umsetzung zusammengefasst werden könnten, aber auch über zehn Jahre gestreckt. Vielleicht hat es Sinn, die ersten fünf Stufen in Zusammenarbeit mit dem Pfarrgemeinderat sehr zügig hintereinander anzugehen, die letzten fünf Stufen indes in einer Zeitspanne von fünf Jahren umzusetzen.

Einzelheiten: bezogen auf die ganze eucharistische Feier

a) Um der Durchschaubarkeit der Feier willen werden (I) die Wahlmöglichkeiten zur Straffung der Eröffnung, die das „Messbuch" vorsieht, genutzt. Um der Durchschaubarkeit der Feier willen werden (II) zu „Herr, erbarme dich", „Ehre sei Gott", „Heilig" und „Lamm Gottes" die lateinischen oder deutschen Messgesänge GL 401–461, bestenfalls die

Messlieder GL 462–514 eingesetzt. (III) Wichtig: im Universalen Gebet tritt die Kirche als hohepriesterliches Gottesvolk in der Vielzahl der Anliegen ihrer Welt und Zeit für-bittend vor Christus, den Mittler der Gnaden, weshalb das Universale Gebet Fürbittgebet sein muss. (IV) Um die Besonderheit des gemeinsamen Gebetes klar und deutlich werden zu lassen: Wiederherstellung der Ostung des Tages-, Universalen, Gaben- und Schlussgebetes. Die Gemeinde betet wie der Vorsteher stehend und in Orantenhaltung. Der Vorsteher befindet sich in der Mitte der Versammlung, etwa zwischen den ersten Bänken des Mittelganges.

b) Die liturgische Handlung wird auf verschiedene Rollenträger und -trägerinnen aufgeteilt. Wenn in einer Messfeier der Lektor fehlt, was schon einmal vorkommen soll, ist die einzig sachgerechte Lösung die, einen Lektor aus der Gemeinde zu suchen und ihn zu bitten, spontan die Lesungen zu übernehmen, obwohl er nur kurze Zeit haben wird, sich alle Lesungen noch einmal durchzulesen. Die Erfahrung zeigt, dass Gemeindeglieder bereit sind, spontan liturgische Dienste zu übernehmen – wenn sie tatsächlich darum gebeten werden.

Einzelheiten in der Liturgie des Wortes

a) Am wichtigsten: in der Liturgie des Wortes werden *immer* Erste Lesung, Psalm, Zweite Lesung, „Halleluja" (oder Ruf vor dem Evangelium) und Evangelium vorgetragen, um die Lesung und Betrachtung des Gottes-Wortes sinnentsprechend zu pflegen. In der Fülle des Gottes-Wortes wird die versammelte Kirche durch die Kraft des Heiligen Geistes Zeitgenossin der Heilstaten Gottes in der Geschichte, die sie zu Umkehr und Glauben auffordern. Glaubensbekenntnis, das Universale Gebet und die anschließende Liturgie des Opfer-Mahles sind die glaubende Antwort der versammelten Kirche auf Gottes Wort.

b) Nie darf es eine Eucharistiefeier ohne Schriftlesung geben – auch keine Familien- oder Schülermesse.

c) Die Verkündigung des Gottes-Wortes sollte richtig in Szene gesetzt, die Bedeutsamkeit des Gottes-Wortes rituell unterstrichen werden: Der Vortrag der Lesungen soll dadurch hervorgehoben werden, dass ein Ministrant mit Leuchter neben dem Ambo steht, der Vortrag des Evangeliums durch eine einleitende Prozession bei Halleluja, Weihrauch und Leuchter, gegebenenfalls durch den Gesang der Wechselrufe und die Benutzung eines Evangeliars.

d) Allgemeines Gebet: Die Anweisungen der Liturgie-Konstitution und der „Allgemeinen Einführung in das Römische Messbuch" sind unbedingt zu beachten. Trotzdem ist das Gebet für die Verstorbenen und jene Anliegen, denen die so genannte besondere Frucht des Messopfers zugewandt wird, für die also, umgangssprachlich gesprochen, die Messe „bestellt" ist und „gelesen wird", sowie für die Verstorbenen, die in der vergangenen Woche heimgegangen sind oder deren Begräbnis-Termin am Ende der Feier erwähnt werden soll, *nicht* in das Eucharistiegebet, sondern in das Allgemeine Gebet zu integrieren, um die Einheit des Eucharistiegebetes nicht noch mehr zu sprengen, als das ohnehin schon geschieht.

Einzelheiten in der Eucharistischen Liturgie

a)   Die Geldkollekte wird so zügig eingesammelt (vielleicht auch durch Nicht-Ministranten, etwa durch Kirchenvorsteher oder -pfleger, die in den Pfarreien fürs Finanzielle zuständig sind) bzw. von einem so lange andauernden Gesang begleitet, dass das Eucharistiegebet nicht durch Geldgeklimper gestört wird. An einigen Tagen des Jahres empfiehlt sich ein wirklicher Opfergang, etwa wenn für die großen Hilfswerke der Kirche in Deutschland gesammelt wird (Misereor, Renovabis, Bonifatiuswerk, Caritas, Adveniat). Außerdem empfiehlt sich die Integration regelmäßig anfallender Türkollekten in die Feier selbst.

b)   Zur Gabenbereitung:

(I)   Eine Prozession mit Altartuch, Brot, Kelch und Kollekte von einer Kredenz aus der Mitte der Gemeinde eröffnet die Gabenbereitung.

(II)   Der Tisch ist während der Liturgie des Wortes ganz leer und wird erst während der Gabenbereitung ausgestattet und geschmückt, um den Wechsel des Geschehens vom Ambo zum Tisch deutlich zu machen.

c)   Zum Eucharistiegebet:

(I)   Wenn die Kinder eingeladen werden, beim Eucharistiegebet um den Tisch zu stehen, müssten sich auch die übrigen Diener der Feier, besonders die Ministranten, dazustellen. – Alle müssen sich wegen der Einheit des Eucharistiegebetes nicht vor dem *Sanctus*, sondern *vor* der Präfation um den Tisch versammeln und bis nach ihrer hl. Kommunion an ihm stehen bleiben, denn Eucharistiegebet und hl. Kommunion gehören zusammen.

(II) Da der Moment der hl. Wandlung theologisch nicht sicher zu bestimmen ist, werden bei der Stiftungs-Anamnese weder Weihrauch noch Wandelglöckchen benutzt.

(III) Vielleicht sollten die Wandelglöckchen vor der Eröffnung des Eucharistiegebetes, zum *Sanctus* und vor der Doxologie benutzt werden, um auf das Gebet als Ganzes hinzuweisen und jene Teile, die unter dem Aspekt der Anbetung des Heiligen besonders wichtig sind, denn es gibt Gottesdienstbesucher und viele Ministranten, denen der Gebrauch der Wandelglöckchen Spaß macht. Geräuchert wird zu *Sanctus* und Doxologie, ebenfalls, um die Anbetung des Heiligen zu versinnbildlichen.

(IV) Die versammelte Kirche betet während der Eucharistiefeier im Stehen. Konkret: auch beim Eucharistiegebet und nach dem *Agnus Dei* steht die Kirche, es wäre wichtig, das stehende Gebet in der Orantenhaltung mit der Gemeinde zu üben (denkbarer Kompromiss: während der Stiftungsanamnese, also von „denn am Abend" an bis vor dem Ruf „Geheimnis des Glaubens" knien alle außer dem Vorsteher und, gegebenenfalls den so genannten Konzelebranten – der Moment des Niederkniens bzw. Aufstehens könnte durch Wandelglöckchen signalisiert werden, wie es in manchen Ordensgemeinschaften Brauch ist, den Zeitpunkt einer gemeinsamen Verneigung oder des Aufstehens durch Klopfen mit einem Hämmerchen zu signalisieren).

d) Das eucharistische Brot wird auch für das Volk in jeder Messfeier neu konsekriert: keine Speisung aus dem Tabernakel! Im Tabernakel selbst sollte nicht mehr als eine Schale mit den etwa fünfzig bis sechzig Brotstückchen aufbewahrt werden, die von Sonntag zu Sonntag für Krankenkommunion oder Wegzehrung benötigt werden könnten. Der Tabernakel am Hauptaltar wird aufgegeben und statt dessen grundsätzlich nur mehr ein Tabernakel am Seitenaltar benutzt. In nachkonziliar ausgestatteten Kirchenräumen gehört das Sakramentshäuschen grundsätzlich aus dem Presbyterium entfernt und in einen Seitenraum gestellt.

e) Die Reinigung der Gefäße findet immer nach der Feier statt.

Wiedergewinnung der Kelchkommunion

Während des Eucharistiegebetes steht ein großer Kelch mit ausreichender Menge Wein auf dem Tisch, aus dem nach dem *Agnus Dei* der Wein in kleinere Kelche ausgegossen wird, oder es stehen genügend Kelche auf dem Tisch. Bei jedem Diener des hl. Leibes steht ein Diener des hl. Blutes. Für den Verzehr gegebenenfalls zu viel konsekrierten Weines sorgen nach der Feier Diakone und Kommunionhelferinnen und -helfer.

Wirkliches Brot und wirkliche Brotbrechung

Während das *Agnus Dei* zwei bis drei Mal gesungen wird, brechen Vorsteher und Helfer eine ausreichende Menge Brot in kleine Stücke.

Hl. Kommunion im Kreise um den Tisch des Herrn

Die Kommunikanten treten in kleinen Gruppen, etwa bankweise, an den Tisch und bekommen dann Brot und Kelch gereicht. Wenn in einer Kirche die alten Kommunionbänke noch da sind, könnten sie, einen bankweisen Kommuniongang vorausgesetzt, wieder benutzt werden.

Hohe Feste des Liturgischen Jahres

Die erneuerte Feiergestalt sollte auch an den hohen Festen des Liturgischen Jahres umgesetzt werden und nicht aus Rücksicht auf die so genannten „treuen Kirchenfernen", obwohl diese nach Ansicht mancher Presbyter auch „regelmäßige Kirchgänger" sind, gerade dann unterbleiben. Man sollte die erneuerte Feiergestalt gerade an den Hochfesten Geburt und Erscheinung des Herrn, am Gründonnerstag-Abend, in der Osternachtwache, am Oster- und Pfingstsonntag, an Fronleichnam und Allerheiligen ansetzen. Und was spricht gegen eine erneuerte Feiergestalt, wenn Familienmessen stattfinden?

Erste hl. Kommunion und hl. Firmung

Der eucharistische Kelch wird auch den Kommunionkindern bei ihrer ersten hl. Kommunion und Neugefirmten gereicht.

Feier der Eucharistie und der Tageszeiten

Sorgfältig ist auch zu überlegen, wie der Gottesdienstfeier-Plan einer Pfarrei oder einer Kirche gestaltet und die einzelnen Feiergestalten aufeinander abgestimmt werden.

a) Für eine Gemeinde zentral ist die eine eucharistische Feier an Sonntagen und Herrenfesten, die immer ein Hochamt sein müsste. Wenn der Gottesdienstplan einer Gemeinde einen Geistlichen dazu anhält, zwei oder gar drei Male am Sonntag oder gar an einem Werktag der eucharistischen Feier vorzustehen, ist das, man muss es klar sagen, eine geistliche Vergewaltigung (bei einem Plan, dem gemäß der Geistliche erst bei einer Morgenlob- und hernach bei einer Eucharistiefeier Dienst tut, ist das anders zu beurteilen). Zur Feier der Heiligen eignen sich Feiern des Wortes Gottes, vielleicht auch Feiern des Abendlobes, dann mit Predigt, besser als die Eucharistiefeier, da letztere auf die Anamnese Christi und seines Heilsmysteriums zentriert ist.

b) Der tägliche Gottesdienst an einer Kirche müsste eigentlich eine Feier des Gebetes sein, etwa in der Form des Tageszeitengottesdienstes der Kirche oder auch als Andachtsgottesdienst, etwa als regelmäßiger Rosenkranz.

Kirchenraum

Um die einladende Schönheit, die von einer einheitlichen Ordnung des Kirchenraums ausgeht, müssten sich die Rektoren und Laienräte mancher Kirchen überlegen, ob und inwiefern die Zahl der Frömmigkeitsorte zu einem bestimmten Thema reduziert werden sollte. Dafür gibt es genügend Beispiele in jeder älteren Gemeinde- oder Klosterkirche. Damit sei nicht auf einen unerleuchteten nachkonziliaren Bildersturm abgezielt! Doch es bleibt zu überlegen: Wäre es nicht sinnvoll, zwei oder mehr Kreuzesdarstellungen im und um das Presbyterium durch eine einzige zu ersetzen, vielleicht sogar jene, die bei Prozessionen als Vortragekreuz benützt wird? Bedarf die Frömmigkeit derer, die in der hl. Feier Dienst tun, wirklich zweier Kreuze in der Sakristei? Müssen sich im Kirchenraum mehr als ein Bild Mariens finden (was es in alten Kirchen häufiger gibt: neben dem Seitenaltar der seligen Jungfrau noch weitere fünf Bilder Mariens, darunter eine Statue im Presbyterium und eine Pietà)?

3. Aufgaben jeder Kirchgängerin und jedes Kirchgängers

Die individuelle Verlebendigung der Liturgiefeier hängt nicht nur von dem Agieren eines Pfarrers und seiner Gemeinde ab, sondern auch vom Verhalten jedes einzelnen, seiner Liturgiefähigkeit und seiner Schulung im Glauben. Impulse von außen können in aller Regel nur fruchten, wenn die einzelnen Personen sich selbst schulen und bemühen, in der Teilhabe an der Liturgiefeier voranzukommen. Dazu können die folgenden Maßnahmen dienen.

Sonntagskirchgang

Fundament ist selbstredend die regelmäßige Mitfeier der Eucharistie, besonders der Sonntagsmesse, am sinnvollsten in der Pfarrkirche, zu der man gehört, denn dann ist die Wahrscheinlichkeit am größten, Mitfeiernde auch im Alltag wiederzutreffen.

Übung des Gebetes, auch des Tageszeitengebetes

Primär ist das regelmäßige Üben des Betens wichtig, etwa morgens und abends (GL 14f. 18; auch an Hand des Tageszeitengebetes der Kirche: „Kleines Stundenbuch"), vor und nach Tisch (GL 16f.), bei einem Besuch in der Kirche oder zurückgezogen in einen stillen Raum für sich.

Bibellesung

Wichtig wäre auch eine regelmäßige Bibellesung, jeden Tag ein Kapitel aus der Schrift oder im Anschluss an die Leseordnung für die Messfeier. „Wer die Schriften nicht kennt, kennt Gottes Tüchtigkeit und Weisheit nicht, die Nichtkenntnis der Schriften ist eine Nichtkenntnis Christi":[143] Es gibt nur einen einzigen Weg geistlicher Erneuerung, und das ist der Weg, der persönlichen Begegnung mit Gott durch seinen Christus, in der Kraft des Heiligen Geistes. Dieser Weg beginnt mit der Übung des Gebetes im Anschluss an die geistliche Schriftlesung.

Meditativ-betrachtende Aneignung der Eucharistiefeier

Jede einzelne Person ist darüber hinaus dazu aufgerufen, sich, je auf ihre Weise, die Lesungen und Gebete sowie den theologischen und dogmatischen Sinn der Eucharistiefeier, auch im Kreislauf des Liturgischen Jahres, anzueignen.

Der einfachste Weg dazu ist das mehrmalige betend-betrachtende Studium der Messordnung (GL 351–366), der „Allgemeinen Einführung in das Römische Messbuch" (Vorw. sowie das I.–IV. Kap.), der Eucharistischen Hochgebete I–IV (GL 360. 367–369) sowie, vor- und nachbereitend, der jeweiligen Sonn- oder Festtagstexte (Lesungen, Tagesgebete, Präfationen).[144] Eine brauchbare Form dafür ist die monastische Form, christlich zu meditieren, in den vier Schritten Lesung – Wiederkäuung – Gebet – Beschauung.[145] Eine solche Aneignung kann auch jede Person im privaten Rahmen vollziehen, sofern er sich Zeit dafür nehmen kann. Voraussetzung der Meditation ist im Idealfalle die Memoria, das Auswendig-Lernen einer Sache mit dem Herzen. Nicht umsonst nennt der Lateiner das Auswendig-Können ein Können aus dem Herzen (*ex corde*), eine Ausdrucksweise, die auch ins Englische übergegangen ist: *to learn by heart.* Die entsprechende theologische wie geistliche Hinführung wäre Aufgabe der Katechesen, besonders der Firmkatechese, und des Religionsunterrichts, auch der kirchlichen Jugendarbeit, der Verbände, der Ministranten. (In der christlich-abendländischen Kultur ist es eigentlich immer üblich gewesen, Heranwachsende solchen Übungen zu unterziehen: Es soll Zeiten gegeben haben, in denen die Kloster-Neulinge, die Novizen, dazu angehalten wurden, die *Orationes collectae* des *Missale Romanum* auswendig zu lernen, und noch vor dreißig, vierzig Jahren hatten die Schüler, auch die der Volksschulen, im weiten Britischen Weltreich die *Collects of the day* des *Common Prayer Book* zu memorieren.)

4. Ein auf längere Zeit angelegter Liedplan

Nach den in den vorausgehenden Abschnitten erläuterten Grundsätzen ist der folgende Liedplan für die Sonn- und Festtagsmessen von Ostersonntag bis Fronleichnam konstruiert. Er setzt nicht mehr ganz so einfache kirchenmusikalische Verhältnisse voraus: Chor und Streichorchester, die aus engagierten Ehrenamtlichen gebildet sind, sich schon mehrere Jahre treffen und von einem haupt- oder nebenamtlich tätigen ausgebildeten Musiker geleitet werden, außerdem zwei Scholen, die sich im Gesangsdienst sonntageweise abwechseln. Um letztere zu bilden, würden an sich schon zweimal drei bis fünf Personen genügen, die an der Probe unter der Woche jeweils den anstehenden Stoff durchsingen können, besonders wenn die Gesangsstücke nicht allzu oft wechseln.

Tag	Eröffnung	Ordinarium	Psalm	Halleluja	Glaubens-bekenntnis	Gaben-bereitung	Hochgebet	Kommu-nion	Dank-sagung	Ende
Oster-sonntag	„Das neue Morgenrot erglüht" [146]	Lat. Messe für Chor u. Orchester	Oster-Ps 118 (117) *Confitemini* in Ausz.	*Victimae paschali* GL 215 und vom Tage[147]	Orchester-messe	„Das ist der Tag" GL 220	I	„Danket dem Herrn, er ist gütig" GL 232 (4) mit Ps 107 (106) *Confitemini Domino*	„Ist das dein Leib"[148]	„Preis dem Todes-überwin-der"[149]
Oster-montag	„Das neue Morgenrot erglüht"	Erste Mess-reihe GL 463 f., 464, 467, 469 f.	Oster-Ps 118 (117) *Confitemini* in Ausz.	Vom Tage	GL 2 (5)	„Preis dem Todesüber-winder"	II	wie Oster-sonntag	„Wir wollen alle fröhlich sein" GL 223	„Heil uns Heil, Halle-luja"[150]
2. Oster-sonntag	„Das ist der Tag" GL 220	Paulus-messe GL 436–439	Oster-Ps 118 (117) *Confitemini* in Ausz.	Vom Tage	GL 2 (5)	„Heil uns Heil, Halleluja"	III	wie Oster-sonntag	„Preis dem Todesüber-winder"	„Wir wollen alle fröh-lich sein" GL 223

Tag	Eröffnung	Ordinarium	Psalm	Halleluja	Glaubensbekenntnis	Gabenbereitung	Hochgebet	Kommunion	Danksagung	Ende
3. Ostersonntag	„Gelobt sei Gott" GL 218	Zweite Messreihe GL 475 f., 481 f.	Oster-Ps 118 (117) *Confitemini* in Ausz.	Vom Tage	GL 356	„Wir wollen alle fröhlich sein" GL 223	I	„Der Herr hat uns befreit" GL 233 (7) mit Ps 145 (144) *Exaltabo te*	„Heil uns Heil, Halleluja"	„Nun freue dich" GL 222
4. Ostersonntag	„Christ ist erstanden" GL 213	Alban-Messe GL 425–428	Oster-Ps 13 (117) *Confitemini* in Ausz.	Vom Tage	GL 479	V/A. „Die ganze Welt" GL 219	II	wie Ostersonntag	„Gelobt sei Gott" GL 218	„Preis dem Todesüberwinder"
5. Ostersonntag	Responsum *Cantate* mit Ps 98 (97) *Cantate* in Ausz. [151]	Choralamt *Lux et origo* GL 410–413	Oster-Ps 118 (117) *Confitemini* in Ausz.	Vom Tage	GL 423	„Nun freue dich" GL 222	III	wie 3. Ostersonntag	Responsum *Cantate* mit Ps 96 (95) *Cantate* in Ausz. [152]	„Preis dem Todesüberwinder"
6. Ostersonntag	„Nun freue dich" GL 222	Florianmesse GL 429–432	Oster-Ps 118 (117) *Confitemini* in Ausz.	Vom Tage	GL 2 (5)	„Preis dem Todesüberwinder"	IV	„Danket Gott" GL 227	„Nun freue dich, du Christenheit" GL 222	„Gelobt sei Gott im höchsten Thron" GL 218

Tag	Eröffnung	Ordinarium	Psalm	Halleluja	Glaubens-bekenntnis	Gaben-bereitung	Hochgebet	Kommu-nion	Dank-sagung	Ende
Christi Himmel-fahrt	„Christ fuhr gen Himmel" GK 228	Kyrie belie-big, Dritte Messreihe GL 486, 491 f.	Vom Tage	Vom Tage	GL 356	„Heil uns Heil, Halleluja"	III	wie 3. Oster-sonntag	„Ihr Christen" GL 229	„Komm, Schöpfer Geist" GL 245
7. Oster-sonntag	„Nun bitten wir" GL 248	Paulus-messe GL 436–439	Oster-Ps 118 (117) *Confitemini* in Ausz.	Vom Tage	GL 447	V./A. „Die ganze Welt" GL 219	II	wie 6. Oster-sonntag	„Wir wollen alle fröhlich sein" GL 223	„Komm, Schöpfer Geist" GL 245
Pfingst-sonntag	„Der Geist des Herrn" GL 249	Lat. Messe für Chor u. Orchester	Vom Tage	Sequenz *Veni Sancte* GL 243 oder dt. GL 244 und vom Tage	Orchester-messe	„Komm, Schöpfer Geist" GL 245	I	wie 3. Oster-sonntag	„Nun saget Dank" GL 269	„Großer Gott" GL 257
Pfingst-montag	„Nun bitten wir" GL 248	Erste Mess-reihe GL 463 f., 464, 467, 469 f.	Vom Pfingst-sonntage	Vom Tage	GL 2 (5)		II	wie 6. Oster-sonntag	„Der Geist des Herrn" GL 249	„Ein Haus voll Glo-rie" GL 639

Tag	Eröffnung	Ordinarium	Psalm	Halleluja	Glaubens-bekenntnis	Gaben-bereitung	Hochgebet	Kommu-nion	Dank-sagung	Ende
Dreifaltig-keitsfest	„Nun lobet Gott" GL 265	Alban-Messe GL 425–428	Vom Tage oder vom Pfingst-sonntage	Vom Tage	GL 356	„Sei gelobt und hochge-priesen, heiligste Dreifaltig-keit"[153]	IV	„Kostet und seht" GL 471 mit Ps 34 (33) *Benedicam Domino*	„Dank sei dir, Vater" GL 634	„Großer Gott" GL 257
So. danach	„Nun singe Lob, du Christen-heit" GL 638	Zweite Messreihe GL 475 f., 481 f.	Vom Tage oder vom Pfingst-sonntage	Vom Tage	GL 448	„Dank sei dir, Vater" GL 634	I	„Jubelt, ihr Lande" mit Ps 98 (97) *Cantate Domino*	„Nun saget Dank" GL 269	„Herr, deine Güt" GL 289
Fronleich-nam[154]	Responsum *Sacerdos* mit Ps 110 (109) *Dixit Dominus* in Ausz.[155]	Choralamt *De angelis* GL 405–408	Vom Tage	Sequenz *Lauda Sion*[156] oder dt. „Lobe, Zion" GL 545 und vom Tage	GL 423	Responsum *Ego sum* mit Ps 23 (22) *Dominus pascit* in Ausz.[157]	II	wie Drei-faltigkeits-fest	„Dank sei dir, Vater" GL 634	„Wahrer Gott, wir glauben dir"[158]

Einige Punkte zur Erläuterung:

(I) Der Plan spielt durch, was in liturgiepädagogischer Hinsicht getan werden müsste, um die Fähigkeit zur Mitfeier einer hl. Messe in lateinischer Sprache zu erhalten. Darum wird an der Pfarrkirche alle vier Wochen ein Choralamt angesetzt: Ostersonntag, Fünfter Ostersonntag, Pfingstsonntag. An zwei dieser Termine ist das Orchestermessenrepertoire der Kantorei integriert. Darum findet sich nur am Fünften Ostersonntag ein wirkliches Choralamt, hier mit der Messe *Lux et origo*, und an Fronleichnam ein weiteres, damit die vermutlich mühsam aufgebaute Fähigkeit, die Messe *De angelis* zu singen, nicht wegen der zahlreichen geprägten Tage wieder verloren geht. In anderen Zeiten des Liturgischen Jahres wäre alle vier Wochen halblateinische Messe.

(II) Obwohl die Osterzeit in den Mai fällt, ist kein einziges Mal ein Marienlied nach der hl. Kommunion bzw. am Schluss vorgesehen. Dies hält die theologisch gegebenen Verhältnisse klar: Die Osterzeit ist Jubelzeit wegen der Auferweckung des Herrn. Wer der Maienkönigin huldigen will, muss das in einer speziellen Maiandacht tun, sich eigens dazu zur Kirche bequemen und darf nicht die Messfeier für sein persönliches spirituelles Profil ursurpieren, und Aufgabe des Kirchenrektors sowie des Organisten wäre, solchen Versuchen, auch seitens der Mitbrüder, Widerstand zu leisten.

(III) Für jede Messfeier sind in der Regel zwei Psalmen ausgewählt.

(IV) Zu hl. Kommunion und Danksagung sind jeweils zwei Gesänge herausgesucht, ein responsorischer zur hl. Kommunion, und zwar ohne genauere Harmonisierung mit den Schrifttexten des jeweiligen Sonntags den gleichen öfter hintereinander, um auch ohne Gesangbuch in der Hand mitsingen zu können, ein liedmäßiger zur Danksagung. Diese Auswahl setzt eine länger dauernde hl. Kommunion und die Darreichung des Kelches voraus.

(V) Es ist jeweils ein ganzes Lied angegeben. In jedem Falle sollten mindestens drei Strophen gesungen werden.

(VI) Nicht berücksichtigt sind bei der Liedplanung Messfeiern, zu denen Familien mit Kindergarten- und Grundschulkindern aus Klasse 1 und 2, Schülerinnen und Schüler ab der 3. Klasse sowie Jugendliche und junge Erwachsene in besonderer Weise eingeladen sind: Auch sie sollten in den Hauptgottesdienst integriert werden. Dabei müsste es auch Anpassungen der Liedauswahl geben. Allerdings wäre darauf zu achten, dass gerade Kinder und Jugendliche, die am Erstkommunion-, Buß- und Firmunterricht teilnehmen, wenigstens sporadisch in ihren Gruppen an *allsonntäglichen* Pfarrmesse mitfeiern. Die Jugendlichen eines vielleicht bestehenden Jugendgottesdienstteams zu lehren, Themen, Anliegen und Gestaltungsformen nicht in speziell gestaltete Jugendmessen, sondern in das turnusgemäße Choralamt und in nichteucharistische Liturgiefeiern einzubringen, ist eine wohl schwierige, aber auch lohnende Aufgabe.

(VII) Die oben stehende Liedplanung enthält kein „neues" geistliches Liedgut. Das bedeutet nicht, dass keines genommen werden soll. Nur zeigt sich bei der Durchsicht des „Gotteslobes": Die kirchenjahreszeitlichen Lieder, die vor Ort in der seligen Osterzeit wirklich gern gesungen werden, die alten Schlager nämlich, finden sich in der Regel im Diözesananhang. Das „Gotteslob" enthält im Stammteil einiges „neues" Liedgut, das sich jedoch kaum eignet, um Osterjubel zu unterstreichen, sondern entsprechend der deprimierten Grundhaltung der Menschen in den Sechziger- und Siebzigerjahren eher passt, um Messfeiern in den geprägten Zeiten oder im Jahreskreis zu gestalten. Da es im Grunde beliebig ist, mit welchen Gesängen ich im Rahmen dieser Schrift eine Liedplanung beispielhaft zusammenstelle, und dies auch mit Hilfe „neuen" geistlichen Liedguts geschehen könnte, habe ich der Einfachheit halber das Würzburger „Gotteslob" genommen, das mir als Schreibtisch-„Gotteslob" dient.

IX. Bücher zum Weiterlesen – Literaturverzeichnis

1. Abkürzungen

AEM	Allgemeine Einführung in das Römische Messbuch
Braga/Bugnini	Braga, Carlo/Bugnini, Annibale, Documenta ad instaurationem liturgicam spectantia
can.	canon
CIC	Codex Iuris Canonici
DEL 1 ff.	Dokumente zur Erneuerung der Liturgie, begr. v. Heinrich Rennings u. Martin Klöckener. Hrsg. v. Martin Klöckener, Bd. 1 ff., Kevelaer 1983 ff.
DH	Denzinger Henrici Enchiridion symbolorum, definitionum et declarationum de rebus fidei et morum. Kompendium der Glaubensbekenntnisse und kirchlichen Lehrentscheidungen, verbess., erw., ins Dt. übertr. u. unter Mitarbeit v. Helmut Hoping hrsg. v. Peter Hünermann, 37. Aufl., Freiburg i. Br. 1991.
div.	divisio
EDIL I ff.	Enchiridion documentorum instaurationis liturgicae, ed. Reiner Kaczynski, Bd. I ff., Taurini 1976 ff.
FGM	Die Feier der Gemeindemesse
GL	Gotteslob
GORM	Grundordnung des Römischen Messbuchs (Institutio generalis Missalis Romani, Ed. typica 3ª [2002], in deutschsprachiger Vorabpublikation)
KK	Kirchen-Konstitution: Zweites Vatikanisches Konzil, Dogmatische Konstitution über die Kirche.
LK	Liturgie-Konstitution: Zweites Vatikanisches Konzil, Konstitution über die heilige Liturgie.
LThK	Lexikon für Theologie und Kirche

LThK. Erg.-Bd. I–III	Lexikon für Theologie und Kirche, 2. Aufl. Ergänzungsband: Das Zweite Vatikanische Konzil. Dokumente und Kommentare, 3 Teile.
Mansi	Sacrorum Conciliorum nova, et amplissima collectio, in qua […] ea omnia insuper suis in locis optime exhibentur, quae Joannes Dominicus Mansi […] evulgavit. Editio novissima, 32 Bde., Florentiae/Venetiis 1759–1827, Ndr. in 53 Bdn., Paris/Arnheim/Leipzig 1899–1927, Ndr. Graz 1960–1962.
MB I	Die Feier der heiligen Messe. Messbuch. […] Teil I.
n.	Nummer, nn.: Nummern
Ndr.	Nachdruck
Handlexikon	Neues Pastoralliturgisches Handlexikon
OK	Offenbarungs-Konstitution: Zweites Vatikanisches Konzil, Dogmatische Konstitution über die göttliche Offenbarung
PEML	Pastorale Einführung in das Messlektionar
PG	Patrologia Graeca
PK	Pastoral-Konstitution: Zweites Vatikanisches Konzil, Pastorale Konstitution über die Kirche in der Welt von heute
PLR-Gd	Pastoralliturgische Reihe in Verbindung mit der Zeitschrift „Gottesdienst"
STh	Thomas von Aquin, Summa Theologiae
t.	tomus (Band)
VApS	Verlautbarungen des Apostolischen Stuhls
WK	Weltkatechismus: Katechismus der Katholischen Kirche

2. Quellen

Schrift und Väter, Scholastiker und Theologen

Ambrosius, De mysteriis: Ambroise de Milan, De mysteriis. Des mystères, in: Ders., Des sacrements. Des mystères. Explication du symbole. Introd., texte, trad., notes et index par Bernard Botte, 2e réimpr. de la nouv. éd. (corrigée), Paris 1994 (= SChr 25bis), 146–193.

Ambrosius, De Sacramentis: Ambroise de Milan, De mysteriis. Des mystères, in: Ders., Des sacrements. Des mystères. Explication du symbole. Introd., texte,

trad., notes et index par Bernard Botte, 2e réimpr. de la nouv. éd. (corrigée), Paris 1994 (= SChr 25bis), 60–155.

Augustinus, Contra Adimantum, in: Aureli Augustini De utilitate credendi [etc. pp.], rec. Josephus Zycha, Pragae/Vindobonae/ Lipsiae 1881 (= CSEL 25, Teilbd. 1).

Augustinus, De civitate Dei: Aurelii Augustini De civitate Dei libri XXII, rec. et comm. crit. instr. Emanuel Hoffmann, vol. I: libri 1–13, Pragae/Vindobonae/ Lipsiae 1899 (CSEL 40, Teilbd. 1).

Augustinus, Enarratio in Psalmum III, in: Augustini Enarrationes in psalmos 1–50, pars 1A: Enarrationes in psalmos 1–32 (expos.), ed. Clemens Weidmann, Wien 2003 (= CSEL 93, Teilbd. 1A), 80–93.

Augustinus, Brief 98: Aureli Augustini Epistulae, rec. et comm. crit. instr. Al. Goldbacher, pars II: ep. 31–123, Pragae/Vindobonae/Lipsiae 1888 (= CSEL 34, Teilbd. 1).

Die Bibel. Altes und Neues Testament. Einheitsübersetzung [1980], hrsg. im Auftr. der Bischöfe Deutschlands, Österreichs, der Schweiz, d. Bischofs v. Luxemburg, d. Bischofs v. Lüttich, d. Bischofs v. Bozen-Brixen, f. d. Psalmen u. d. Neue Testament auch im Auftr. d. Rates der Evang. Kirche in Deutschland u. d. Evang. Bibelwerks i. d. Bundesrepublik Deutschland, Lizenzausg., Freiburg i. Br./Basel/Wien o. J.

Guigo der Kartäuser, Epistola de vita contemplativa ad fratrem Gervasium, in: Guiges II le Chartreux, Lettre sur la vie contemplative (L'échelle des moines). Douze méditations. Intr. et texte crit. par Edmund Collegde et James Walsh. Trad. par un Chartreux, Paris 1970 (= SChr 163), 81–123.

Hieronymus, Commentarium in Esaiam: Hieronymi presbyteri Commentariorum in Esaiam libri I–XI, cura et studio Marci Adriaen, in: Hieronymi Opera, pars I: Opera exegetica, 2: Commentariorum in Esaiam libri I–XI, Turnholti 1963 (= CChr. SL 73).

Justin der Märtyrer, Apologie: Justin, Apologie pour les chrétiens. Intr., texte crit., trad. et notes par Charles Munier, Paris 2006 (= SChr 507).

Lehre der Apostel: Διδαχὴ τῶν ἀποστόλων/Didache (Apostellehre), in: Didache (Apostellehre). Barnabasbrief. Zweiter Klemensbrief. Schrift an Diognet, eingel., hrsg., übertr. u. erl. v. Klaus Wengst, Darmstadt 1984 (= SUC 2), 66–100.

Luther, Martin, Disputation über die Kraft der Ablässe: Martini Lutheri Disputatio pro declaratione virtutis indulgentiarum. 1517, in: Martin Luthers Werke. Kritische Gesammtausgabe. Reihe 1, Bd. 1, <ed. J. F. K. Knaake>, Weimar 1883, 229–238.

Tertullian, Adversus Marcionem, in: Tertulliani Adversus Marcionem, cura et studio Aem. Kroymann, in: Quinti Septimi Florentis Tertulliani Opera, p. I: Opera catholica adversus Marcionem, Turnholti 1954 (= CChr. SL 1), 437–726.

Thomas von Aquin, Summa Theologiae: Thomae Aquinatis doctoris angelici Summa theologica diligenter emendata, de Rubeis, Billuart et al. notis selectis ornata, 5 Bde., reimpr. Decimonana Taurinensis emendatissima, Taurini 1928.

Kirchen- und Liturgierecht, auch nachkonziliare Rechtssetzungen

Codex iuris canonici, auctoritate Ioannis Pauli pp. II promulgatus [1983]. Kodex des kanonischen Rechtes. Lateinisch-deutsche Ausgabe, hrsg. im. Auftr. d. Deutschen u. d. Berliner Bischofskonferenz, d. Österreichischen Bischofskonferenz, d. Schweizer Bischofskonferenz sowie d. Bischöfe v. Bozen-Brixen, v. Luxemburg, v. Lüttich, v. Metz u. d. Straßburg. [...] Übersetzergruppe: Winfried Aymans u. a. Redaktionskomitee: Winfried Aymans u. a. Sekretär: Reinhard Wenner, Kevelaer 1983.

Decretum Gratiani: Corpus Juris Canonici. Editio Lipsiensis secunda, post Aemilii Ludouici Richteri curas ad librorum manu scriptorum et editionis Romanae fidem recognouit et adnotatione critica instr. Aemilius Friedberg, pars I: Decretum Magistri Gratiani, Lipsiae 1879.

Grundordnung des Römischen Messbuchs: Missale Romanum. Edito typica tertia 2002. Grundordnung des Römischen Messbuchs. Vorabpublikation zum Deutschen Messbuch (3. Auflage). 12. Juni 2007. Approb. v. d. Deutschen

Bischofskonf., d. Österr. Bischofskonf., d. Schweizer Bischofskonf., d. Erzbf. v. Vaduz u. d. Erzbf. v. Luxemburg. Rekognisz. v. d. Kongr. f. d. Gottesdienst u. d. Sakramentenordnung, hsrg. v. Sekretariat d. Deutschen Bischofskonf., Bonn 2007 (= Arbeitshilfen 215).

Institutio generalis Missalis Romani, in: Missale Romanum, ex decreto Sacrosancti Oecumenici Vaticani II instauratum […], Città del Vaticano 2002, 19–86. Deutsch: Grundordnung des Römischen Messbuchs (s. o.).

Kongregation für den Klerus, Allgemeines Direktorium für die Katechese [15. VIII. 1997], hrsg. v. Sekretariat der Deutschen Bischofskonferenz, o. O. o. J. (= VApS 130).

Dies., Direktorium für Leben und Dienst der Priester *Tota Ecclesia* [31. I. 1994], hrsg. v. Sekretariat der Deutschen Bischofskonferenz, o. O. o. J. (= VApS 113).

Instruktion „Der Priester, Hirte und Leiter der Pfarrgemeinde" [4. VIII. 2002], hrsg. v. Sekretariat der Deutschen Bischofskonferenz, o. O. o. J. (= VApS 157).

Kongregation für den Klerus u. a., Instruktion zu einigen Fragen über die Mitarbeit der Laien am Dienst der Priester *Ecclesia de mysterio* [15. VIII. 1997], hrsg. v. Sekretariat der Deutschen Bischofskonferenz, o. O. o. J. (= VApS 129).

Ritenkongregation/Consilium, Instruktion über die Musik in der Liturgie *Musicam sacram* [9. II. 1967], in: DEL I, 733–801.

Ritenkongregation/Rat zur Ausführung der Konstitution über die heilige Liturgie, Instruktion über Feier und Verehrung des Geheimnisses der Eucharistie *Eucharisticum mysterium* [25. V. 1967]. Lateinisch–deutsch, hrsg. v. d. Liturgischen Instituten in Trier, Salzburg u. Freiburg/Schweiz. Eingel. v. Heinrich Rennings, Trier 1967 (= NaDo 6), 28–117. Auch in: EDIL/DEL I, 899–965.

S. Rituum Congregatio, Rubricae Breviarii et Missalis Romani [26. VII. 1960], in: Braga/Bugnini, Documenta, 3440–3988.

Konzilien und Päpste, konziliare, päpstliche, kuriale und bischöfliche Satzungen und Verlautbarungen

Benedikt XVI., Brief an die Bischöfe anlässlich der Publikation des Apostolischen Schreibens Motu proprio *Summorum pontificum* über die römische Liturgie in ihrer Gestalt vor der 1970 durchgeführten Reform, in: Ders., Apostolisches Schreiben *Summorum pontificum*. Brief des Heiligen Vaters an die Bischöfe anlässlich der Publikation. 7. Juli 2007, hrsg. v. Sekretariat d. Deutschen Bischofskonferenz, Bonn 2007 (VApS 178), 21–27.

Benedikt XVI., Litterae Apostolicae Motu proprio datae *Summorum pontificum*. Apostolisches Schreiben Motu proprio *Summorum pontificum* [7. VII. 2007], in: ebd., 4–19.

Braga, Carlo/Bugnini, Annibale, Documenta ad instaurationem liturgicam spectantia, 1903–1963, Roma 2000.

Florenz: Konzil von Florenz, Bulle über die Union mit den Armeniern *Exsultate Deo* [22. XI. 1439], in: DH, 1310–1328.

Guidelines for Admission to the Eucharist between the Chaldean Church an the Assyrian Church of the East, in: www.vatican.va/roman_curia/ pontifical_councils /chrstuni/documents/rc_pc_chrstuni_ doc_20011025_chiesa-caldea-assira_en. html [Zugriff: 5. VII. 2007].

Johannes Paul II., Apostolisches Schreiben an die Bischöfe, den Klerus, die Ordensleute und an die Gläubigen über die Heiligung des Sonntags *Dies Domini* [31. V. 1998], hrsg. v. Sekretariat der Deutschen Bischofskonferenz, o. O. 2. Aufl. 2002 (= VApS 133).

Katechismus der Katholischen Kirche. Neuübersetzung aufgrund der Editio typica Latina [1997], München u. a. 2003.

Katholischer Katechismus der Bistümer Deutschlands [1955]. Ausgabe für das Bistum Würzburg, Würzburg o. J.

Konzil von Hippo: Concilium Hipponense, Breviarium Hipponense. Statuta Concilii Hipponensis breviata [et] quadam eorum in Concilio Carthaginensi cum Bizacenis episcopis conlata [et diligentius petracta] haec sunt, in: Concilia Africae a. 345 – a. 525, cura et studio C. Munier, Turnholti 1974 (CChr. SL 149), 30–53.

Konzil von Laodikea: Concilium Laodicenum, in: Mansi, t. II, 583–600. 611–650.

Konzil von Nikaia: Canones Concilii Nicaeni. Ex interpretatione Dionysii Exigui, in: Mansi, t. II, 677–684. Ex interpretatione Isidori Mercatoris, in: ebd., 683–692.

IV. Konzil von Toledo: Concilium Toletanum IV, in: Mansi, t. X, 611–650.

Päpstliches Werk für geistliche Berufe, Neue Berufungen für ein neues Europa (In verbo tuo…). Schlussdokument des Europäischen Kongresses über die Berufungen zum Priestertum und Ordensleben in Europa. Rom, 5.–10. Mai 1007. In Zusammenarb. d. Kongregationen für das Katholische Bildungswesen, für die Orientalischen Kirchen, für die Institute des geweihten Lebens und die Gesellschaften des apostolischen Lebens [6. I. 1998], hrsg. v. Sekretariat der Deutschen Bischofskonferenz, o. O. o. J. (= VApS 131).

Pius X., Instructio de musica sacra *Tra le sollecitudini* [22. XI. 1903], in: Braga/Bugnini, Documenta ad instaurationem liturgicam spectantia [wie oben], nn. 32–67.

Pius XII., Enzyklika über die heilige Liturgie *Mediator Dei* [20. XI. 1947]: *Sanctissimi Domini nostri Pii divina providentia papae XII Litterae encyclica de Sacra Liturgia (die XX novembris MCMXLVII : « Mediator Dei »)* / Pius XII., Rundschreiben über die heilige Liturgie (26. November 1947: „Mediator

Dei"). Lateinischer Text nach den „Acta Apostolicae Sedis". Deutscher Text nach der von der Vatikanischen Druckerei vorgelegten Übersetzung. Im Auftr. d. Liturgischen Instituts eingeteilt u. m. Überschriften, Randnoten u. Registern vers. v. Leo Koep, Freiburg <i. Br.> 1948.

Synode der Diözese Paris: Odonis episcopi Parisiensis Synodicae constitutiones. Communia praecepta synodalia, in: Mansi, XXII, 675–686.

Trient, Konzil von Trient, Sessio XIII: Dekret über das Sakrament der Eucharistie [11. X. 1551], in: DH 1635–1661.

Dass., Sessio XXII: Lehre und Kanones über das Messopfer [17. IX. 1562], in: DH 1738–1762.

Zweites Vatikanisches Konzil, *Constitutio de Sacra Liturgia*. Konstitution über die heilige Liturgie *Sacrosanctum Concilium* [4. XII. 1963], in: LThK. Erg.-Bd. I, 9–109.

Dass., *Constitutio dogmatica de Ecclesia*. Dogmatische Konstitution über die Kirche *Lumen gentium* [21. XI. 1964], LThK. Erg.-Bd. I, 137–359.

Dass., *Constitutio dogmatica de Divina revelatione*. Dogmatische Konstitution über die göttliche Offenbarung *Dei verbum* [18. XI. 1965], in: LThK. Erg.-Bd. II, 497–583.

Dass., Decretum de institutione sacerdotali. Dekret über die Ausbildung der Priester *Optatam totius* [28. X. 1965], in: LThK. Erg.-Bd. II, 309–355.

Dass., Decretum de Presbyterorum ministerio et vita. Dekret über Leben und Dienst der Priester *Presbyterorum Ordinis* [7. XII. 1965], in: LThK. Erg.-Bd. III, 127–239.

Liturgische Bücher

Consilium ad exsequandam Constitutionem de Sacra Liturgia, De Oratione communi seu fidelium. Natura, momentum ad structura. Criteria atque specimina Coetibus territorialibus Episcoporum proposita, Città del Vaticano 1966.

Die Feier der Gemeindemesse, in: Die Messfeier – Dokumentensammlung, Auswahl für die Praxis, hrsg. v. Sekretariat der Deutschen Bischofskonferenz, o. O., 6., korr. Aufl. 1996 (= Arbeitshilfen 77), 91–115.

Die Feier der heiligen Messe. Messbuch. Für die Bistümer des deutschen Sprachgebietes. Authentische Ausgabe für den liturgischen Gebrauch, hrsg. im Auftr. der Bischofskonferenzen Deutschlands, Österreichs u. d. Schweiz u. a.: Hochgebet für Messen für besondere Anliegen, Freiburg i. Br. u. a. 1994 Ndr. 2003.

Die Feier der heiligen Messe. Messbuch. Für die Bistümer des deutschen Sprachgebietes. Authentische Ausgabe für den liturgischen Gebrauch, hrsg. im Auftr. der Bischofskonferenzen Deutschlands, Österreichs u. d. Schweiz u. a.: Teil I: Die Sonn- und Feiertage deutsch und lateinisch. Die Karwoche deutsch, Einsiedeln u. a. 1975.

Die Feier der heiligen Messe. Messlektionar. Für die Bistümer des deutschen Sprachgebiets. Authentische Ausgabe für den liturgischen Gebrauch, hrsg. im Auftr. der Bischofskonferenzen Deutschlands, Österreichs u. d. Schweiz u. a., 3 Bde., Freiburg i. Br. 1982–1983.

Gotteslob. Katholisches Gebet- und Gesangbuch, hrsg. v. d. Bischöfen Deutschlands u. Österreichs u. d. Bistümern Bozen-Brixen u. Lüttich. M. d. Eigenteil des Bistums Würzburg, Würzburg 1975.

Graduale Romanum: Graduale Sacrosanctae Romanae Ecclesiae de tempore et de sanctis, ss. d. n. Pii X. pontificis maximi iussu restitutum et editum, ad exemplar Editionis typicae concinnatum et rhythmicis signis a Solesmensibus monachis diligenter ornatum, Parisiis et al. 1961.

Institutio generalis Missalis Romani [1970], in: Enchiridion documentorum instaurationis liturgicae, composuit et indice instr. Reiner Kaczynski, vol. I: 1963–1973, Taurini o. J. reimpr. Romae 1988, nn. 1381–1736.

Institutio generalis Missalis Romani [2002], in: Missale Romanum, ex decreto Sacrosancti Oecumenici Concilii Vaticani II instauratum [wie unten], ed. typica 3ª, 17–86.

Missale Romanum, ex decreto Concilii Tridentini. Ed. 28. juxta typicam, Ratisbonae 1954. Reimpr. anast., in portabilis documenti forma, Bonnae ad Rhenum 2004.

Missale Romanum. Ex Decreto Sacrosancti Concilii Tridentini restitutum, Pii v. Pont. Max. iussu editum [1570]: Missale Romanum. Editio Princeps (1570). Ed. anast., Introd. e Appendice a cura di Manlio Sodi – Achille Maria Triacca. Presentazione di Carlo M. Martini, Città del Vaticano 1998 (= MLCT 2).

Missale Romanum, ex decreto Sacrosancti Oecumenici Concilii Vaticani II instauratum, auctoritate Pauli pp. VI promulgatum [1970], Ioannis Pauli pp. II cura recognitum, ed. typica 3ª, Città del Vaticano 2002.

Rituale Romanum Pauli V. iussu editum, Romae 1614: Rituale Romanum. Editio Princeps (1614). Ed. anast., Introd. e appendice a cura di Manlio Sodi, Città del Vaticano (MLCT 4)

Rituale Romanum. Reimpr. ed. primae post typicam anno 1953 publici iuris factae, textibus postea approbatis, introd. et tabulis aucta, curantibus Anthony Ward et Cuthbert Johnson, Roma 2001 (BEL. S) (= Instrumenta Liturgica Quarreriensia. Supplementa 6).

Liturgische Bücher: private Arbeiten und Drucke

Kantorenbuch zum Gotteslob, hrsg. v. Paul Nordhues u. Alois Wagner. Kleinausgabe, Freiburg i. Br./Graz 2001.

Kirchengebet, hrsg. v. Verlag Jugendhaus Düsseldorf, Düsseldorf o. J. <Imprimatur: Köln 1. IV. 1930>

Textbuch Gemeindemesse. Sämtliche liturgischen Texte aus Messbuch und Messlektionar in einem Band, hrsg. v. Deutschen Liturgischen Institut in Trier, Augsburg 1997.

Theologische, auch liturgiewissenschaftliche Diskussion vor dem Zweiten Vatikanischen Konzil

Gülden, Josef, Grundsätze und Grundformen der Gemeinschaftsmesse in der Pfarrgemeinde, in: Volksliturgie und Seelsorge. Ein Werkbuch zur Gestaltung des Gottesdienstes in der Pfarrgemeinde, in Verb. m. Theodor Bogler u. a. hrsg. v. Karl Borgmann, Kolmar i. Els. 1942, 98–123.

Parochia. Handreichungen für den Pfarrseelsorger, hrsg. v. Karl Borgmann, Kolmar i. Els. 1943.

Theologische, auch liturgiewissenschaftliche Diskussion nach dem Zweiten Vatikanischen Konzil sowie während und nach der konziliaren Liturgiereform

Eizinger, Werner, Impulse zum Eucharistischen Hochgebet, Kevelaer 2000.

Franzen, F., Motivmessen 2. Thematische Messformulare für jeden Tag.

Nagel, Eduard, Mit der Not der Welt vor Gott. Inhalte und Formen der Fürbitten, Trier 1998.

Schilling, Alfred, Fürbitten und Kanongebete der Holländischen Kirche. Materialien zur Diskussion um zeitgenössische liturgische Texte, Mitarb.: Piet Vlaat, Essen 1970.

Ders., Motivmessen 1. Thematische Messformulare für jeden Tag, Essen 1970.

3. Darstellungen

Handbücher und Nachschlagewerke

Altaner, Berthold/Stuiber, Alfred, Patrologie. Leben, Schriften und Lehre der Kirchenväter, 8., durchges. u. erw. Aufl., Freiburg i. Br./Basel/Wien 1978.

Berger, Rupert, Neues Pastoralliturgisches Handlexikon, Freiburg i. Br./Basel/Wien 1999.

Drobner, Hubertus R., Lehrbuch der Patrologie, Freiburg i. Br./Basel/Wien 1994.

Meßner, Reinhard, Einführung in die Liturgiewissenschaft, Paderborn 2001 (= UTB für Wissenschaft 2173).

Lexikon für Theologie und Kirche, begr. v. Michael Buchberger. 2., völlig, neu bearb. Aufl., unter d. Protektorat v. Miachel Buchberger u. Eugen Seiterich hrsg. v. Josef Höfer u. Karl Rahner, 10 Bde. u. Register, Freiburg i. Br. 1957–1967. 3 Erg.-Bde.: Das Zweite Vatikanische Konzil. Dokumente und Kommentare, hrsg. v. Heinrich Suso Brechter u. a. Schriftleitg.: Herbert Vorgrimler, Freiburg i. Br./Basel/Wien 1966–1968, Sonderausg., Freiburg i. Br. 1986.

Lexikon für Theologie und Kirche, begr. v. Michael Buchberger. 3., völlig neu bearb. Aufl., hrsg. v. Walter Kasper m. Konrad Baumgartner u. a., 11 Bde., Freiburg i. Br./Basel/Wien, 1993–2001, Sonderausg. = durchges. Ausg. d. 3. Aufl., Freiburg i. Br./Basel/Wien 2006.

Liturgiefeier im Allgemeinen

Bernhard, Ludger, Ursprung und Sinn der Formel „Et cum spiritu tuo", in: Itinera Domini. Gesammelte Aufsätze aus Liturgie und Mönchtum, Emmanuel v. Severus zur Vollendung des 80. Lebensjahres am 24. August 1988 dargeboten, hrsg. v. Anselm Rosenthal, Münster 1988 (= BGAM. S 5), 87–113.

Fischer, Balthasar/Hucke, Helmut, Poetische Formen, in: Gestalt des Gottesdienstes. Sprachliche und nichtsprachliche Ausdrucksformen. M. Beitr. v. Rupert Berger u. a., 2. durchges. u. erg. Aufl., Regensburg 1990 (= GdK 3), 180–248.

Fuchs, Guido, Singet Lob und Preis. Stundengebet mit der Gemeinde feiern, Regensburg 1993.

Gerhards, Albert, „Blickt nach Osten!" Die Ausrichtung von Priester und Gemeinde bei der Eucharistie – eine kritische Reflexion nachonziliarer Liturgiereform vor dem Hintergrund der Geschichte des Kirchenbaus, in: Liturgia et Unitas. Liturgiewissenschaftliche und ökumenische Studien zur Eucharistie und zum gottesdienstlichen Leben in der Schweiz. Etudes liturgiques et œcuméniques sur l'Eucharistie et la vie liturgique en Suisse. In honorem Bruno Bürki, hrsg. v. Martin Klöckener u. Arnaud Join-Lambert, Freiburg Schweiz/Genève 2001, 197–217.

Häußling, Angelus Albert, Akklamationen und Formeln, in: Gestalt des Gottesdienstes. Sprachliche und nichtsprachliche Ausdrucksformen. M. Beitr. v. Rupert Berger u. a., 2. durchges. u. erg. Aufl., Regensburg 1990 (= GdK 3), 220–239.

Ders., Rez. Uwe Michael Lang, Conversi ad Dominum [2000], in: ALw 42. 2000, 156 f.

Ders., Rez. Uwe Michael Lang, Conversi ad Dominum [2003], in: ALw 46. 2004, 220 f.

Lang, Uwe Michael, Conversi ad Dominum. Zu Geschichte und Theologie der christlichen Gebetsrichtung. M. einem Geleitw. v. Joseph Card. Ratzinger, Einsiedeln 2003 [2]2003 (= Neue Kriterien 5).

Ortkemper, Franz-Josef, Zwischen Tradition und Spontaneität, in: Gottes Volk feiert … Anspruch und Wirklichkeit gegenwärtiger Liturgie, hrsg. v. Martin Klöckener, Eduard Nagel u. Hans-Gerd Wirtz, Trier 2002, 80–91.

Renken, Christian, Meditatio zur Vorbereitung der Liturgiefeier. Versuche im Religionsunterricht, in: Das Geheimnis lasst und künden. Liturgie zwischen Wissenschaft und pastoraler Wirklichkeit, hrsg. v. Nadine Baumann u. Martin Stuflesser [FS Klemens Richter z. 65. Geb.], Münster 2005, 154–164.

Richter, Klemens, Die Messe lesen? Gottesdienst in der Spannung von frei gesprochenem und gelesenem Wort, in: Glauben durch Lesen? Für eine christliche Lesekultur, hrsg. v. Adel Theodor Koury u. Ludwig Muth, Freiburg i. Br./Basel/Wien 1990 (= QD 182), 39–65.

Ruppert, Meditatio – Ruminatio. Zu einem Grundbegriff christlicher Meditation, in: EuA 53. 1977, 83–93.

Ryelandt, Idesbald, Brevier und Betrachtung [Vortrag bei der Semaine liturgique in Maredsous, 19.–23. VIII. 1912], in: Sankt Benedikts-Stimmen 38. 1914, 24–29. 62–66. 110–114.

Wintersig, Athanasius, Pfarrei und Mysterium, in: JLw 5. 1925, 136–143.

Theologie der Liturgiefeier

Häußling, Angelus Albert, Christliche Identität aus der Liturgie. Theologische und historische Studien zum Gottesdienst der Kirche, hrsg. v. Martin Klöckener, Benedikt Kranemann u. Michael B. Merz, Münster Westf. 1997 (= LWQF 79).

Ders., Liturgie: Gedächtnis eines Vergangenen und doch Befreiung in der Gegenwart, in: Vom Sinn der Liturgie. Gedächtnis unserer Erlösung und Lobpreis Gottes, hrsg. v. dems. M. Beitr. v. dems. u. a., Düsseldorf 1991 (SKAB 140), 118–130. Jetzt neu in: Ders., Christliche Identität aus der Liturgie [wie oben], 2–10.

Ders., Liturgie und Leben, in: LS 39. 1988, 169–174. Jetzt neu in: Ders., Christliche Identität aus der Liturgie [wie oben], 131–139.

Kirchberg, Julie, Stellt das trinitarische Gebet den christlichen Monotheismus in Frage?, in: Kirche u. Israel 7. 1992, 61–73.

Kranemann, Benedikt, Liturgisches Beten zu Christus? Zur Theozentrik und Christozentrik liturgischen Betens, in: Kirche u. Israel 7. 1992, 45–60.

Richter, Klemens, Per Christum ad Deum. Der Adressat in den Präsidialgebeten der erneuerten Liturgie, in: Und dennoch ist von Gott zu reden. FS f. Herbert Vorgrimler, hrsg. v. Matthias Lutz-Bachmann, Freiburg i. Br./Basel/Wien 1994, 277–295.

Kirchen- und Liturgiegeschichte im Allgemeinen, auch nachkonziliare Diskussionen

Bianchi, Enzo, Die Rückkehr des tridentinischen Missale, in: Ein Ritus – zwei Formen, 103–121.

Ein Ritus – zwei Formen. Die Richtlinie Papst Benedikts XVI. zur Liturgie, hrsg. v. Albert Gerhards, Freiburg i. Br./Basel/Wien 2008.

Häußling, Angelus A., *Der Geist der Liturgie*. Zu Joseph Ratzingers gleichnamiger Publikation, in: ALw 43./44. 2001/02, 362–395.

Ders., Liturgiewissenschaftliche Aufgabenfelder vor uns, in: LJ 38. 1988, 94–108. Jetzt neu in: Ders., Christliche Identität aus der Liturgie [wie oben], 321–353.

Ders., „Missarum Sollemnia" und „Eucharistie", in: ALw 32. 1990, 382–393.

Jungmann, Josef Andreas, Die Abwehr des germanischen Arianismus und der Umbruch der religiösen Kultur im frühen Mittelalter, in: ZKTh 69. 1947, 36–99, hier zit. n.: Ders., Liturgisches Erbe und pastorale Gegenwart. Studien und Vorträge, Innsbruck/Wien/München 1960, 3–86.

Kunzler, Michael, Die „Tridentinische Messe". Aufbruch oder Rückschritt?, Paderborn 2008.

Lengeling, Emil Joseph, Eucharistiefeier und Pfarrgemeinde. Aufgaben nach dem Konzil, in: Die neue Gemeinde. FS f. Theodor Filthaut, unter Mitarb. v. Walter Dirks u. Johann Baptist Metz hrsg. v. Adolf Exeler, Mainz 1967 [2]1968, 136–166.

Ders., Liturgie in der Spannung zwischen Autorität und Freiheit, Einheit und Vielfalt, Ordnung und Kreativität, in: Macht – Dienst – Herrschaft in Kirche und Gesellschaft, hrsg. v. Wilhelm Weber, Freiburg i. Br./Basel/Wien, 123–142. Gekürzt in: Lengeling, Liturgie – Dialog zwischen Gott und Mensch, hrsg. v. Klemens Richter, Altenberge 1988, 74–83.

Liturgiereformen. Historische Studien zu einem bleibenden Grundzug des christlichen Gottesdienstes, hrsg. v. Martin Klöckener u. Benedikt Kranemann, Teil II: Liturgiereformen seit der Mitte des 19. Jahrhunderts bis zur Gegenwart, Münster 2002 (= LWQF 88, II).

Mosebach, Martin, Häresie der Formlosigkeit. Die römische Liturgie und ihr Feind, Wien/Leipzig 2002 u. ö.

Ratzinger, Joseph, Der Geist der Liturgie. Eine Einführung, Freiburg i. Br./Basel/Wien 2000 u. ö.

Spaemann, Robert, Bemerkungen eines Laien, der die alte Messe liebt, in: Ein Ritus – zwei Formen, 75–102.

Messfeier im Allgemeinen

Betz, Johannes, Eucharistie als zentrales Mysterium, in: Mysterium salutis. Grundriss heilsgeschichtlicher Dogmatik, hrsg. v. Johannes Feier u. Magnus Löhrer, Bd. IV/2: Das Heilsgeschehen in der Gemeinde. Gottes Gnadenhandeln, unter Mitarb. v. Johannes Betz u. a., Einsiedeln/Zürich/Köln, 185–313.

Gemeinde im Herrenmahl. Zur Praxis der Messfeier. FS Emil Joseph Lengeling z. 60. Geb., hrsg. v. Theodor Maas-Ewerd u. Klemens Richter, 2., verb. Aufl., Einsiedeln u. a. 1976 (PLR-Gd).

Jungmann, Josef Andreas, Missarum Sollemnia. Genetische Erklärung der römischen Messe [1948], 2 Bde., 5. Aufl., Freiburg i. Br./Basel/Wien 1962.

Lurz, Wilhelm, Ritus und Rubriken der heiligen Messe. Zum Gebrauch der Alumnen und Priester, Würzburg, 3., vielf. erw. u. verbess. Aufl., 1952.

Eröffnung der Messfeier

Jilek, August, Die Eröffnung der Messfeier. Liturgie-theologische Überlegungen – Praktische Vorschläge für eine sinngerechte und differenzierende Gestaltung, in: LJ 39. 1989, 127–154.

Schnitzler, Theodor, Kyrielitanei am Anfang?, in: Gemeinde im Herrenmahl [wie oben], 217–221.

Liturgie des Wortes bzw. Wortgottesdienst und Leseordnung

Braulik, Georg, Die Tora als Bahnlesung. Zur Hermeneutik einer zukünftigen Auswahl der Sonntagsperikopen, in: Bewahren und Erneuern. Studien zur Messliturgie. FS f. Hans Bernhard Meyer SJ z. 70. Geb., hrsg. v. Reinhard Meßner, Eduard Nagel u. Rudolf Pacik, Innsbruck/Wien 1995 (= ITS 42), 50–76.

Ders., Kanon und liturgische Schriftlesung. Bibelhermeneutische Überlegungen zu einer Neuordnung der Sonntagsperikopen, in: BiLi 68. 1995, 181–186.

Eham, Markus, Formen des Psalmensingens, in: HlD 50. 1996, 65–84.

Franz, Ansgar, Die Rolle des Alten Testaments in Perikopenreformen des 20. Jahrhunderts, in: Streit am Tisch des Wortes? Zur Deutung und Bedeutung des Alten Testaments und seiner Verwendung in der Liturgie, St. Ottilien 1997 (= PiLi 8), 619–648.

Lohfink, Norbert, Altes Testament und Liturgie. Unsere Schwierigkeiten und unsere Chancen, in: LJ 47. 1997, 3–22.

Ders., Eine Bibel – zwei Testamente, in: Eine Bibel – zwei Testamente. Positionen biblischer Theologie, hrsg. v. Christoph Dohmen u. Thomas Söding, Paderborn 1995 (= UTB 1893), 71–81.

Ders., Moses Tod, die Tora und die alttestamentliche Sonntagslesung, in: ThPh 71. 1996, 481–494.

Nagel, Eduard, Mit der Not der Welt vor Gott. Inhalte und Formen der Fürbitten, Trier 1998.

Zenger, Erich, Heilige Schrift der Juden und der Christen, in: Ders. u. a., Einleitung in das Alte Testament, Stuttgart/Berlin/Köln 1995 (= Kohlhammer Studienbücher Theologie 1, 1), 12–33.

Eucharistische Liturgie

Fischer, Balthasar, Die Kelchkommunion im Abendland. Eine historische Skizze, in: LJ 17. 1967, 18–32.

Jilek, August, Das Brotbrechen. Eine Einführung in die Eucharistiefeier, Regensburg 1994 (= Kleine Liturg. Bibl. 2).

Neunheuser, Burkhard, Das Eucharistische Hochgebet als Konsekrationsgebet, in: Gratias agamus. Studien zum eucharistischen Hochgebet. FS Balthasar Fischer, hrsg. v. Andreas Heinz u. Heinrich Rennings, Freiburg i. Br./Basel/Wien 1992 (PLR-Gd), 315–326.

Ökumenischer Arbeitskreis evangelischer und katholischer Theologen, Das Opfer Christi und der Kirche. Abschließender Bericht, in: Das Opfer Jesu Christi und seine Gegenwart in der Kirche. Klärungen zum Opfercharakter des Herrenmahls, hrsg. v. Karl Lehmann u. Edmund Schlink, Freiburg i. Br. u. a. 1983 (= Dialog der Kirchen 3), 215–238.

Richter, Klemens, Zur Praxis der Kelchkommunion, in: „… und trinket alle daraus." Zur Kelchkommunion in unseren Gemeinden, hrsg. v. Heinrich Spaemann, Freiburg i. Br./Basel/Wien 1986 (Gemeinde im Gottesdienst), 15–33.

Schneider, Theodor, Opfer Jesu Christi und der Kirche. Zum Verständnis der Aussagen des Konzils von Trient, in: Das Opfer Jesu Christi und seine Gegenwart in der Kirche. Klärungen zum Opfercharakter des Herrenmahls, hrsg. v. Karl Lehmann u. Edmund Schlink, Freiburg i. Br. u. a. 1983 (= DiKi 3), 176–195.

Slenczka, Reinhard, Opfer Christi und Opfer der Christen, in: Das Opfer Jesu Christi und seine Gegenwart in der Kirche. Klärungen zum Opfercharakter des Herrenmahls, hrsg. v. Karl Lehmann u. Edmund Schlink, Freiburg i. Br. u. a. 1983 (= DiKi 3), 196–214.

Stuflesser, Martin, Das Opfer in nachvatikanischen Hochgebeten, in: Das Opfer – biblischer Anspruch und liturgische Gestalt, unter Mitarb. v. Achim Budde u. a. hrsg. v. Albert Gerhards u. Klemens Richter, Freiburg i. Br. u. a. 2000 (= QD 186), 257–271.

Ders., Memoria Passionis. Das Verhältnis von lex orandi und lex credendi am Beispiel des Opferbegriffs in den Eucharistischen Hochgebeten nach dem II. Vatikanischen Konzil, Diss. theol. Münster 1997, Altenberge [2]2000 (= MThA 51).

Wohlmuth, Josef, Opfer – Verdrängung und Wiederkehr eines schwierigen Begriffs, in: Das Opfer – biblischer Anspruch und liturgische Gestalt, unter Mitarb. v. Achim Budde u. a. hrsg. v. Albert Gerhards u. Klemens Richter, Freiburg i. Br. u. a. 2000 (= QD 186), 100–127.

Sonstiges aus Theologie und Gesellschaftswissenschaft

Girtler, Roland, Die alte Klosterschule. Eine Welt der Strenge und der kleinen Rebellen, Wien/Köln/Weimar 2000.

Jone, Heribert, Katholische Moraltheologie. Unter besonderer Berücksichtigung des Codex Iuris Canonici sowie des deutschen, österreichischen und schweizerischen Rechtes, kurz zusammengestellt, Paderborn 1929 [16]1953.

Küng, Hans, Die Kirche, Freiburg i. Br./Basel/Wien 1967 (= Ökumenische Forschungen. I. Ekklesiologische Abt., Bd. 1).

Schücker, Carina/Litmeier, Judith/Alfert, Annabelle, Wegweiser gesucht. Drei Jugendliche sagen, was sie von der Kirche erwarten, in: Gd 39.2005, 56.

Titze, Hartmut, Schulen, Hochschulen, Lehrer. Lehrerbildung und Professionalisierung, in: Handbuch der deutschen Bildungsgeschichte, hrsg. v. Christa Berg u. a., Bd. IV: 1870–1918. Von der Reichsgründung bis zum Ende des Ersten Weltkriegs, hrsg. v. Christa Berg, München 1991, 345–370.

Walz, Ursula, Eselsarbeit für Zeisigfutter. Die Geschichte des Lehrers, Frankfurt am Main 1988.

Anmerkungen

1 „Ja, du bist heilig, großer Gott, du bist der Quell aller Heiligkeit." (HG II: MB I, 170; auch in: GL 360 Abschn. 4).

2 „Ja, du bist heilig, großer Gott. Du liebst die Menschen und bist ihnen nahe. Gepriesen sei dein Sohn, der immer mit uns auf dem Weg ist und uns versammelt zum Mahl der Liebe. Wie den Jüngern [von Emmaus] deutet er uns die Schrift und bricht das Brot für uns." (HG für Messen für besondere Anliegen, 17. Auch in: HG für Messen für besondere Anliegen. Ausgabe für die Gemeinde, 21).

3 „Sende deinen Geist auf diese Gaben herab und heilige sie, damit sie uns werden Leib und Blut deines Sohnes, unseres Herrn Jesus Christus. Denn am Abend, an dem er ausgeliefert wurde und sich aus freiem Willen dem Leiden unterwarf, nahm er das Brot und sagte Dank, brach es, reichte es seinen Jüngern und sprach:" (HG II: MB I, 174; auch in: GL 360 Abschn. 4).

4 Vgl. FGM 16. 22 f.; MB I, 103. 107.

5 Das ergibt sich aus dem Staffelgebet als ganzem wie aus seinen einzelnen Textstücken. Jungmann, Missarum Sollemnia, 5. Aufl., I, 380–384. 386 f.

6 „Das Eucharistische Hochgebet wird vom Priester laut und vernehmlich vorgetragen und von der Gemeinde mit dem Zuruf Amen abgeschlossen. Mit Melodien versehene Teile können gesungen werden" (FGM 93). AEM 12; GORM 32.

7 „Auch das heilige Schweigen soll zu seiner Zeit eingehalten werden." *Sacrum quoque silentium suo tempore servetur.* (LK 30 Satz 2). AEM 23; GORM 45 Abs. I; Berger, Art. Stille, in: Ders., Handlexikon, 484 f.

8 Bezeichnend eine Beobachtung, die P. Angelus Häußling OSB 1993 notiert: „Für die Praxis, nur eucharistische Spezies auszuteilen, die jeweils in der gleichen Messfeier in der Gabendarbringung zum Altar gebracht und dort konsekriert worden war, hätte man nicht erst bis 1947, bis zur Enzyklika ‚Mediator Dei' Papst Pius' XII. (1939–1958) zu warten brauchen, der diesen Brauch als legitim erklärt, ja als höchst sinnvoll empfiehlt, sondern man hätte sich auf Papst Benedikt XIV. (1740–1758) berufen können, der 1742 das Verbleiben bei der alten Praxis empfahl, innerhalb der Messe Kommunion auszuteilen, und zwar mit innerhalb der Messe kon-

sekrierten Spezies, so dass es 1925, nach bald zwei Jahrhunderten, nicht zu früh war, dem Papst zu gehorchen, aber man kannte diesen Beleg offenbar nicht" (Häußling, Die Gabendarbringung, 290: LQF 79, 200 f.). Pius XII., Enz. *Mediator Dei* [20. XI. 1947], pars II, cap. III, divisio *Commendatur unio spiritualis*: Braga/Bugnini 1977 f. = Herder-Ausg. Nr. 112 f.; LK 55 Abs. I; AEM 56h; GORM, 85.

9 Zur Problematik der Bezeichnungen für den römisch-katholischen Seelsorgsgeistlichen vgl. unten Anm. 14.

10 Benedikt XVI., Motupr. *Summorum pontificum* [7. VII. 2007], Art. 1 Abs. I: VApS, 10 f. Zur Problematik insgesamt Ein Ritus – zwei Formen, und Kunzler, „Tridentinische" Messe.

11 Von diesen Reformen und Ergänzungen sind besonders zu nennen der *Codex rubricarum* vom 26. VII. 1960 (Braga/Bugnini, Documenta, 3441–3988), mit dem die Ritenkongregation am Vorabend des (bereits angekündigten) Zweiten Vatikanischen Konzils die Handlungsanweisungen (Rubriken) für Eucharistie- und Tageszeitenfeier neu ordnen wollte. Auf Grundlage des *Codex rubricarum* erschien „mit ungewohnter Schnelligkeit" am 23. VI. 1962 eine neue Editio typica für das *Missale*. „Viele sahen darin den Versuch der Ritenkongregation und ihrer konservativen Kräfte, den liturgischen Reformbemühungen des Konzils zuvorzukommen." (Berger, Art. Codex rubricarum, in: Ders., Handlexikon, 99) – Im Nachhinein hat das *Missale* von 1962 eine traurige Berühmtheit erlangt, weil jene Kreise in der römischen Kirche, die meinen, die konziliare Liturgiereform nicht gutheißen zu sollen, nicht das *Missale* Pauls VI. von 1970 benutzen, sondern das kurze Zeit vor der Umsetzung der konziliaren Anordnungen unberührte: eben das *Missale* von 1962.

12 Deutsch 1975 als „Messbuch. Für die Bistümer des deutschen Sprachgebietes. Authentische Ausgabe für den liturgischen Gebrauch"; die lateinische Normfassung ist in 3. Auflage *(editio typica tertia)* 2002 in Rom–Vatikanstadt neu erschienen, zurzeit ist eine Verdeutschung in Arbeit). Das ist die „neue" Messe, die in den Pfarreien des deutschen Sprachraumes verbreitet ist, mit mehr

oder minder großen Abweichungen von der vorgegebenen Norm.

13 In dieser Arbeit wird „Sinnbild" und „sinn-bildlich" in den Fällen gesetzt, in denen sonst im theologischen und pastoral-pädagogischen Diskurs, gerade auch in den Pfarreien und ihren Gottesdienst-Vorbereitungskreisen und Liturgie-Ausschüssen, von „Symbol" und „symbolisch" die Rede ist. Denn was unter „Symbol" zu verstehen sei, weiß eigentlich keiner so recht. (I) Im Allgemeinen: „Symbol" ist ein Gegenstand oder Bildzeichen, das durch Übereinkunft (Konvention) der Menschen die gemeinte Wirklichkeit vertritt, im Medium des Bildes prägnant auf das Gemeinte hinweist. Beispiel: Verkehrszeichen. In diesem Sinne sagt man, etwas sei „„nur symbolisch', als sei die gemeinte Wirklichkeit im Symbol nicht gegenwärtig, sondern nur vertreten." (Berger, Art. Symbol, in: Ders., Handlexikon, 492) (II) In Theologie und Liturgiefeier: „Symbol" ist ein Gegenstand, ein Seiendes aus der Wirklichkeit der Menschen, durch das hindurch sich ein anderes Seiendes, nämlich eine anderweitig nicht voll fassbare Wirklichkeit, unter Umständen die Wirklichkeit des höchsten Seins, Gottes selbst, dem erkennenden Menschen in der Symbol-Gestalt mitteilt, ja offenbart (Berger, ebd., 491–493). Diese Sich-selbst-Mitteilung und Selbst-Offenbarung durch die Symbol-Gestalt ist möglich, weil die symbolisierende Gestalt in ihrer tiefsten Wirklichkeit vollkommener (oder, bei irdischen Gegenständen, beinahe vollkommener) Ausdruck des Symbolisierten, des Gestalteten ist, wie – dieses Beispiel bringt Karl Rahner in einer Veröffentlichung von 1959 – Christus, der ΛΟΓΟΣ LOGOS (= das Wort, die Vernunft) Gottes, als mensch-gewordenes, inkarniertes WORT Gott Vaters in seinem WORT seienden Menschenwesen vollkommener Ausdruck des Vaters ist und Symbol des Vaters, das Ihn der Welt offenbar macht. Ein solches „Symbol" nennt Rahner „Realsymbol" (Rahner, Theologie des Symbols, im Ganzen, bes. 285 f. 297. 299–301). (III) Beispiele: das dreimalige Untergetaucht- und Herausgezogen-Werden in der hl. Taufe ist Realsymbol des Sterbens und Auferste-hens mit Christus (Röm 6,4), durch das sich letztlich die Wirklichkeit des Heilshandelns Gottes in Christus selbst offenbart. Wenn in der kirchlichen Abendlobfeier zum Gesang des Psalmverses: „Wie ein Rauchopfer stei-ge mein Gebet vor dir auf; * als Abendopfer

gelte vor dir, wenn ich meine Hände erhebe" (Ps 141 (140) *Domine, clamavi*, 2) der Altar beräuchert oder in einer Schale Weihrauch auf eine glühende Kohle gestreut wird, ist der aufsteigende Weihrauch, weil er beina-he vollkommener Ausdruck des Gebetes der Menschen ist, Symbol – nach Rahner: Real-symbol – des zu Gott aufsteigenden Gebetes der Menschen. (IV) Folgerung: Weil die Un-terscheidung zwischen Symbol und Realsym-bol manchmal schwierig sein kann und unter Umständen abhängig davon ist, wie sehr eine Person, die die fragliche Unterscheidung trifft, in die Symbolwirklichkeit der Litur-giefeier eingeführt ist, spreche ich in dieser Arbeit von „Sinnbild" und „sinnbildlich". – Sich betrachtend, betend, feiernd einzuüben in die Sinnbild-Wirklichkeit der Liturgiefeier, in der unter den Sinnbildern die Wirklichkeit Gottes selbst sich entbirgt, sich mitteilt, of-fenbart, ist und bleibt sehr wichtig für jede Person, die sich in das liturgische Leben der Kirche hineinschicken will.

14 Während wohl klar ist, was in der römischen Kirche „Bischof" meint, ist es schwer, eine klare Bezeichnung für jene Geistlichen zu gewinnen, die in der Seelsorge tätig sind, wenn auch in unterschiedlichen beamten-rechtlichen Positionen (Pfarrer gegenüber Kaplänen und anderen Hilfsgeistlichen), bisweilen unterstützt von hauptamtlichen Laienmitarbeiterinnen und -mitarbeitern mit unterschiedlicher Vorbildung und Besol-dung. – Im Folgenden setze ich ganz korrekt „Presbyter" für umgangssprachlich „Pries-ter", wenn die Personen gemeint sind, die den mittleren Grad des Geistlichen Dienst-amtes ausüben und, gerade wenn sie in einer Pfarrstelle installiert sind, großen Einfluss auf das liturgische Leben einer Ortsgemein-de und seine konkrete Gestalt haben.

15 Vgl. Ortkemper, Zwischen Tradition und Spontaneität, 84 f.

16 Vgl. Johannes Paul II., Apost. Schr. *Dies Do-mini* [31. V. 1998], nn. 31–38. 44. 46–51.

17 Vgl. LK 1. 10 Abs. II. 11 f. 14 Abs. I. Zur Interpretation vgl. Häußling, Religiöse Spra-che und sakrale Symbole, 138: LWQF 79, 60 f.; Ders., Rez. *Der Geist der Liturgie*, 378–382. 385 f.

18 Vgl. Jilek, Die Eröffnung der Messfeier.

19 Vgl. Jilek, Die Eröffnung der Messfeier, 146 f.; Bernhard, Ursprung und Sinn der Formel „Et cum spiritu tuo", 87–113. Zur Analyse und Interpretation vgl. zusammen-

fassend Häußling, Akklamationen und Formeln, 226–228.

20 Zum Folgenden vgl. Missale Romanum 1970 [2002]. Ordo Missae. Ritus initiales. Actus paenitentialis, nn. 4–6: unsere Ausg., 504–508; MB I, 459 f. 237–529; FGM 15–23; MB I, 104–106.

21 Vgl. Schnitzler, Kyrielitanei am Anfang?, hier 217.

22 „Gelobet seist du, Jesu Christ" (GL 130), „Sei uns willkommen" (GL 131), „Christ ist erstanden" (GL 213), „Christ fuhr gen Himmel" (GL 228), „Nun bitten wir den Heiligen Geist" (GL 248), „Ehre sei dir, Christe" (GL 499) und „Sonne der Gerechtigkeit" (GL 644).

23 Zur Verwendung des *Gloria* als Morgengebet vgl. Athanasius, De virginitate, cap. 20: Migne, PG 28, 275 f. D; zur Verwerfung der selbstgemachten Psalmen vgl. das Konzil von Laodikea [zw. 341 u. 380], can. 59: Mansi II, 573 C / 574 C. 590 E, u. IV. Konzil von Toledo [633], can. 13: Mansi X, 623 A.

24 Zum Folgenden vgl. Meßner, Einführung in die Liturgiewissenschaft, 180.

25 Vgl. GL 353 Abschn. 6 u. 8; GL 495; 522–524; 162 „Aus der Tiefe unsrer Todesangst" (Fastenzeit); 214 „Christus, Sieger über Tod und Sünde" (Osterzeit).

26 *Gloria* deutsch: GL 354; lateinisch: 402; Vertonungen des deutschen Textes: GL 426; 430; 437; 444; 455. Eines der ganz wenigen akzeptablen *Gloria*-Lieder ist das des Nicolaus Decius von 1522 (GL 457).

27 „Dass niemand in Gebeten entweder den Vater für den Sohn oder den Sohn für den Vater nennt; und dass, wenn man am Altar steht, immer zum Vater das Gebet gelenkt werde." *Vt nemo in precibus uel Patrem pro Filio uel Filium pro Patre nominet ; et cum altari adsistitur semper ad Patrem dirigatur oratio.* Konzil von Hippo (393), Breviarium Hipponense, can. 21a): Munier, CChr. SL 149, 39, Z. 124–126; vgl. Kirchberg, Stellt das trinitarische Gebet das christlichen Monotheismus in Frage?, 71 f.; Kranemann, Liturgisches Beten, 56 f.; Richter, Per Christum ad Deum, 280–283. 293 f.;

28 Vgl. Ortkemper, Zwischen Tradition und Spontaneität, 82–84.

29 Vgl. Häußling, „Missarum Sollemnia" und „Eucharistie", 390 f.

30 Vgl. Johannes Paul II., Apost. Schr. *Dies Domini* [31. V. 1998], nn. 39–41.

31 Vgl. Benediktsregel, cap. 9; Missale Romanum 1570, Rubr. gen. XVII, 5. 7: Ed. 28

juxta typ., 45* (das Kap. *De ordine sedendi, standi et genuflectendi in missa sollemni* des von Sodi und Triacca besorgten anastatischen Nachdrucks (MLCT 2, n. 35*) enthält keine entsprechenden Notizen); Zeremoniale, nn. 137. 140 Abs. I. Zum Folgenden GORM 43 Abs. I f. 62. 67.

32 Vgl. Lohfink, Eine Bibel – zwei Testamente, 73–75. 79 f.; ders., Moses Tod, 490–492; Zenger, Heilige Schrift, 28–33.

33 Dazu und zum Folgenden vgl. Braulik, Tora als Bahnlesung, 56–65.67–76; eine Kurzformel dessen bietet Ders., Kanon und liturgische Schriftlesung; Lohfink, Moses Tod, 488–494.

34 Vgl. Häußling, Liturgie: Gedächtnis eines Vergangenen, 122–126 (= LWQF 79, 4–7).

35 Konzil von Trient, Sessio XXII: Über das Messopfer, Kap. 8: DH 1749.

36 Vgl. Laieninstr., Praktische Verfügungen, Art. 3 § 2: VApS 129, 21.

37 Vgl. Häußling, Statio.

38 Vgl. CIC 1983, c. 767 § 1, u. Laieninstr., Praktische Verfügungen, Art. 3: VApS 129, 20–22; zur früheren Erlaubnis vgl. Kleruskongr., Reskript [20. XI. 1973]: GSyn I, 182–185, n. 2 (ebd., 184).

39 Vgl. Laieninstr., Praktische Verfügungen, Art. 2 § 5. Art. 3 § 4: VApS 129, 20. 22.

40 Bedenkenswerte Predigten und Predigtskizzen zu Messfeier und Kirchenjahr: vgl. Parochia, 96–321. Modell einer Messpredigt über ein Zeit- und Lebensproblem (mit Erklärung des Sonntagsevangeliums von einem zusammenfassenden Gesichtspunkt aus) und Hinführung zum weiteren Vollzug der Eucharistiefeier: vgl. Kamphaus, Modell einer Schriftpredigt, in: GiH, 251–256 (die ansatzweise Mystagogie hier 256).

41 Vgl. Meßner, Einführung in die Liturgiewissenschaft, 194.

42 Zum Folgenden vgl. Meßner, Einführung in die Liturgiewissenschaft, 193 f.

43 Vielleicht hat es sogar Sinn, an verschiedenen Sonntagen die unterschiedlichen Formen des Allgemeinen Gebetes zu üben: am zweiten Sonntag im Monat das Allgemeine Gebet als Reihe von *Orationes sollemnes*, am vierten das Allgemeine Gebet des hl. Petrus Canisius, am ersten und dritten die Litanei, wobei bei dieser die theologischen und seelsorgerlichen Sachnotwendigkeiten zu beachten sind. Im Gegensatz zur Meinung vieler Seelsorger schadet es auch nicht, wenn ein bewährter Litaneitext mehrmals eingesetzt wird. Hilfen

dazu finden sich in Consilium, *De Oratione communi seu fidelium* (darin Kap. I: *Directorium practicum* (ebd., 7–12) und *Specimina orationis fidelium* (ebd., 15–91): Formulare für das Universale Gebet lateinisch–französisch für fast alle denkbaren Zeiten, Festtage und Anlässe im liturgischen Jahr) sowie in Nagel, Mit der Not der Welt vor Gott (darin besonders wichtig: „Leitsätze zur Formulierung" (ebd., 57–60) und „Vom Umgang mit gedruckten Vorlagen" (ebd., 61–67)). Geglückte Formulierungen von Fürbitten finden sich in Missale Romanum 1970 [2002], 1259–1269; MB I, 341–350; „Textbuch Gemeindemesse", 2496 f., während die auf der IV. Session des Zweiten Vatikanischen Konzils, weil zu kirchenzentriert, nicht brauchbar sind (Braga/Bugnini, nn. 4456–4461), die ebd. n. 4462 gegebenen *Collectae conclusivae* hingegen wohl.

Ich selbst pflege bei Gottesdienstvorbereitungen in Schule und Kirchengemeinde das folgende Formular zur Grundlage von Diskussionen über Inhalte und Formulierungen zu machen. Das bedeutet nicht, dass das Formular übernommen werden muss. Aber es ist sinnvoll, eine Diskussionsgrundlage zu haben, an der sich Widerspruch und Diskussion entfalten können.

V. Der Herr sei mit euch. A. Und mit deinem Geiste. V. Lasset uns beten. In den Nöten unserer Welt und Zeit wollen wir zu Jesus Christus rufen. [STILLE.] L. Kyrie, eleison. A. Christe, eleison. Kyrie, eleison. (Dieser Wechselruf wird immer wiederholt.)

L. Für die Kirche auf der ganzen Welt und alle ihre Teilkirchen.

Für unseren Papst N., den Bischof der Kirche zu Rom und Patriarchen des Abendlandes, unseren Bischof N., unsere Pfarrer, die haupt- und ehrenamtlichen Mitarbeiterinnen und Mitarbeiter der Kirche.

Für das ganze christliche Volk und für die getrennten Brüder und Schwestern.

Um Berufungen ins Geistliche Amt und in den Ordensstand.

Für die Katechumenen und alle, die den christlichen Glauben erlernen und einüben.

Für die, die nicht an Gott oder Christus glauben.

In allen Bedrängnissen unserer Welt.

Für alle von Not und Schwierigkeiten Bedrückten.

Für die, die verfolgt werden, die Gefangenen und die Verbannten.

Für die Weinenden und Trauernden, für die Kranken, für die Sterbenden.

Für die Kinder, die Jugendlichen, die Eheleute, die Schwangeren und Stillenden, Witwer und Witwen, für alleinerziehende Eltern und Waisen.

Für die Reisenden zu Wasser, zu Lande und in der Luft, für unseren Ort (unsere Stadt) und unser Land, um Fruchtbarkeit des Ackers, um die Gesundheit von Wasser und Nahrung, für Wohlstand und Entwicklung der Völker.

Für die Regierenden und die Völker, um Verstand und Tatkraft, Weisheit und Einsicht, um Frieden, Freiheit und Sicherheit.

Für die Gläubigen, die an dieser Versammlung nicht teilnehmen können.

Für alle, die voller Glauben sind und rufen und Gottes Barmherzigkeit erflehen.

Für unsere Wohltäter.

Für uns und füreinander.

In unseren ganz persönlichen Anliegen.

Für die Verstorbenen.

V. Gott, unsere Zuflucht und unsere Kraft, sei jetzt bei den frommen Bitten deiner Kirche, du Urheber dieser Frömmigkeit, und gewähre, dass wir, was wir gläubig fordern, erfolgreich anstreben – durch Christus, unseren Herrn.

44 Zur Eucharistischen Liturgie als ganzer vgl. Johannes Paul II., Apost. Schr. *Dies Domini* [31. V. 1998], nn. 42–44.

45 Vgl. Lehre der Apostel, 10: Wengst, SUC 2, 80. 82; Wengst, Einleitung, 61–63.

46 Vgl. Justin, Apologie I, 67: Munier, SChr 507, 308. 310. 312; zur Datierung Altaner/ Stuiber, Patrologie, 66; Drobner, Lehrbuch der Patrologie, 60; zum Ganzen Meyer, Eucharistie, 61–155.

47 Text des Segens über den Becher nach Tisch (birkat ha-mazon) nach L. Finkelstein [1929]: Hänggi-Pahl, Prex eucharistica, n. 123.

48 Vgl. AEM 54; GORM 78; Jungmann, Missarum Sollemnia, 5. Aufl., II, 128–130; Neunheuser, Das Eucharistische Hochgebet als Konsekrationsgebet, 321–324.

49 Vgl. *Canon Romanus* bzw. HG I *Quam oblationem*: MB I, 162. 482; *Supplices te rogamus*: MB I, 165. 484.

50 Vgl. Jilek, Brotbrechen, 50–54; ders., Basiswissen Christliche Liturgie, 120–122.

51 Vgl. Konzil von Florenz, Bulle über die Union mit den Armeniern (1439): DH 1321; GORM 79d).

52 HG I: *Quam oblationem tu, Deus, in omnibus, quaesumus, benedictam, adscriptam, ratam,*

rationabilemque facere digneris : ut nobis Corpus et Sanguis fiat dilectissimi Filii tui, Domini nostri Jesu Christi, qui, *pridie quam pateretur, accepit panem*: „Schenke, o Gott, diesen Gaben Segen in Fülle und nimm sie zu eigen an. Mache sie uns zum wahren Opfer im Geiste, das dir wohlgefällt: zum Leib und Blut deines geliebten Sohnes, unseres Herrn Jesus Christus. Am Abend vor seinem Leiden nahm er das Brot" (MB I, 162. 482; GL 367). HG II: *Haec ergo dona, quaesumus, Spiritus tui rore sanctifica, ut nobis Corpus et Sanguis fiat Domini nostri Jesu Christi*, qui *cum Passioni voluntarie traderetur, accepit panem*: „Sende deinen Geist auf diese Gaben herab und heilige sie, damit sie uns werden Leib und Blut deines Sohnes, unseres Herrn Jesus Christus. Denn am Abend, an dem er ausgeliefert wurde und sich aus freiem Willen dem Leiden unterwarf, nahm er das Brot" (MB I, 174. 490; GL 360 Abschn. 4; oben Abs. Vf.). In beiden Fällen ist der lateinische Satzbau bereits im lateinischen Text des Missale durch falsche Zeichensetzung verunstaltet und wird im Deutschen aufgelöst. In den Hochgebeten III und IV, bei denen es sich um Neuschöpfungen vom Ende der sechziger Jahre handelt, ist die Stiftungsanamnese wirklich als *narratio institutionis* gestaltet dadurch, dass sie nicht mit einem Relativ-, sondern mit einem Hauptsatz beginnt: *Ipse enim* [...] *accepit panem*: „Er selbst nämlich [...] nahm das Brot" (HG III: MB I, 184. 496; HG IV: MB I, 1967. 506).
Der lateinische Satzbau wird im Deutschen aufgelöst.

53   Vgl. Neunheuser, Hochgebet, 321–323.

54   Vgl. Guidelines for Admission to the Eucharist between the Chaldean Church and the Assyrian Church of the East. http://www.vatican.va/roman_curia/pontifical_councils/chrstuni/documents/rc_pc_chrstuni_doc_20011025_chiesa-caldea-assira_en.html [Zugriff: 5. VII. 2007].

55   [*Presbyteri hostiam*] *ante pectus detineant, donec dixerint : « Hoc est corpus meum », et tunc elevent eam, ut possit ab omnibus videri*. Synode des Diözese Paris [1208], Synodalstatut, 28: Mansi XXII, 682 E.

56   Sieh jedoch die Messordnung! FGM 107–115 (HG I: MB I, 112 f.; HG II: ebd., 174 f.; HG III: ebd., 184 f.; HG IV: ebd., 196 f.); Jungmann, Missarum Sollemnia, 5. Aufl., 252–256; Meyer, Eucharistie, 347. 352 f.; Berger, Art. Einsetzungsbericht, in: Ders., Handlexi-

kon, 114 f.; Jilek, Brotbrechen, 54–59; ders., Basiswissen Christliche Liturgie, 125 f.

57   Der Vorschlag eines Hochgebetes II mit nur knapp formulierten Intercessiones findet sich in Jilek, Brotbrechen, 65.

58   Vgl. HG I, *Memento, Domine*: MB I, 153. 478; deutsch: „alle, die hier versammelt sind": MB I, 153 bzw. GL 367 Abs. II.

59   Vgl. Konzil von Nikaia (325), can. 20: Mansi II, 684 B. 692 B (= *Decretum Gratiani* III, 3, 10: I, 1355 Friedberg).

60   Vgl. Missale Romanum 1570, Ritus servandus in celebratione Missae. De ordine sedendi, standi et genuflectendi in missa sollemni: Sodi/Triacca, MLCT 2, n. 35*; in neueren Ausgaben: Rubricae generales XVII, 2: Ed. 28 juxta typ., 45*.

61   Vgl. Jungmann, Die Abwehr des germanischen Arianismus, im Ganzen, bes. 66–70.

62   Vgl. Richter, Per Christum ad Deum, 284–286. 294–295. – Das Konzil von Hippo hat darum 393 mit Recht betont: „Dass niemand in Gebeten entweder dem Vater den Sohn oder den Sohn für den Vater nenne; und wenn man am Altar steht, werde die Gebetsrede immer an den Vater gerichtet." *Vt nemo in precibus uel Patrem pro Filio uel Filium pro Patre nominet ; et cum altari adsistitur, semper ad Patrem dirigatur oratio*. Conc. Hipponense [393], c. 21 a, in: CChr.SL 149, 39 Z. 124–126 Munier (= Mansi, III, 912 Abschn. C).

63   Dieses Hochgebet könnte sehr einfach gegliedert sein und wie folgt lauten: „Herr, unser Gott, wir danken dir und preisen dich, denn du hast uns deinen Sohn geschickt, geboren von der Jungfrau Maria. Er ist für uns gekreuzigt worden und gestorben. Sein Leib und sein Blut hat er für uns hingegeben. Am dritten Tage ist er erstanden von den Toten. Du hast ihn zu deiner Rechten erhöht und uns durch ihn deinen Heiligen Geist gesandt. Seiner gedenkend, bringen wir dir dieses heilige und lebendige Opfer dar, dich, Herr und Gott, bittend: Segne diese Gaben von Brot und Wein, und mit deinem Heiligen Geist erfülle sie und uns, die wir vom Brot des Lebens und dem Kelch des Heiles essen und trinken werden. Verwandle diese Gaben zu Leib und Blut deines Sohnes, und verwandle, lenke und leite uns. Mache uns zu einem Leib und einem Geist, und lass uns wahre Zeugen deines Sohnes in dieser Welt sein. Und wenn wir Leib und Blut deines Sohnes empfangen, dann, bitten wir, vergib uns unsere Schuld und füh-

re uns zum ewigen Leben. Durch Christus und mit ihm und in ihm ist dir, Gott, allmächtiger Vater, alle Herrlichkeit und Ehre, jetzt und in Ewigkeit."

64 Vgl. Gerhards, Ausrichtung von Priester und Gemeinde; Lang, Conversi ad Dominum; Häußling, Rezensionen zu Langs Publikationen.

65 Vgl. Lercaro, Förderung der liturgischen Erneuerung [30. VI. 1965], n. 6: EDIL/DEL I, 414.

66 Fehr, Freiheit die ich meine, 16; daraus auch die Abbildung (Schema eines Mönchschors).

67 Im Anschluss an Emil Steffann 1968, Beispiel für die Neuordnung eines Altbaus, in: Richter, Kirchenräume, 30.

68 Das Folgende aus Gerhards, Neubau der kath. Pfarrkirche, 44.

69 [...] hoc est corpus meum quod pro vobis confringetur. Trad. apost., 4: Botte, LWQF 39, 14.

70 Zum Folgenden vgl. GL 365 Abschn. 2; FGM 148 f. bzw. MB I, 212 f.; AEM 240–252; GORM 281–287; Jungmann, Missarum Sollemnia 5. Aufl., II, 474–479; Fischer, Kelchkommunion im Abendland; Richter, Zur Praxis der Kelchkommunion; Jilek, Brotbrechen, 99–109; Berger, Art. Kelchkommunion, in: Handlexikon, 239–241. Die Bezeichnung sub utraque specie ist (noch) nicht ausschließlich Bestandteil der Kirchengeschichtsschreibung, sondern noch aktuell, findet sich etwa in GORM in der Überschrift vor n. 218.

71 Zum Folgenden vgl. Fischer, Kelchkommunion im Abendland; dort auch die Belege.

72 Ego Berengarius corde credo et ore confiteor, panem et vinum, quae ponuntur in altari, per mysterium sacrae orationis et verba nostri Redemptoris substantialiter converti in veram et propriam ac vivificatricem carnem et sanguinem Iesu Christi Domini nostri et post consecrationem esse verum Christi corpus [...], non tantum per signum et virtutem sacramenti, sed in proprietate naturae et veritate substantiae. Berengar von Tours, Glaubensbekenntis auf der Synode von Rom [11. II. 1079]: DH 700 (Übers.: Hünermann/ Hoping; Hervorh.: Re).

73 Zum Herrenmahl als repraesentatio des Leibes Christi vgl. Tertullian († um 225), Adversus Marcionem, I, 14, 4: Kroymann, CChr. SL 1, 455; als signum vgl. Augustinus, Contra Adimantum, 12: Zycha, CSEL 25/1, 140; Ders., Enarratio in Psalmum III,

1: Weidmann, CSEL 93/1A, 81 Z. 32 f.; als signum/sacrificium vgl. Augustinus, De civitate Dei, X, 5: Hoffmann, CSEL 40/1, 452 Z. 18 f. Zum Sakrament als similitudo der geschehenen Heilstatsache vgl. Ambrosius, De sacramentis, IV, iv, 20: Botte, SChr 25bis, 112, Z. 21 f. Ebd., VI, i, 3: Botte, 138, Z. 21; Augustinus, Epistula 98, 9: Goldbacher, CSEL 34, 530 f.; als figura vgl. Tertullian, Adversus Marcionem, IV, 40, 1–3: Kroymann, CChr. SL 1, 655 f.; als significatio vgl. Ambrosius, De mysteriis, IX, 54: Bott, SChr 25bis, 188, Z. 8; zum eucharistischen Opfer als significatio des Todes, der Auferstehung und Himmelfahrt Christi sowie der Vergebung der Sünden vgl. Ambrosius, De sacramentis, V, iv, 25: Botte, 132, Z. 29 f., 133, Z. 1. – Der hl. Ambrosius von Mailand († 397) gilt bekanntlich als Vertreter einer realistischen Auffassung der eucharistischen Realpräsenz des Herrn im Gegensatz zur spiritualistischen Auffassung seines Schülers und Taufkindes, des hl. Aurelius Augustinus von Hippo († 430). Gleichwohl bleibt die Frage, ob sich die Eucharistietheologie des hl. Ambrosius, wie sie sich seinen Katechesen De sacramentis, III–VI, und De mysteriis, VIII, 46–59, entnehmen lässt, so krass materialistisch zu verstehen ist wie das oben zitierte Glaubensbekenntnis des Berengar von Tours auf der römischen Synode 1079 – oder eben doch eher intellektuell, substantial, spirituell. In jedem Falle steht in seinen Katechesen nicht eine isolierte eucharistische Realpräsenz des Herrn im Vordergrund, sondern eine auf die vollständige, auch sakramentale Mitfeier der hl. Eucharistie.

74 Gleichwohl spricht der hl. Thomas von Aquin († 1274) bei der Erörterung der Frage, ob es erlaubt sei, den Leib ohne das Blut Christi zu sumieren, vom „Brauch vieler Kirchen", dem kommunizierenden Volke den Leib Christi zum Sumieren zu geben, nicht aber das Blut: Sed contra est multarum Ecclesiarum usus, in quibus populo communicanti datur corpus Christi sumendum, non autem sanguis (STh III, 80, 12; vgl. auch das Corpus articuli). Selbstredend entfaltet der Aquinate eine nüchterne Argumentation zur Erlaubtheit der Darreichung ausschließlich des eucharistischen Brotes. Daraus wird sein Leser heute den Umkehrschluss ziehen dürfen, dass es noch zu Lebzeiten des hl. Thomas Gemeinden gegeben hat, in denen der Kelch gereicht worden ist.

75 Vgl. Konzil von Trient, Sessio XIII: Über das Sakrament der Eucharistie, Kap. 3: DH 1640 f.

76 (I) Matthäus und Markus: „Das ist mein Blut, das Blut des Bundes, das für viele [d. h. für alle] vergossen wird zur Vergebung der Sünden." (26,28 bzw. 14,24) – (II) Lukas und Paulus: „Dieser Kelch ist der Neue Bund (Jer 31,31) in meinem Blut." (Lk 22,20; 1 Kor 11,25) Lukas fügt hinzu: „das für euch vergossen wird" (ebd.), Paulus: „Tut dies, sooft ihr daraus trinkt, zu meinem Gedächtnis" (ebd.).

77 Fischer, Kelchkommunion im Abendland, 31.

78 *Communio autem populi intra Missam, statim post communionem Sacerdotis celebrantis fieri debet (nisi quandoque ex rationabili causa post Missam sit facienda)* : „Die Kommunion aber des Volkes muss innerhalb der Messe, sofort nach der Kommunion des zelebrierenden Priesters geschen (wenn sie nicht manchmal aus einem nachvollziehbaren Grund nach der Messe gemacht werden muss)." Rituale Romanum. De Sanctissimo Eucharistie Sacramento: Sodi/Arcas, MLCT 5, 274; Ebd. De Sanctissimo Eucharistiae Sacramento. Ordo administrandi Sacram Communionem, V, 2, 11: Ward/Johnson, Instrumenta Liturgica Quarrerensia. Suppl. 6, 619.

79 Vgl. Konzil von Trient, Sessio XIII: Über das Sakrament der Eucharistie, Kap. 6: DH 1645; Pius XII., Enz. *Mediator Dei* [20. XI. 1946], pars II, cap. IV, div. *Fundamentum theologicum*: Braga/Bugnini 1988–1990 = Herder-Ausg., Nr. 127–129; Ritenkongregation/Rat, Instr. *Eucharisticum Mysterium*, 3e–g. 49: EDIL/DEL I, 901. 947; Kommunionspendung und Eucharistieverehrung, Pastorale Einführung, 5.

80 Vgl. Pius XII., Enz. *Mediator Dei* [20. XI. 1946], pars II, cap. IV, div. *Fundamentum theologicum*: Braga/Bugnini 1988 = Herder-Ausg., Nr. 129; Kommunionspendung und Eucharistieverehrung, Pastorale Einführung, 5.

81 Vgl. AEM 276; GORM 314 Abs. I (ebd., 315b, als Empfehlung formuliert); Ritenkongr./Rat, Instr. *Eucharisticum mysterium* 53: EDIL/DEL I, 951; Kommunionspendung und Eucharistieverehrung, Pastorale Einführung, 9; Liturgiekommission der Deutschen Bischofskonferenz, Leitlinien für den Bau und die Ausgestaltung von gottesdienstlichen Räumen, Ziff. 5.4: Erklärungen der Kommissionen 9, 24.

82 Vgl. AEM 276; GORM 315a. Weil am letztgenannten Ort der gar nicht seltene Fall, dass nach dem Konzil der alte Zelebrationsaltar nicht entfernt worden, sondern hinter dem neuen Volks- und Zelebrationsaltar stehen geblieben ist, nicht reflektiert wird, scheint es sinnvoll hinzuzufügen: Sicher ist es besser, wenn auch in einem solchen Fall, in dem theoretisch das Tabernakel im Hochaltar weiterhin benutzt werden könnte, ein neuer, anderer Ort für die Aufbewahrung des Allerheiligsten geschaffen wird, ein Tabernakel auf einem früheren Seitenaltar oder ein Sakramentshaus im Chorraum der Kirche oder vielleicht auch eine festlich geschmückte und mit Ewigem Licht versehene, fest verschließbare Wandnische. Dass bei der hl. Messe der Vorsteher dem Allerheiligsten regelmäßig seinen Rücken und auch seinen Podex zukehrt, ist mir als einfachem Kirchgänger unerträglich. Dass damit nicht gesagt werden soll, die *celebratio versus populum* wieder eingeführt werden sollte, dürfte oben S. 75f. hinreichend deutlich geworden sein.

83 Zum Folgenden vgl. Jilek, Brotbrechen, 97 f.

84 Vgl. Gülden, Grundsätze und Grundformen, 98–122, hier 105–119; Lurz, Ritus und Rubriken, 210–227. Weite Verbreitung gefunden hat die Gemeinschaftsmesse mit „Kirchengebet", hrsg. v. Verlag Jugendhaus Düsseldorf, Düsseldorf o. J. <Imprimatur: Köln 1. IV. 1930>, 14–39.

85 Vgl. Gülden, Grundsätze und Grundformen, 122.

86 Vgl. Gülden, Grundsätze und Grundformen, 101–104; LK 29.

87 Vgl. Ritenkongregation/Rat, Instr. *Musicam sacram*, 5. 7. 28: EDIL/DEL I, 737. 739. 760.

88 Vgl. Zeremoniale, 18–40. 68–98.104–174; Elliott, *Ceremonies of the Modern Roman Rite*, nn. 1–39. 187–413. Wertvolle Hinweise: Lurz, Ritus und Rubriken, auch das frühere *Caeremoniale monasticum* der Missionsbenediktiner, 180–265. 267–290. 346–463.

89 Mit dieser Beobachtung hat Mosebach unbestreitbar Recht: vgl. ders., Häresie der Formlosigkeit, 34 f. 40. Es ist etwas verwunderlich, dass er zur Heilung der verbreiteten Betsingsmessen-Mentalität, die ein Erbe der alten Messe ist, ausgerechnet auf die außerordentliche Gestalt der Messe zurückgreifen will. Eine *ausführliche* (und geistlich fruchtbringende) Verwendung des Psalters in der Eucharistiefeier lässt sich *nur* in der ordent-

lichen Messe erreichen. Denn in der außerordentlichen ist alles bis ins kleinste Detail vorgeschrieben (und wegen der Verwendung des Latein für die Hörer der Messe ohnehin unverständlich).

90 Advent: Ps 25 (24) *Ad te, Domine, levavi* oder 85 (84) *Benedixisti, Domine*; Weihnachtszeit: 98 (97) *Cantate Domino*; Erscheinung des Herrn: 72 (71) *In te, Domine, speravi*; Fastenzeit: 51 (50) *Miserere* oder 91 (90) *Qui habitat* oder 130 (129) *De profundis*; Karwoche: 22 (21) *Deus, Deus meus*; Osternacht: 136 (135) *Confitemini*; Osterzeit: 118 (117) *Confitemini Domino* oder 67 (66) *Jubilate Deo*; Christi Himmelfahrt: 47 (46) *Omnes gentes, plaudite*; Pfingsten: 104 (103) *Benedic, anima mea*; im Jahreskreis: 19 (18) *Caeli enarrant*, 27 (26) *Dominus illuminatio*, 34 (33) *Benedicam Domino* (wegen des V. 9 „Kostet und seht, wie gütig der Herr" eher zur hl. Kommunion geeignet), 63 (62) *Deus, Deus meus*, 95 (94) *Venite*, 100 (99) *Jubilate Deo*, 103 (102) *Benedic, anima mea*, 145 (144) *Exaltabo te, Deus*; an den letzten Sonntagen im Kirchenjahr (eschatologisch gestimmt!): Ps 122 (121) *Laetatus sum*: vgl. Messlektionar für die Sonn- und Festtage, Bd. I, 500–514; Bd. II, 520–534; Bd. III, 533–547. Zu feststehenden Antwortpsalmen zu Kirchenjahreszeiten vgl. auch das Kantorenbuch zum GL, nn. 1–3. 22–24. 43. 44(B). 59–71.

91 Zu Psalmodie und Psalmengesang vgl. Fischer/Hucke, Poetische Formen, 181–183.185 f. Eham, Formen des Psalmensingens, 78–84, empfiehlt komplizierte Formen des Psalmodierens.

92 Vgl. LK 116; Ritenkongr./Rat, Instr. *Musicam sacram*, 50: EDIL/DEL I, 782.

93 Vgl. LK 26. KK 8 f.; WK 871–903. 1437 f.; Kleruskongr. u. a., Laieninstr. *Ecclesia de mysterio* [15. VIII. 1997], Theologische Prinzipien: VApS 129, 10–16; AEM 58–152; GORM 91–198.

94 Vgl. AEM 55c; GORM 79c; Congar, Der Heilige Geist, 464–473.

95 Vgl. WK 903; Küng, Die Kirche, 515–517; Lengeling, Eucharistiefeier und Pfarrgemeinde, 137 f.; ders., Die liturgische Versammlung und die Laien, 319–321.

96 *Sacerdos celebraturus Missam* [...] *orationi aliquantulum vacet.*[…] *Sacerdos, omnibus paramentis indutus* […] Missale Romanum 1570, Ritus servandus in celebratione Missae, n. I f.: De preparatione Sacerdotis celebraturi. De ingressu Sacerdotis ad altare: Sodi/Triac-

ca, MLCT 2, n. 20* f.; Ed. 28 juxta typ., 60* ; AEM 25. GORM 47.

97 Vgl. Ortkemper, Zwischen Tradition und Spontaneität, 85 f.

98 Vgl. Meyer, Eucharistie, 369, mit Verweis auf AEM 70.

99 Vgl. Titze, Schulen, Hochschulen, Lehrer, 363; Walz, Eselsarbeit für Zeisigfutter, 171.

100 Vgl. LK 14. 26. 28. 30; Kleruskongr. u. a., Laieninstr. *Ecclesia de mysterio* [15. VIII. 1997], Praktische Verfügungen. Art. 6. 8 f. 13; s. S. 102f.

101 Zum Folgenden immer noch wegweisend Wintersig, Pfarrei und Mysterium; Lengeling, Eucharistiefeier und Pfarrgemeinde, sowie ders., Die liturgische Versammlung.

102 Zum Folgenden vgl. Zweites Vatikanisches Konzil, Priesterausbildungsdekret *Optatam totius*, 4 Abs. I. 8 Abs. I. 16 Abs. I f. 17; Priesterdekret *Presbyterorum Ordinis*, 4–6. 9. 13. 18 f.; Kleruskongr., Direktorium *Tota Ecclesia* [31. I. 1994], n. 32; Neue Berufungen für ein neues Europa [6. I. 1998], nn. 26 f. 29. 35.

103 Vgl. Schücker/Litmeier/Alfert, Wegweiser gesucht.

104 Vgl. Kleruskongr., Katechetisches Direktorium [15. VIII. 1997], nn. 258. 263.

105 Vgl. Kleruskongr., Priesterdirektorium *Tota Ecclesia* [31. I. 1994], 16–19. 29 f. 55 f.; Dies., Katechetisches Direktorium [15. VIII. 1997], nn. 224 f.; Dies., Instr. „Der Priester, Hirte und Leiter der Pfarrgemeinde" [4. VIII. 2002], n. 9. 15–17; Lengeling, Eucharistiefeier und Pfarrgemeinde, 139 f.; pointiert Ortkemper, Zwischen Tradition und Spontaneität, 88 f.

106 Vgl. Zweites Vatikanisches Konzil, Priesterdekret *Presbyterorum Ordinis*, 13 Abs. II. 18 f.; Kleruskongr., Priesterdirektorium *Tota Ecclesia*, nn. 38–42; Dies., Katechetisches Direktorium, nn. 220 f. 224 f. 226 f. 230.

107 Vgl. Zweites Vatikanisches Konzil, Priesterdekret *Presbyterorum Ordinis*, 5, darin bes. Abs. V; Kleruskongr., Priesterdirektorium *Tota Ecclesia* [31. I. 1994], nn. 62–66.

108 Emil Joseph Lengeling hat dies unter dem Stichwort „Ambivalenz der Bewegung ‚von unten'" erörtert: Lengeling, Liturgie in der Spannung, 132–134. Gekürzt in: Liturgie – Dialog zwischen Gott und Mensch, 76 f.

109 Vgl. Mt 13,25; 26,45; vgl. Luther, Disputation über die Kraft der Ablässe, n. 11: Knaake, WA I, 1, 233, Z. 31 f.

110 Vgl. Benedikt XVI., Brief an die Bischöfe [7. VII. 2007]: VApS 178, 23 f.

111 Vgl. ebd.: VApS 178, 24 f.

112 Vgl. Pius X., Motupr. *Tra le sollecitudini* [22. XI. 1903], div. *Con vera soddisfazione*, am Ende: Braga/Bugnini, Documenta, 34; LK 14 u. ö.

113 Spaemann, Bemerkungen eines Laien, 83; zum Folgenden vgl. ebd., 82–85 (dort auch, wenn nicht anders angegeben, die Zitate). Die wirkliche Teilhabe zu einer innerlichen machen auch Ratzinger, Der Geist der Liturgie, 148–151, und Mosebach, Häresie der Formlosigkeit, 122–124.

114 Häußling, Rez. *Der Geist der Liturgie*, 382.

115 Kunzler, „Tridentinische" Messe, 33 f.

116 Vgl. hier und zum Folgenden Spaemann, Bemerkungen eines Laien, 86 f. (dort auch die Zitate).

117 Vgl. Häußling, Liturgiereform, 10: LWQF 79, 20 f.

118 Vgl. Franz, Die Rolle des Alten Testamentes, 612. 638 f.

119 Dementsprechende Wünsche reflektieren Braulik, Tora als Bahnlesung, 50–53, Lohfink, Altes Testament und Liturgie, 16–21, und Nübold, Das Alte Testament in der gegenwärtigen Leseordnung.

120 Vgl. hier und zum Folgenden Spaemann, Bemerkungen eines Laien, 89 f.

121 Die außerordentliche Messe benutzt Worte wie *immaculata hostia* (im *Suscipe, sancte Pater* (Missale Romanum 1570. Ordinarium Missae: Sodi/Triacca, MLCT 2, 1413; Ed. 28 juxta typ., 275)), *sacrificium* (in *Veni, Sanctificator* (Missale Romanum 1570. Ordinarium Missae: Sodi/Triacca, MLCT 2, 1422; Ed. 28 juxta typ., 275) und *Orate, fratres* sowie *Suscipiat* (Missale Romanum 1570. Ordinarium Missae: Sodi/Triacca, MLCT 2, 1430 f.; Ed. 28 juxta typ., 277) und *haec oblatio* (im *Suscipe, sancta Trinitas* (Missale Romanum 1570. Ordinarium Missae: Sodi/Triacca, MLCT 2, 1429; Ed. 28 juxta typ., 277)).

122 Jungmann meidet diesen Begriff nach Möglichkeit: Missarum Sollemnia, 5. Aufl. II, 1–125. Der „grüne" Katechismus von 1955 setzt „Opferung" und „Bereitung der Gaben" gleichberechtigt nebeneinander (nach Frage 152: Was wir über die Feier der heiligen Messe wissen müssen. Der Verlauf der heiligen Messe. B.: Ausgabe für das Bistum Würzburg, 157 f.).

123 Vgl. Missale Romanum 1570: Ritus servandus. VII – De Offertorio et aliis usque ad Canonem: Sodi/Triacca, MLCT 2, 26*; Ed. 28 juxta typ., 66* f.; Ebd. Ordinarium Mis-

sae: Sodi/Triacca, MLCT 2, 1413; Ed. 28 juxta typ., 275.

124 AEM 21 Abs. II. Überschrift vor 49. 53. 166; GORM 43. Überschrift vor 73. 77. 214; MB I, 121.

125 Vgl. Betz, Eucharistie als zentrales Mysterium [1973], 274–288; Ökumenischer Arbeitskreis evangelischer und katholischer Theologen, Das Opfer Jesu Christi und der Kirche [1983], 230–239; Schneider, Opfer Jesu Christi und der Kirche [1983], 190–195; Slenczka, Opfer Christi und Opfer der Christen [1983], 207–214; Lehmann/Pannenberg, Lehrverurteilungen – kirchentrennend?, I [1986], 89–94; Stuflesser, Memoria passionis [1997]; Stuflesser, Memoria Passionis [1997], 143–149. 169–182. 214–233. 295–298; ders., Das Opfer in nachvatikanischen Hochgebeten [2000], 262–269; Wohlmuth, Opfer – Verdrängung und Wiederkehr eines schwierigen Begriffs [2000].

126 Vgl. Missale Romanum 1570. Ordinarium Missae: Sodi/Triacca, MLCT 2, 1422; Ed. 28 juxta typ., 275

127 Vgl. Meyer, Eucharistie, 349.

128 Vgl. Missale Romanum 1570. Ordinarium Missae. Canon Missae: Sodi/Triacca, MLCT 2, 1523; Ed. 28 juxta typ., 339. Deutsch: „Wir bitten dich, allmächtiger Gott: Dein heiliger Engel trage diese Opfergabe auf deinen himmlischen Altar vor deine göttliche Herrlichkeit; und wenn wir durch unsere Teilnahme am Altar den heiligen Leib und das Blut deines Sohnes empfangen, erfülle uns mit aller Gnade und allem Segen des Himmels." (MB I, 165) Zur Interpretation vgl. Schmitz, Canon Romanus, 305 f.

129 Vgl. Missale Romanum 1570. Ordinarium Missae. Canon Missae: Sodi/Triacca, MLCT 2, 1512; Ed. 28 juxta typ., 337. Deutsch: „Schenke, o Gott, diesen Gaben Segen in Fülle und nimm sie zu eigen an. Mache sie uns zum wahren Opfer im Geiste, das dir wohlgefällt: zum Leib und Blut deines geliebten Sohnes, unseres Herrn Jesus Christus." (MB I, 162) Zur Interpretation vgl. Schmitz, Canon Romanus, 300 f.

130 Jungmann, Missarum Sollemnia, 5. Aufl., II, 121–125; das Zitat 124.

131 Jungmann, Missarum Sollemnia, 5. Aufl., II, 122.

132 Vgl. Häußling, Gemeinschaft aus Identität der Erfahrung, 154 Anm. 24 (LWQF 79, 342 Anm. 24); Meyer, Eucharistie, 349.

133 Vgl. Spaemann, Bemerkungen eines Laien, 92 f.

134 Vgl. ebd., 93.

135 Vgl. Gottesdienstkongr., Instr. *Memoriale Domini* [29. V. 1969], Regeln Nr. 1: DEL I, 1901.

136 Vgl. ebd., am Ende.

137 Vgl. Jone, Moraltheologie, n. 549.

138 Vgl. Bianchi, Rückkehr des tridentinischen Missale?, 111. Girtler, Alte Klosterschule, 123 f., erzählt von einem Wettlesen der Messe zwischen Patres des Stiftes, dessen Schule er besucht hat.

139 Spaemann, Bemerkungen eines Laien, 86.

140 Vgl. Benedikt XVI., *Summorum pontificum* [7. VII. 2007], Regeln Art. 1 Abs. 1: VApS 178, 10 f.

141 *Ordo Missae sine populo*: MB I, 518–526; vgl. Spaemann, 94 f.

142 Benedikt XVI., Brief an die Bischöfe [7. VII. 2007]: VApS 178, 25 f.

143 *Qui nescit scripturas, nescit Dei uirtutem eiusque sapientiam, ignoratio scripturarum ignoratio Christi est* Hieronymus, Commentarium in Esaiam, Prolog: Adriaen, CChr. SL 73, 1, Z. 11–13. Als *Ignoratio enim Scripturarum ignoratio Christi est* (PL 24, 17) zitiert in Offenbarungs-Konstitution 25.

144 Ein „Schott" oder anderes Volksmessbuch tut auch heute gute Dienste (Richter, Die Messe lesen?, 60). Die Messtexte sind auch im weltweiten Netz auf der Homepage der Benediktiner-Erzabtei St. Martin zu Beuron (www.erzabtei-beuron.de) abrufbar.

145 Vgl. Guigo der Kartäuser, Ep. de vita cont.; Ryelandt, Brevier und Betrachtung; Ruppert, Meditatio – Ruminatio.

S. a. meinen Beitrag „Meditatio zur Vorbereitung der Liturgiefeier" (FS Richter).

146 Deutsch nach des hl. Ambrosius *Aurora caelum purpurat*, M 1853; GL Würzburg 857.

147 Vgl. Kantorenbuch zum Gotteslob, n. 158 f.

148 TM Köln 1623, Würzburg 1628; vgl. GL Würzburg 859.

149 Klopstock in Bones „Cantate", M Düsseldorf 1836; vgl. GL Würzburg 856.

150 TM Pörtner, Würzburg 1828; vgl. GL Würzburg 858.

151 Vgl. Graduale simplex, 172 f. Selbstverständlich müssten die Texte für Schola und Gemeinde, auch die Ordinariumsgesänge und die Vorstehergebete in einem eigenen Heftel lateinisch mit deutscher Übersetzung vervielfältigt werden.

152 Graduale simplex, 176 f.

153 T Eulogius Schneider, Bamberger Gesangbuch 1819, M Pörtner, Würzburg 1828; vgl. GL Würzburg 864.

154 Die ganze bunte Vielfalt der Fronleichnamslieder, GL 543–547 und GL Würzburg 859 f. 869–877, kann *bei der Prozession* gesungen werden, bis hin zum *Tantum ergo* GL 541 vor und „Großer Gott" nach dem Eucharistischen Segen zum Abschluss der Prozession.

155 Graduale simplex, 201 f.

156 Graduale Romanum, Proprium de tempore : In festo Sanctissimi Corporis Christi: unsere Ausg., 315–319.

157 Graduale simplex, 207 f.

158 T, M: Christoph Bernhard Verspoell 1810; vgl. GL Würzburg 860.